全図

ウクライナ

ミシュコルツ
Miskolc

エゲル
Eger

ján
ーン

Nyíregyháza
ニーレジハーザ

pest
シュト

Debrecen
デブレツェン

ルーマニア

Szolnok
ソルノク

ヴァール

ベーケーシュチャバ
Békéscsaba

cskemét
ケメート

セゲド
Szeged

ハンガリーに
出かけよう！

Menjünk el
Magyarországra!

ビア

世界の言語シリーズ 8

ハンガリー語

岡本 真理

大阪大学出版会

はじめに

　ハンガリー語は，中央ヨーロッパに位置するハンガリーで話されていることばです。ハンガリーは，近年ついにその人口が1千万人を割り込んでしまった小国ですが，複雑な歴史的経緯から，7つある隣国のすべてと西欧，そして北米大陸などにあわせて400万人ほどのハンガリー語母語話者がくらしています。ヨーロッパの真ん中にありながら，ハンガリー語はその他のヨーロッパの言語と違い，インド＝ヨーロッパ語族ではなく，ウラル語族に属する言語です。文字は親しみのあるラテン文字ですが，ことばの構造には膠着語の特徴であるさまざまな格接尾辞や，ほぼ網羅的に存在する母音調和などの特徴があります。一度勉強を始めてみると，英語やその他のヨーロッパのことばとあまりに違うことにおどろくと同時に，その不思議な魅力にどんどん引き込まれていくことでしょう。

　ことばそのものも非常に興味深いのですが，ことばの学習をきっかけに，ぜひハンガリーの文化にも触れていただければと思います。ふるさとの土地である（現在のロシアの）ウラル山脈西麓を離れ，1千年以上前にヨーロッパはカルパチア盆地に移動してきたハンガリー（マジャル）民族は，周囲のさまざまな民族とたえず接触しながら，豊かな文化を築き上げてきました。戦争や革命，支配と被支配，興亡をくりかえす国家と政治体制，そしてそれぞれの時代の思想的潮流…それら波乱万丈の過去をすべて懐に包み熟成させることで，文学や音楽，美術や建築などの分野でハンガリー人は世界に誇る作品を数多く生み出してきました。本書を手にとったみなさんの中には，きっとリストのピアノ作品やコダーイの合唱曲，またレヒネルの世紀末建築などをきっかけに，ハンガリーに興味をもった方もおられるのではないでしょうか。

　このように，ハンガリー語は不思議で奥深く，ハンガリー文化は多岐にわたり優れた魅力ある作品を残し，そしてハンガリー人は世界じゅうにちらばり，さまざまな分野で活躍しています。小さいけれど，このようにエッセンスの詰まったハンガリーの存在を，本書をきっかけに知っていただければこの上ない喜びです。

　昨今は大学でも，社会に出てすぐに役立つ知識や技能の習得が優先されるようになりました。そんなご時世に「ちっぽけな」ハンガリー語を勉強しても何の得にもならない，と考える向きもあるでしょう。しかし，特に大学生のみなさんには，今のうちに自分の興味の向くままに，あらゆることを学んでほしいと思って

います。今ここで生きている自分とはおよそ無関係に思える国や地域，そこでくらす人々のことに興味をもつということは，自分とは違う立場や境遇にある「他者」に関心をもち，理解しようとすることです。そして「他者」を理解するための想像力を身につけることは，この複雑で難題が山積する世界に向き合うときに，何よりも私たちに求められている能力なのです。想像力は点数で測れないし，お金にも換算できませんが，じつは未来に向かって何よりも力を発揮する能力なのです。

　さて，話は戻って，この本の構成について説明しましょう。本書は30課からなり，各課はダイアローグを含んだ読みものと関連表現，その課の文法，そして文法の練習問題という順になっています。30課まで読破すれば，ハンガリー語の文法はほぼすべてマスターできることでしょう。読みものの日本語訳と練習問題の解答は別冊になっています。CDには各課の読みものと関連表現が収録されていますので，ぜひ何度も聴いて，自然なハンガリー語の発音とイントネーションに親しんでください。巻末には本書に出てきた単語を掲載した単語集と，テーマ別の単語集，そして文法を概観できる活用表が収録されています。また，各課にはさまざまなテーマのエッセーもありますので，勉強に疲れたらひとやすみ。これを読んで，ぜひハンガリーの世界に思いを馳せてください。

　本書は，日本人留学生ナナがハンガリーでハンガリー語を学ぶあいだに，さまざまな友人と出会い，さまざまな経験をしていくストーリーになっています。おもな登場人物は以下のようになっています。みなさんもナナになって，さあハンガリー語を始めてみましょう！

ナナとゆかいなハンガリー語のなかまたち

ナナ	大阪出身の大学1年生。ハンガリー語はまだ始めたばかり！
ペッカ	フィンランド人の男の子。外国語オタク。いろんな言語ができる。
アンドレア	ルーマニア人の女の子。クラスのリーダー格の姉御肌タイプ。
ロバート	ハンガリー系カナダ人の男の子。祖父母はブダペスト在住。
フオン	ベトナム人。夫はブダペストでベトナム料理レストランを経営。
モルナール先生	若いがベテランの美人ハンガリー語教師。

そして，このほかに，ナナのハンガリー人ボーイフレンドのバラージュも登場します。おたのしみに！

さいごに，本書を書くにあたって，非常に多くの方にご協力いただきました。13名の同僚と教え子のみなさんが，遠くはハンガリーやルーマニアからも，エッセーを寄せてくれました。それぞれがハンガリーへの熱い思い入れと深い愛情のこもったすてきなエッセーですので，ぜひ読んで，奥深いハンガリー文化の一端に触れてください。谷崎聖子さんは，トランシルヴァニアの美しい写真もたくさん提供してくださりました。また，早稲田みかさんには原稿に目を通して多くのことを教えていただき，Roskó Máriaさんには単語集作成のための膨大な作業をしていただきました。そして，あらゆる視点からいつも貴重なアドバイスをくださり，一緒に何度もくりかえし原稿の推敲を重ねてくださったBorsos Leventeさんには，本当にどう感謝してよいかわからないほどです。また，録音ではKatona Boglárkaさん，Borsos Leventeさん，Lichtenstein Noémiさん，Kapuvári Viktorさん，技術面では並川嘉文さんにご協力いただきました。そして，本書を編集していただいた大阪大学出版会の川上展代さんには大変お世話になりました。ここに，みなさまに心よりお礼を申し上げます。

2013年3月

岡　本　真　理

音声を聞くには

🔊 の付いた箇所は音声を聞くことができます。

① ウェブブラウザ上で聞く

音声再生用 URL

http://el.minoh.osaka-u.ac.jp/books/SekainogengoShiriizu08_Hangariigo

② ダウンロードして聞く

ウェブブラウザ上以外で音声ファイルを再生したい場合は、下記のURLから音声ファイルをダウンロードしてください。

ダウンロード用 URL

http://el.minoh.osaka-u.ac.jp/books/SekainogengoShiriizu08_Hangariigo/xfmj24jxpkrp72mc

目　次

はじめに ……………………………………………………… i

1課　文字と発音 ——————————————— 1

    1.1　アルファベットと発音　1
    1.2　母音の発音　2
    1.3　子音の発音　3
    1.4　長子音　5
    1.5　子音の同化　5
    1.6　語と文のイントネーション　6

2課　本屋さんはどこですか？（Hol van a könyvesbolt?）—— 8

    2.1　不定冠詞 egy と定冠詞 a, az　9
    2.2　指示代名詞 ez「これ」と az「それ／あれ」　9
    2.3　無冠詞の場合　10
    2.4　否定詞 nem と「AでなくてB」の言い方　10
    　　いろいろな形容詞を覚えよう！ その1　11
    練習問題　11
    　　ハンガリー人の名前　13

3課　ハンガリー語学科の1年生です
　　　（Elsőéves magyar szakos diák vagyok）——————— 14

    3.1　人称代名詞と動詞 van の人称形　15
    3.2　空間の位置をあらわす後置詞　16
    　　街の中にあるものを覚えよう！　17
    3.3　語順のポイントをおさえよう　17
    練習問題　18

4課　ブダペストの橋は美しい（Szépek a budapesti hidak）— 20
　　　4.1　名詞の複数接尾辞 -k　　21
　　　4.2　形容詞の複数接尾辞　　22
　　　4.3　複数の文　　23
　　　　　🎲 いろいろな形容詞を覚えよう！その2　　24
　　　　　● 数の表現　　25
　　　練習問題　　26

5課　ここではハンガリー語を勉強するのよ
　　　（Mi itt magyarul tanulunk）——————　28
　　　5.1　動詞の不定活用　その1　　29
　　　5.2　つなぎ母音をとる動詞　　29
　　　5.3　言語名の副詞形「〜語を話します」　　30
　　　　　🎲 言語／民族の名前を覚えよう！　　30
　　　練習問題　　31

6課　みんな楽しい週末をね！（Mindenkinek jó hétvégét!）— 34
　　　6.1　動詞の不定活用　その2　　35
　　　6.2　ik 動詞の人称変化　　35
　　　6.3　megy「行く」, jön「来る」の人称形　　36
　　　練習問題　　37

7課　中央市場でお買い物（Vásárlás a Nagycsarnokban）—— 40
　　　7.1　名詞の対格接尾辞 -t　その1：基本形　　41
　　　7.2　名詞の対格接尾辞　その2：-t だけつく名詞　　42
　　　7.3　形容詞の対格接尾辞　　42
　　　　　🎲 曜日の名前を覚えよう！　　44
　　　練習問題　　45

8課　来てくれてうれしいわ（Örülök, hogy itt vagytok）—— 48
　　　8.1　場所をあらわす接尾辞
　　　　　その1：「〜の中で，中へ，中から」　　49
　　　8.2　場所をあらわす接尾辞
　　　　　その2：「〜の上で，上へ，上から」　　50

8.3 -ban, -ben タイプと -on, -en タイプ：
どう使い分ければいい？　51
　🎲 国の名前を覚えよう！　52
練習問題　53

9課　6時に図書館の前で会おう
　　（Hat órakor találkozunk a könyvtár előtt）────── 56
9.1　場所をあらわす接尾辞
　　　その3：「～のそばで，そばへ，そばから」　57
9.2　与格接尾辞 -nak, -nek　58
9.3　手段・同伴をあらわす接尾辞 -val, -vel　59
　🎲 月の名前を覚えよう！　59
練習問題　60

10課　ベトナム料理店で夕食にしない？
　　（Nincs kedvetek a vietnami étteremben vacsorázni?）── 62
10.1　動詞の不定形 -ni　63
10.2　不定形を使った文　64
練習問題　65

11課　美術館にはどう行けばいいですか？
　　（Hogy kell menni a Szépművészeti Múzeumba?）────── 68
11.1　空間における方向をあらわす動詞接頭辞　69
11.2　動詞接頭辞が分離する場合　70
11.3　不定形文の場合　70
11.4　接頭辞が独立する場合　71
練習問題　72

12課　好きなのはポガーチャだけでなく…
　　（Nemcsak a pogácsát szereti, hanem...）────── 74
12.1　動詞の定活用（現在形）　75
12.2　不定活用の例，定活用の例　76
12.3　「君が好きだ！」と言いたいときは…
　　　目的語が人称代名詞の場合　76

12.4　hogy を使った複文　　77
　　　練習問題　78

13課　僕はずっとぺこぺこだったよ
　　　(Én állandóan éhes voltam) ──────── 80
　　　13.1　動詞の過去形　82
　　　13.2　どの動詞がどのタイプになる？　84
　　　練習問題　85
　　　　🔸 ハンガリーのことわざ　87

14課　まだバラトン湖に行ったことがない
　　　(Még nem voltam a Balatonon) ──────── 88
　　　14.1　完了をあらわす動詞接頭辞 meg-　89
　　　14.2　接頭辞が動詞の意味を変える場合　89
　　　14.3　再帰代名詞 maga　90
　　　練習問題　92

15課　どう踊ったらいいのかわからない
　　　(Nem tudom, hogy kell táncolni) ──────── 94
　　　15.1　副詞をつくる接尾辞 -an, -en　95
　　　15.2　回数をあらわす接尾辞 -szor, -szer, -ször　96
　　　15.3　人数をあらわす接尾辞 -an, -en　96
　　　15.4　「〜かどうか」をあらわす接尾辞 -e　97
　　　練習問題　98

16課　頭とのどがとても痛いです
　　　(Nagyon fáj a fejem és a torkom) ──────── 100
　　　16.1　所有人称接尾辞（単数）　101
　　　16.2　「A は B をもっている」の表現　103
　　　16.3　からだの部位の名称と所有接尾辞　104
　　　練習問題　105

17課　時々けんかするけど，すごく仲良しなの
　　　（Néha veszekszünk, de nagyon szeretjük egymást）── 106
　　17.1　親族名称と所有接尾辞　　107
　　17.2　所有の表現で知っておきたいこと　　108
　　　　　🎲 言ってみよう！　　108
　　17.3　所有人称代名詞「〜のもの」　　109
　　練習問題　　110

18課　君は歴史にとても興味があるんだね
　　　（Téged nagyon érdekel a történelem）───── 112
　　18.1　所有人称接尾辞（複数）　　113
　　18.2　「〜のもの」をあらわす -é　　114
　　18.3　可能・許可・推測をあらわす接尾辞 -hat/-het　　114
　　18.4　時の表現 óta「〜以来」　　115
　　練習問題　　116

19課　お昼ができましたよ（Már készen van az ebéd）── 118
　　19.1　動詞の命令形　その1：基本形　　119
　　19.2　動詞の命令形　その2：
　　　　　語幹が -s, -sz, -z でおわる動詞　　120
　　19.3　命令形を使った文：単文（1）
　　　　　話し相手への依頼や命令　　121
　　練習問題　　122

20課　覚悟してしっかり勉強してね！
　　　（Készüljetek és tanuljatok sokat!）────── 124
　　20.1　動詞の命令形　その3：語幹が -t でおわる動詞　　125
　　20.2　その他の動詞の命令形　　126
　　20.3　接尾辞の人称形　　127
　　　　　🎲 Vonzat とは？　　129
　　練習問題　　130

21課　試験期間終わる（Vége van a vizsgaidőszaknak）——— 132
    21.1　命令形を使った文：単文（2）
        呼びかけや提案　133
    21.2　さまざまな動詞接頭辞　133
    練習問題　135
        なぞなぞを解いてみよう！さあ，わかるかな？　137

22課　夏の予定ができたわ（Megvan a nyári programunk）- 138
    22.1　命令形を使った文：複文　139
    22.2　比較級と最上級　141
    22.3　比較級と最上級の文　142
    練習問題　144

23課　運転する人は飲んではだめ
　　　（Aki vezet, az nem ihat）——————————— 146
    23.1　指示代名詞　ez, az の変化形　148
    23.2　関係代名詞　aki, ami, amely, amelyik　148
    練習問題　150

24課　モルナール先生への手紙
　　　（Levél Molnár tanárnőnek）——————— 152
    24.1　後置詞の人称形　153
    24.2　指示代名詞とともに後置詞を用いる場合　154
    24.3　さまざまな後置詞　154
    練習問題　157

25課　秋学期がはじまる（Kezdődik az őszi szemeszter）— 160
    25.1　未来をあらわす fog　161
    25.2　動詞 van の未来形 lesz　161
    25.3　習慣をあらわす szokott -ni　162
    25.4　その他の接尾辞　162
    練習問題　164

26課　最後がどうなるのか楽しみだわ
　　　（Kíváncsi vagyok, hogy mi lesz a vége）────── 166

　　26.1　動詞の仮定形　167
　　26.2　仮定形を使った文　その1：等位文　168
　　26.3　仮定法過去　169
　　練習問題　170

27課　トランシルヴァニアのクリスマス
　　　（Karácsony Erdélyben）────── 172

　　27.1　仮定法を使った文　その2：従属文　173
　　27.2　関係形容詞と関係副詞を使った複文　174
　　練習問題　176

28課　日本昔話のハンガリー語訳
　　　（Japán népmese magyarul）────── 178

　　28.1　不定形の人称形　179
　　28.2　現在分詞，過去分詞，未来分詞　180
　　28.3　副詞の役割をする分詞 -va, -ve　181
　　28.4　変化をあらわす接尾辞 -vá, -vé　182
　　練習問題　183

29課　それぞれ将来を語る（1）
　　　（Mindenki a jövőjéről beszél (1)）────── 186

　　29.1　動詞の使役形 -tat, -tet　187
　　29.2　使役の文　188
　　29.3　動詞を作るさまざまな接尾辞　188
　　練習問題　190

30課　それぞれ将来を語る（2）
　　　（Mindenki a jövőjéről beszél (2)）────── 192

　　30.1　さまざまな接続詞　193
　　練習問題　195

付録 1. 分野別用語集 ———————————————— 197
付録 2. この本に出てくる単語 ———————————— 215
付録 3. ハンガリー語語形変化表 ———————————— 260

〈コラム〉

1　ルービックキューブ　7
2　オリンピックでハンガリー人を探す方法？　12
3　ハンガリー人はアジア系？　19
4　ハンガリーのパティスリー　27
5　外国人がハンガリー語を学ぶわけ　32
6　世界にも類をみない温泉　エゲルサローク　38
7　市場　46
8　日本の味が恋しくなったら…　54
9　オリエンタルなハンガリーのファーストフード！？　Gyros（ギロス）　61
10　ハンガリー固有の動物　66
11　古き良き文学作品『灼熱』　73
12　ハンガリー料理とパプリカの秘密　79
13　ハンガリーへ留学する人へ（1）　服装のマナー　86
14　ハンガリーへ留学する人へ（2）　エチケット　93
15　アーラパタクの女性の手　99
16　ハンガリーの結婚＆離婚事情　111
17　世界に散らばるハンガリー人たち　117
18　ハンガリー人の家にお呼ばれしたら…　ハンガリー人のおもてなし　123
19　ボールペンのルーツ　131
20　大人も子どもも大好き　ポガーチャの作り方　136
21　ハンガリー人のバカンスの過ごし方　145
22　ハンガリーのワインにまつわるエピソード　151
23　翻訳家を応援！　158
24　フォークロアの宝庫，カロタセグ地方　165
25　ハンガリーアニメーション上映会　171
26　トランシルヴァニアのクリスマス　177
27　ハンガリー語のオノマトペ　184
28　ハンガリー留学回想記〜ハンガリーは温かい〜　191
29　トランシルヴァニアのイースター　196

世界の言語シリーズ 8

ハンガリー語

1 文字と発音

1.1 アルファベットと発音

大文字	小文字	読み方	IPA (国際音声記号)	大文字	小文字	読み方	IPA (国際音声記号)
A	a	[a]	[ɒ]	Ny	ny	[eny]	[ɲ]
Á	á	[á]	[a:]	O	o	[o]	[o]
B	b	[bé]	[b]	Ó	ó	[ó]	[o:]
C	c	[cé]	[ts]	Ö	ö	[ö]	[ø]
Cs	cs	[csé]	[tʃ]	Ő	ő	[ő]	[ø:]
D	d	[dé]	[d]	P	p	[pé]	[p]
Dz	dz	[dzé]	[dz]	Q	q	[kú]	[k]
Dzs	dzs	[dzsé]	[dʒ]	R	r	[er]	[r]
E	e	[e]	[ɛ]	S	s	[es]	[ʃ]
É	é	[é]	[e:]	Sz	sz	[esz]	[s]
F	f	[ef]	[f]	T	t	[té]	[t]
G	g	[gé]	[g]	Ty	ty	[tyé]	[c]
Gy	gy	[gyé]	[ɟ]	U	u	[u]	[u]
H	h	[há]	[h]	Ú	ú	[ú]	[u:]
I	i	[i]	[i]	Ü	ü	[ü]	[y]
Í	í	[í]	[i:]	Ű	ű	[ű]	[y:]
J	j	[jé]	[j]	V	v	[vé]	[v]
K	k	[ká]	[k]	W	w	[duplavé]	[v]
L	l	[el]	[l]	X	x	[iksz]	[ks]
Ly	ly	[ej]	[j]	Y	y	[ipszilon]	[i]
M	m	[em]	[m]	Z	z	[zé]	[z]
N	n	[en]	[n]	Zs	zs	[zsé]	[ʒ]

1.2 母音の発音

母音は3つの種類に分類される。まず，発音する時に舌の後ろの方が高くなる**後舌母音**と，舌の前の方が高くなる**前舌母音**に分かれる。前舌母音はさらに，唇を丸めて発音する**円唇母音**とそうでない**非円唇母音**に分かれる。

後舌母音　　a, á, u, ú, o, ó
前舌母音　　非円唇母音　i, í, e, é
　　　　　　円唇母音　　ü, ű, ö, ő

文の中で語にさまざまな接尾辞がついて文法関係をあらわすとき，その語に含まれる母音が上の3つの種類のうちどれであるかによって接尾辞中の母音も決まる。これを**母音調和**という。

① 後舌母音
　a ［ɒ］　「オ」を言う時のように唇を突き出して「ア」を言う。「オ」に近い音
　　　alma　りんご　　　　　　palacsinta　パラチンタ（クレープ）
　á ［a:］　口を大きく開けて発音する開放的な「アー」。a とは違う音なので注意しよう
　　　Ádám　アーダーム（男性名）　Japán　日本
　u ［u］　唇を丸くすぼめて，はっきりと「ウ」を発音する
　　　unoka　孫　　　　　　　falu　村
　ú ［u:］　u の長い音
　　　út　道　　　　　　　　hosszú　長い
　o ［o］　唇を丸くすぼめて「オ」を発音する
　　　olcsó　安い　　　　　　bor　ワイン
　ó ［o:］　o の長い音
　　　óra　時計，時間，授業　　hajó　船

② 前舌母音
　i ［i］　日本語の「イ」の音
　　　itt　ここで　　　　　　pihen　休む
　í ［i:］　i を長くのばした音
　　　íz　味　　　　　　　　hímzés　刺繍
　e ［ɛ］　日本語の「エ」よりもややあごを大きく開ける
　　　ember　人間　　　　　　tea　茶

é［e:］　あごは「イ」の時のようにほとんど開けずに「エー」を言う。「イー」に近い音。eとは違う音なので注意しよう
　　　　étel　食べ物　　　　　　　　pénz　お金

③ 円唇母音

ü［y］　「ウ」を言う時のように唇を丸くすぼめ，舌を根元から持ち上げて「イ」に近い音を出す
　　　　ünnep　祝日　　　　　　　　büfé　ビュッフェ
ű［y:］　üを長くのばした音
　　　　űr　宇宙　　　　　　　　　　mű　作品
ö［ø］　「オ」を言う時のように唇を丸め，舌を根元から持ち上げて「エ」に近い音を出す
　　　　öt　5　　　　　　　　　　　gyümölcs　くだもの
ő［ø:］　öを長くのばした音
　　　　ősz　秋　　　　　　　　　　söröző　ビアホール

1.3　子音の発音

子音には無声子音と有声子音があり，それぞれ次のように対応する。

無声子音	p	t	k	f	sz	s	c	cs	ty		その他	h
有声子音	b	d	g	v	z	zs	dz	dzs	gy	j	ly m n ny l r	

また，q（= k，あとに母音が続いて kv になる），w（= v），x（= ksz），y（= j）は，ほぼ外来語や古い人名のみに使われる。

b［b］　「ば，び，ぶ，べ，ぼ」の子音
　　　　banán　バナナ　　　　　　　jobb　右
c［ts］　「月」という時の「つ」の子音
　　　　cipő　靴　　　　　　　　　　piac　市場
cs［tʃ］　「ちゃ，ち，ちゅ，ちぇ，ちょ」の子音
　　　　csendes　静かな　　　　　　nincs　ない
d［d］　「だ，で，ど」の子音
　　　　diák　学生　　　　　　　　　adó　税金

dz ［dz］「ずっと」という時の「ず」の子音。つまって発音する
   madzag　ひも　　　　　　　edző　コーチ
dzs ［dʒ］「じゃ，じ，じゅ，じぇ，じょ」の子音
   dzsem　ジャム　　　　　　dzsúdó　柔道
f ［f］上部の前歯を軽く下唇にあて，すき間から息を出す
   fa　木　　　　　　　　　telefon　電話
g ［g］「が，ぎ，ぐ，げ，ご」の子音
   gomba　きのこ　　　　　　beteg　病気の
gy ［ɟ］ty の有声化した音。「にゅ」のように舌を上あごに広くつけて，「デュ」と発音する
   gyerek　子ども　　　　　　magyar　ハンガリーの，ハンガリー人，
                ハンガリー語
h ［h］「は，ひ，ふ，へ，ほ」のように，のどから息を出す
   hal　魚　　　　　　　　　fehér　白い
j ［j］「や，ゆ，よ」の発音
   jegy　切符　　　　　　　ajándék　おみやげ
k ［k］「か，き，く，け，こ」の子音
   kalap　帽子　　　　　　　sokk　ショック
l ［l］上あごの歯茎の裏に舌の先をつけて発音する
   ló　馬　　　　　　　　　toll　ペン
ly ［j］j と同じ発音。l の音を発音しないように気をつけよう
   hely　場所，座席　　　　　folyó　川
m ［m］「ま，み，む，め，も」のように両唇を合わせて発音する
   macska　猫　　　　　　　nagymama　おばあちゃん
n ［n］「な，ぬ，ね，の」のように上あごに舌先をつけて発音する
   név　名前　　　　　　　finom　おいしい
ny ［ɲ］「にゃ，に，にゅ，にょ」の音
   nyelv　言語，舌　　　　　anya　母
p ［p］「ぱ，ぴ，ぷ，ぺ，ぽ」のように両唇を合わせてから息を漏らす
   póló　Tシャツ　　　　　　papagáj　オウム
r ［r］巻き舌気味に，強めに発音する
   repülő　飛行機　　　　　　borravaló　チップ
s ［ʃ］「しゃ，し，しゅ，しぇ，しょ」の子音
   só　塩　　　　　　　　　város　町

sz [s] 「さ，す，せ，そ」の子音
  szappan　石鹸　　　　　　　szék　いす
t [t] 「た，て，と」の子音
  tanár　先生　　　　　　　　út　道
ty [c] 「にゅ」をいう時のように舌を上あごに広くくっつけて，「テュ」と発音する。gy が無声化した音
  tyúk　にわとり　　　　　　kutya　犬
v [v] 上部の前歯を軽く下唇につけて，すき間から息を出す
  vicc　冗談　　　　　　　　leves　スープ
z [z] sz の有声化した音。舌先が上あごにつかないよう注意する
  zene　音楽　　　　　　　　víz　水
zs [ʒ] s の有声化した音。plea**s**ure【英】のように，舌が上あごにつかず，すき間から息がもれるように発音する
  zseb　ポケット　　　　　　garázs　ガレージ

1.4　長子音

同じ子音が重なると，つまった発音になる。
  kettő　2　　　　　　　　　szappan　石鹸
2文字であらわされる子音が重なると，書き方は次のように3文字になる。
  busszal　バスで（sz + sz → ssz）　meggy　サワーチェリー（gy + gy → ggy）

1.5　子音の同化

ハンガリー語は，基本的に書いてあるとおりに発音する。ただし，子音の並び方によっては少し発音が異なる。

- 子音の有声化・無声化
  無声子音＋有声子音　→　前の子音も有声になる
   cukrászda（= cukrázda）　ケーキ屋さん
  有声子音＋無声子音　→　前の子音も無声になる
   biztos（= bisztos）　絶対

- その他

  sz + s → ss: egészség (= egésség) 健康
  d + s → ccs: szabadság (= szabaccság) 自由
  d + j → gy または ggy: adja (= aggya) （彼・彼女は）与える
  t + j → ty または tty: kabátja (= kabáttya) （彼・彼女の）コート
  l + j → jj: tanulj (= tanujj) 勉強しなさい

1.6 語と文のイントネーション

ハンガリー語では，どの語もかならず語頭（第1音節）にアクセントがあり，高いところから下へ落ちていくようなイントネーションになる。平叙文では，基本的には文頭がもっとも高く，そこから緩やかに下降していく。

Jól beszél magyarul. （あなたは）ハンガリー語がお上手ですね。

文のあたまが「〜について話すと」という主題（テーマ）を構成している場合，この主題部分は低く平坦になり，その後に来る話題の中心（フォーカス）が一番高くなり，残りは下降する。

Angolul jól beszélek, de magyarul csak most kezdtem tanulni. 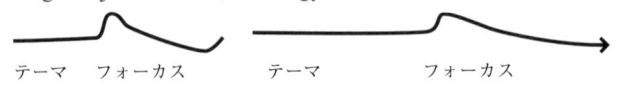
テーマ　フォーカス　テーマ　フォーカス
英語は上手ですが，ハンガリー語は今勉強し始めたばかりです。

疑問詞疑問文では，普通文と同様，単に高いところから下降する。しかし，会話では最後を心持ち上げ気味に言うことが多い。

Hol van a vécé?　トイレはどこですか？

Hol van a vécé?　トイレはどこですか？

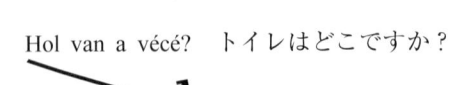

いわゆる Yes-No 疑問文では，低く平坦に始め，最後から2番目の音節で急に上がり，そのあと下降する。

Beszél magyarul?　ハンガリー語を話しますか？

Yes-No 疑問文でも，主題部分を除いて2音節しかない場合は，最後の音節が高くなり，急に下降する。

（Ez）vécé?　これはトイレですか？（ez は主題部分）

主題部分を除いて1音節しかない場合は，上がり調子になる。

（Ez）szék?　これは椅子ですか？（ez は主題部分）

コラム1　ルービックキューブ

　日本でもおなじみのルービックキューブ。その名前は生みの親であるハンガリー人のルビク・エルヌー氏（ifj. Rubik Ernő）にちなんでつけられた。もともと建築家のルビクがこのゲームを発明したのは1977年で，1980年代に世界的なブームを巻き起こした。その人気は今も続き，毎年様々な種目で世界選手権などが行われ，日本人選手もよく世界のトップレベルに輝く。もっとも知られているオリジナル・ルービックキューブは各面に3×3＝計9個の色のついた正方形で構成されている。そのほか，4×4，5×5に分割されているものや，正四面体のピラミッド型，正十二面体までの正多面体，立方八面体のキューブ等，その形状のバリエーションには驚くほど多くの種類が存在する。時代を反映する最新のキューブはタッチキューブというデジタル方式のもので，ここ数年世界中で注目を集めている。　（Lichtenstein Noémi）

② 本屋さんはどこですか？
Hol van a könyvesbolt?

Sziasztok! ①
Szuzuki Nana vagyok. Diák vagyok. Oszakai vagyok. ②

Nana:　Bocsánat! Ez a könyvesbolt?
Férfi:　Nem. Ez egy iroda. A könyvesbolt ott van jobbra.
Nana:　Köszönöm szépen!
Férfi:　Szívesen!

Nana:　Jó napot kívánok! Ez magyar—angol szótár?
Eladó:　Nem. Ez nem szótár, hanem egy tankönyv.
Nana:　Van magyar—angol szótár?
Eladó:　Itt nincs, de fent van. Tessék. Ott van a lépcső.

①あいさつの表現にはどんなものがある？
　☞友達どうしや家族間のあいさつ
　　Szia!（相手が1人）　　　Sziasztok!（相手が複数）　やあ。
　　Szervusz!（相手が1人）　Szervusztok!（相手が複数）　やあ。
　　※会った時と別れる時の両方に使う。
　☞初対面の人やあらたまった間柄
　　Jó napot kívánok!　こんにちは。
　☞男性が女性にたいして
　　Kezét csókolom! / Csókolom!　こんにちは。
　　※Csókolom! は，子どもや若い女性から年配の人に対しても使われる。

☞ 別れる時
　　Viszontlátásra!　　　　さようなら。
☞ その他，時間帯によって
　　Jó reggelt (kívánok)!　　おはようございます。
　　Jó estét (kívánok)!　　 こんばんは。
　　Jó éjszakát (kívánok)!　おやすみなさい。

② 「～出身です」の表現

　　地名に i をつけると「～の」や「～出身の」という意味になる。その場合，地名は小文字始まりになる。

　　oszakai　大阪（出身）の　　　　tokiói　東京（出身）の
　　budapesti　ブダペスト（出身）の　　londoni　ロンドン（出身）の

2.1　不定冠詞 egy と定冠詞 a, az

　名詞が単数であることを示す場合，また「とあるひとつの...」という，話の中で初めて出てきたものである場合，不定冠詞 **egy** がつく。

　名詞が特定の個体やすでに文脈で出てきたものを指す場合には，定冠詞をつける。定冠詞は子音で始まる名詞の前では **a**，母音で始まる名詞の前では **az** になる。

　　a könyv　（その）本　　　　**a** szálloda　（その）ホテル　　など
　　az autó　（その）車　　　　**az** orvos　（その）医者　　　　など

2.2　指示代名詞 ez 「これ」と az 「それ／あれ」

　「これは～だ」「あれは～だ」という場合，それぞれ指示代名詞 ez と az が使われる。また，重要な規則として，「A は B である」という叙述文で，主語が3人称の場合，動詞は用いない（ただし直説法現在形の場合に限る）ことに注意する。

　　Mi **ez**?　　　　　　　これは何ですか？
　　Ez egy szálloda.　　これはホテルです。
　　Mi **az**?　　　　　　　あれは何ですか？
　　Az egy híd.　　　　 あれは橋です。
　　Milyen szálloda **ez**?　これはどんなホテルですか？

Ez egy új szálloda.　これは新しいホテルです。
Milyen híd **az**?　あれはどんな橋ですか？
Az egy régi híd.　あれは古い橋です。

　ハンガリー語の語順は比較的自由で，主語―述語でなく，述語―主語となることもある。疑問詞もかならずしも文頭でない場合もある。
　　Ez mi?　これは何ですか？（= Mi ez?）

　「この～」や「その／あの～」という場合，指示代名詞 ez, az と名詞の間に定冠詞 a(z) が入る。
　　ez a szálloda　このホテル　　　　ez az autó　この自動車
　　az a könyv　あの本　　　　　　　az az orvos　あの医者
　　Milyen ez a szálloda?　このホテルはどんなですか？
　　Ez a szálloda nagy.　このホテルは大きいです。
　　Milyen az az orvos?　あの医者はどんなですか？
　　Az az orvos nagyon fiatal.　あの医者はとても若いです。

2.3　無冠詞の場合

　名詞が特定の個体を指し示さず，数の単複・既知のものかどうかに触れず，物事の性質や機能に重点を置く場合には無冠詞となる。
　　Ez szálloda.　これはホテルです。
　　Péter diák.　ペーテルは学生です。

2.4　否定詞 nem と「A でなくて B」の言い方

　否定文には否定詞 **nem** を用いる。
　　Nana nem tanár.　ナナは先生ではありません。
　「A でなくて B」という時は，**nem A, hanem B** という。
　　Nana nem tanár, hanem diák.　ナナは先生ではなく，学生です。

練習問題

1. 次の語に定冠詞 a または az をつけましょう。
   - autó
   - fa
   - épület
   - fiú
   - ház
   - tanár

2. 次の語に ez「この」をつけて,「この～は」といいましょう。
   - lány
   - híd
   - rendőr
   - taxi
   - szálloda
   - asztal

3. 次の語に az「あの」をつけて,「あの～は」といいましょう。
   - orvos
   - diák
   - szék
   - könyv
   - toll
   - busz

4. 作文をしましょう。

   「これはどんな教科書ですか？」「これはハンガリー語の教科書です。」

   「あれはどんな橋ですか？」「あれは古い橋です。」

   「この本はどんなですか？」「この本はとてもよいです。」

   「あの車は安いですか？」「いいえ，あの車は高いです。」

   あの医者は若くなくて，年をとっています。

   あの先生はブダペスト出身ではなく，デブレツェン出身です。

いろいろな形容詞を覚えよう！ その1

nagy 大きい ⇔ kicsi 小さい	új 新しい ⇔ régi 古い
szép 美しい ⇔ csúnya 醜い	jó よい ⇔ rossz 悪い
fiatal 若い ⇔ öreg 年とった	hosszú 長い ⇔ rövid 短い
drága （値段が）高い ⇔ olcsó 安い	okos かしこい ⇔ buta ばかな

I-11

コラム2　オリンピックでハンガリー人を探す方法？

　オリンピックといえば，日本でもっとも注目される競技は柔道，体操，水泳，バレー，そして昨今ではサッカーなどでしょう。テレビで期待の日本人選手たちを応援していても，ハンガリー人選手がほとんど出てこないことにお気づきですか？「ハンガリーって，スポーツでも小国なんだ」などと結論づけると，とんだ間違いです。ハンガリー人がメダルを獲得するおもな競技は，水球，フェンシング，カヌー…日本では生中継もほとんどされないような「マイナーな」種目です。人気が重なるのは競泳くらいでしょうか。「ハンガリー人の活躍を見たいな」と思っても，なかなか地上放送では登場しない種目だったりして，あらためて日本のテレビ中継で見るのはオリンピックの一面にすぎないんだな，と実感します。

　私たちにはなじみの少ない水球やフェンシングですが，ハンガリーは伝統的にメダル争いの常連です。ところで，これらの競技が重要なカギとなるハンガリーの名作映画をご紹介しましょう。一つは「自由，愛！」（邦題は「君の涙ドナウに流れ」，ゴダ・クリスティナ監督）です。1956年革命の直後に開催されたメルボルンオリンピックで，水球のチームがソ連チームと試合をします。ソ連チームの暴力的な反則行為を乗り越え，勝利を勝ち取るハンガリー・チーム。彼らの多くはソ連の政治的支配を拒んで，そのまま西側へ亡命します。一方，革命はソ連の軍事的抑圧を受けて挫折し，若者を中心に多くの犠牲者を出す悲惨な史実を描いています。

　もう一つは「日光の味」（邦題は「太陽の雫」，サボー・イシュトヴァーン監督）です。あるユダヤ人の祖父，父，息子の人生を通して，波乱万丈のハンガリー近現代史を描いた大作です。祖父はハプスブルク帝国に，父はハンガリー民族主義に，そして息子は社会主義に裏切られ，ユダヤ人はあらゆる時代と体制に翻弄され拒絶されます。フェンシングの金メダリストとして「誇り高いハンガリー国民」であり続けた父は，ナチスの手によって残虐な死を迎えます。ハンガリー映画は苦難の歴史的経験を描いたものが多く，見る側も相当なエネルギーを要します。覚悟してご覧ください。

（岡本真理）

ハンガリー人の名前

「今年一番多かった男の子の名前・女の子の名前」というのが日本でも毎年発表され，話題になることが多い。多くの人は，「へ〜，そんな名前があるんだ」と感心し，世代の違いを実感するものだ。名前の流行は，ファッションに負けず劣らず，変化が速いということなのだろう。

ハンガリー人の名前の場合，日本と違う点は，あらかじめ選べる名前の範囲が限定されているということだ。ハンガリー科学アカデミー言語学研究所が発表している「出生登録に適当とみなされる人名名簿」に記載されている男女それぞれ2000弱の名前の中から選ぶ。それ以外の名前をつけたい場合は，親が在住する市区町村の役所に申請書を提出し，それを言語学研究所内にある「命名委員会」が個別に検討して可否を判断するという制度になっている。

では，ハンガリー人の名前で多いのはどのようなものだろうか。ハンガリーで暮らしてみると，意外に同じ名前の人が多いことにすぐ気がつくだろう。知り合う人が，男性ではこぞってJánosやLászlóだったり，女性ではÉvaやKatalinだったりする。1950年代，60年代，70年代の人気トップがそれぞれ男性でIstván，László，Zoltán，女性でMária，Éva，Krisztinaというように，現在の中高年に多いこれらの名前は，たとえば16〜17世紀の教会の洗礼記録などでも軒並みトップ5に入るいきおいで，あまり流行が変化していないことがわかる。

その一方で，最近は急激に新しいトレンドが生まれている。ひとつには，体制転換後，「ハンガリーらしさ」への復帰という意識が強まり，男の子ではÁlmosやBotond，女の子ではEmeseなどの古いハンガリーの名前が復活した。もう一つは，外国からのトレンドで，アメリカ映画やスペイン語圏のドラマの影響から，Marcell，Vivienなど，およそハンガリー人らしくない名前をつける親が急増した。アメリカ風ともいえるJanett，Jenniferなども人気があるが，ハンガリー式のスペルに対応させることが義務づけられた結果，それぞれDzsenet，Dzseniferと少々奇抜な印象が拭えない。

2020年以降の最新の人気ランキングでは，男の子の名ではBence，Máté，Leventeが，女の子の名前ではHanna，Anna，Zoéが上位3位を占める。一方で，従来のもっとも「ハンガリーらしい」János，István，Zoltánなどは30〜40番台を維持，女性のMária，Évaに至ってはトップ100にも入らず，名前の流行は男性より女性のほうが激しく変化するようすがうかがえる。

3 ハンガリー語学科の1年生です

Elsőéves magyar szakos diák vagyok

Itt van egy park. A park szép és kellemes. Molnár Viktória magyar tanárnő. Fiatal és csinos.

Tanárnő: Szia, Nana! Hogy vagy?
Nana: Köszönöm, jól. És te?
Tanárnő: Köszönöm, megvagyok. Nagyon jó idő van, ugye? ①
Nana: Igen. Nincs hideg és süt a nap.
Tanárnő: Mi ez? Szótár?
Nana: Igen. Ez a szótár új. Kicsit drága, de nagyon jó.

Ez itt az egyetem. Ez az egyetem régi és nagy. A könyvtár mellett van a menza. Ott van Nana, a japán lány.

Balázs: Szia! Kis Balázs vagyok.
Nana: Szia! Szuzuki Nana vagyok.
Balázs: Diák vagy?
Nana: Igen. Elsőéves magyar szakos diák vagyok.
Balázs: Én is diák vagyok. Fizika szakos vagyok. Nagyon örülök.
Nana: Én is nagyon örülök. ②

Nana: Már egy óra van? Bocsánat! Hol van a B épület?
Balázs: Az a barna épület a parkoló mögött.
Nana: Köszönöm. Szia!
Balázs: Szia!

① 天気の表現

Jó idő van. / Szép idő van.	いい天気です。
Rossz idő van.	天気が悪いです。
Meleg van.	暑いです。
Hideg van.	寒いです。
Nincs meleg.	暑くありません。

② 初対面のあいさつ

「はじめまして」に相当する表現として，「(お会いして) とてもうれしいです」という意味の Nagyon örülök. が使われる。

3.1　人称代名詞と動詞 van の人称形

「いる，ある」などの存在をあらわす動詞は **van** で，これは現在形 3 人称単数の形である。動詞 van は以下のように人称変化する。

	単数		複数	
	代名詞	動詞 van の変化	代名詞	動詞 van の変化
1 人称	én	vagyok	mi	vagyunk
2 人称	te	vagy	ti	vagytok
3 人称	ő	van	ők	vannak
敬　称	ön, maga	van	önök, maguk	vannak

te（複数は ti）は親しい間柄や家族間で相手を指すのに用いられ，これを**親称**という。それに対し，ön, maga（複数は önök, maguk）は**敬称**とよび，距離のある関係の相手や初対面の相手に用いられる。文法上，親称は 2 人称，敬称は 3 人称として機能する。

「います，あります」〜存在文の場合

Hol vagy?　（君は）どこにいるの？　　Itt vagyok.　（私は）ここにいるよ。
Hol van Péter?　ペーテルはどこにいますか？　　Ott van.　あそこにいます。

「元気ですか」とたずねる場合，jól van「調子よくいる」という表現を用いる。

Hogy van Péter?　ペーテルは元気ですか？　　Jól van.　元気ですよ。

(Ön) hogy van?　お元気ですか？（敬称で相手を呼ぶ場合は3人称）

否定文では，否定詞 **nem** を動詞の前におく。ただし，3人称の否定形のみ **nincs**（単数），**nincsenek**（複数）に置きかわる。

 Nem vagyok jól.　　私は調子がよくない（1人称）
 Nem vagy itt.　　　君はここにいない（2人称）
 Ő **nincs** itt.　　　　彼（女）はここにいない（3人称）
 (Ön) **nincs** jól?　　あなたは具合がよくないのですか？（敬称，3人称）

「A は B です」〜叙述文の場合

「A は B です」という叙述文の場合，存在文と違い，主語が3人称直説法現在形の場合には，動詞は用いない（→ 2.1 参照）。

 (Én) diák **vagyok**.　　私は学生です（1人称）
 (Te) diák **vagy**.　　　君は学生です（2人称）
 Ő diák.　　　　　　　彼（女）は学生です（3人称，動詞はない）
 Ön tanár.　　　　　　あなたは教師です（敬称＝3人称，動詞はない）

否定文では動詞の前に nem をつける。動詞のない3人称では，述部 B の前に nem をつける。

 (Én) **Nem vagyok** orvos.　　私は医者ではありません。
 Péter **nem** diák.　　　　　　ペーテルは学生ではありません。

3.2　空間の位置をあらわす後置詞

ハンガリー語では「〜の前に」「〜の横に」などの場所を表す時，場所を指し示す名詞の前に置く前置詞ではなく，後に置く**後置詞**が使われる（ほかにも場所をあらわす接尾辞もあるが，これについては8課以降で学ぶ）。場所をあらわす後置詞には次のようなものがある。

 előtt　　〜の前に　　　**mögött**　〜の後ろに
 alatt　　〜の下に　　　**fölött**　　〜の上に
 mellett　〜の横に　　　**között**　〜の間に

 A fa a szálloda **előtt** van.　　その木はホテルの前に立っています。
 A ház a folyó **mellett** van.　　その家は川のほとり（横）にあります。

A posta a szálloda és az étterem **között** van.
郵便局はホテルとレストランの間にあります。

街の中にあるものを覚えよう！

templom	教会	park	公園	pályaudvar	駅
mozi	映画館	folyó	川	híd	橋
megálló	停留所	posta	郵便局	szálloda	ホテル
múzeum	博物館	kávéház	喫茶店		

3.3　語順のポイントをおさえよう

　ハンガリー語の語順は比較的自由で，同じ意味の文でもいくつかの語順がありうる場合もある。しかし，だからこそ，文にはその語順になる理由というものがある。ここでは，3つの基本的なルールをおさえておこう。

その1：疑問詞疑問文ではふつう，疑問詞の直後に動詞がくる。文頭とは限らない。

　　　Hol **van** a posta?　　　郵便局はどこですか？
　　　És ti hogy **vagytok**?　　それで，君たちは元気かい？

その2：一番重要な情報（伝えたいこと）が動詞の直前にくる

　　　A posta a szálloda mellett **van**.　郵便局はホテルのとなりにある。

その3：文の冒頭には主題（「〜についての話だが…」という部分）がくる

　　　És ti jól vagytok?　それで，君たちは（についてだが）元気かい？
　　　A posta a szálloda mellett van.
　　　　　　　　　郵便局は（についてだが）ホテルのとなりにある。

練習問題

1. 下線に動詞 van を適当な形で入れましょう。

    Hogy _____?（te）　— Köszönöm, jól _____.
    Hogy _____?（ti）　— Sajnos, nem _____ jól.
    Ön hol _____?　— Itt _____.
    Balázs ott _____?　— _____ ott.（否定で）
    Te diák _____?　— Igen, az _____.

2. 次の絵を見て，作文をしましょう。

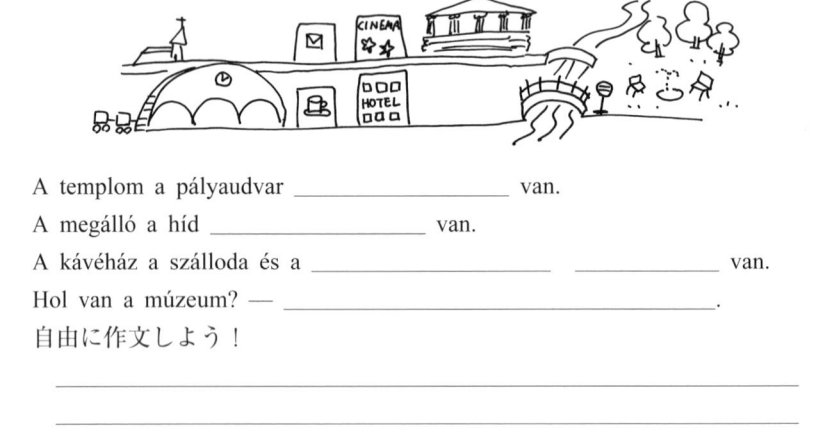

    A templom a pályaudvar _____ van.
    A megálló a híd _____ van.
    A kávéház a szálloda és a _____ _____ van.
    Hol van a múzeum? — _____.
    自由に作文しよう！
    _____
    _____

3. 作文をしましょう。

    「先生はどこにいますか？」「あそこにいますよ。」

    「君は大阪出身じゃないの？」「ええ。東京出身です。」

    「モルナール先生はお元気ですか？」「元気ですよ。」

    バス停は大学の前にあります。

    そのハンガリー人の女の子は，ドイツ人の男の子の横にいます。

    レストランは，本屋と映画館のあいだにあります。

コラム3 ハンガリー人はアジア系？

　ハンガリー人はアジア系と言われますが、なぜでしょう。ハンガリー人が元々ウラル山脈のあたりに住んでいたことは確かなようですが、東の方から移動して来たからアジア系なのでしょうか。東方から移動してきたと言うだけでも十分なはずです。ハンガリー語はウラル語族に属し、インド＝ヨーロッパ語族の言語ではありません。それがアジア系と言われる理由でしょうか。それなら同じくウラル語族に属するフィンランド語を話す人々もアジア系ということになりますがどうでしょう。それともハンガリー人の祖先が、アッティラ大王で有名なフン人だからでしょうか。しかし実は、この説は誤りです。ハンガリー人とフン人が共通の祖先から分かれたといった説は、19世紀までハンガリー本国でも信じられていましたが、同世紀後半に学問的に否定されました（にもかかわらず今でもしばしば耳にするのは、かつてこの説が極めて広く深く受け入れられていたからかもしれません）。

　アジアという言葉の意味に注意を払わないと、根拠の無いイメージが膨らむこともあります。特に気をつけなければならないのは、ハンガリー人はアジア系だから日本人と血縁関係にあるといった話です。一言でアジアと言っても多様な人々が暮らす広大な地域であることは言うまでもありません。ハンガリー人と日本人だけを結び付けるのはおかしいでしょう。広大な地域を一言でアジアとくくることにどのような意味があるのか、アジアとは何かということにも注意を向けるべきです。このように考えてくると、ハンガリー人はアジア系である、と言うことには慎重であるべきだと言えそうです。

（鈴木広和）

4 ブダペストの橋は美しい
Szépek a budapesti hidak

Nana és Balázs a városban van. Budapest régi és szép város. Nem kicsi, hanem elég nagy. Sok az ember és az autó is.

Balázs: Hogy tetszik a város?
Nana: Nagyon tetszik. Most hol vagyunk?
Balázs: A Vörösmarty téren vagyunk. Látod, ott van a Gerbeaud. Az egy régi és híres kávéház.
Nana: Milyen szép és elegáns! ① Azok ott milyen épületek?
Balázs: Azt hiszem, ajándékboltok és butikok. Menjünk!

Nana: Ezek a képeslapok nagyon szépek. Ez Buda?
Balázs: Igen. Ezek itt régi templomok. Azok pedig a híres budapesti hidak. ② Szépek, ugye?
Nana: Igen, nagyon. Ezt hogy hívják? ③
Balázs: Ez a Lánchíd. Az pedig a Margit híd.
Nana: Mi van a Margit híd mögött?
Balázs: A Margitsziget. Elég nagy és kellemes sziget. Van ott egy jó strand is.

① 「何て〜なの！」の表現

「どんな」の意味の疑問詞 milyen を用いる。

 Milyen nagy! なんて大きいんでしょう！
 Milyen okos vagy! あなたはなんてかしこいのでしょう！

ほかにも，「まあ〜！」の意味で Jaj de 〜! や De 〜! がある。

 Jaj de szép! まあ，きれい！
 De jó!   いいなあ！

② 「A は〜，B は一方〜」の表現

2つのことを並べていう場合，接続詞 pedig を用いる。A 〜，B pedig 〜という語順になる。

 Ez alma, az pedig körte. これはりんごで，あれは梨だ。

③ 「何といいますか？」の表現

動詞 hív「呼ぶ」を使って，Hogy hívják 〜t?「〜をどのように呼びますか？」という（→対格接尾辞「〜を」は第7課）。「〜と呼ぶ」というときには，与格接尾辞 -nak, -nek がつく（→第9課）。

 Ezt hogy hívják? これは何といいますか？

親しいあいだで名前をたずねる場合には，Hogy hívnak?「君，なんていう名前？」という。

4.1　名詞の複数接尾辞 -k

名詞が複数になると，語の後ろに複数をあらわす接尾辞 **-k** がつく。母音でおわる語には直接 **-k** がつくが，子音でおわる語では -k の前にそれぞれ**母音**が入る。母音の種類は，語に含まれる母音の種類に合わせて決まる。これを**母音調和**という。**a, u, o** の音を含む語には **-ok** が，**i, e** の音を含む語には **-ek** が，**ü, ö** の音を含む語には **-ök** がつく。

Mik ezek?「これらは何ですか？」

 母音でおわる語の場合 Ezek autó**k**. これらは車です。
 a, u, o の音を含む語の場合 Ezek asztal**ok**. これらは机です。
 i, e の音を含む語の場合 Ezek szék**ek**. これらは椅子です。
 ü, ö の音を含む語の場合 Ezek gyümölcs**ök**. これらはくだものです。

※母音でおわる語は，さいごの母音が a または e の場合，それぞれ á, é と長母音化する．
  táska　かばん　→　tásk**ák**
  lecke　課題　→　leck**ék**

※ a, u, o のタイプの語の中には，-ok ではなく -ak がつくものがある．
  ágy　ベッド　→　ágy**ak**　　　ház　家　→　ház**ak**
  toll　ペン　→　toll**ak**　　　fal　壁　→　fal**ak**　　　hal　魚　→　hal**ak**

※語幹の母音が短くなるものがある．
  kanál (kanal-)　スプーン　→　**kanalak**
  pohár (pohar-)　コップ　→　**poharak**
  madár (madar-)　鳥　→　**madarak**

※語幹のさいごの母音が脱落するものがある．
  étterem　レストラン　→　éttermek　　　tükör　鏡　→　tükrök

※単音節で長母音でおわる語には，語幹に v があらわれ，-ok でなく -ak がつく．
  ló (lov-)「馬」　→　**lovak**　　　tó (tav-)「湖」　→　**tavak**

※その他の例外
  könyv　本　→　könyv**ek**　　　híd　橋　→　**hidak**　など

4.2　形容詞の複数接尾辞

　形容詞の場合，名詞と少し違うので気をつけよう．母音でおわる語には -k だけがつくのは名詞と同じであるが，子音でおわる語の場合，a, u, o の音を含む語の場合は -ak が，i, e と ü, ö の音では -ek がつく．
 Milyenek ezek?　これらはどんなのですか？
  母音でおわる語の場合　　　　　Ezek kicsik.　　　　これらは小さいです．
  a, u, o の音を含む語の場合　　Ezek aranyos**ak**.　これらはかわいいです．
  i, e の音を含む語の場合　　　　Ezek szép**ek**.　　これらはきれいです．
  ü, ö の音を含む語の場合　　　　Ezek zöld**ek**.　　これらは緑です．

※母音でおわる語は，さいごの母音が a または e でおわる場合，それぞれ á, é と長母音になる．
  barna　茶色い　→　barn**ák**　　　fekete　黒い　→　feket**ék**

※ a, u, o の音の語で，まれに -ak ではなく -ok がつくものがある．
  nagy　大きい　→　nagy**ok**　　　szabad　自由な　→　szabad**ok**

  fiatal　若い　→　fiatal**ok**
※母音 **-i** や **-ú, -ű** でおわる語は，つなぎ母音をとる。
  régi　古い　→　régi**ek**
  budapesti　ブダペスト出身の（人）　→　budapesti**ek**
   （ただし kicsi　小さい　→　kicsi**k**）
  hosszú　長い　→　hosszú**ak**　　népszerű　人気のある　→　népszerű**ek**
※接尾辞がつくと，母音が脱落するものや長母音が短くなるものがある。
  bátor　勇敢な　→　bátr**ak**
  nehéz　重い，難しい　→　nehez**ek**
※民族名，言語名をあらわす語は，形容詞の働きをしている場合も，名詞の場合と同じ接尾辞をとる。
  angol**ok**　イギリスの，英語の　　　görög**ök**　ギリシャの，ギリシャ語の

4.3　複数の文

文の主部が複数であれば，述部も複数形をとる。
  Ez | busz.　これはバスです。　→　Ez**ek** | busz**ok**.
  Mi | ez?　これは何ですか。　→　Mi**k** | ez**ek**?
形容詞は直後に名詞が続く時は複数形にしない。形容詞でおわる場合には複数形になる。
  A német autó | nagyon drága.　　ドイツ車はとても高いです。
  →　A német autó**k** | nagyon drágá**k**.

「この〜」「あの〜」に用いられる指示代名詞 **ez, az** は，複数の文では複数形になる。
  Ez a táska | piros.　→　**Ez****ek** a táská**k** | piros**ak**.　これらのかばんは赤いです。
  Az az angol diák | szorgalmas.　→　**Az****ok** az angol diák**ok** | szorgalmas**ak**.
   あのイギリス人の学生たちは勉強熱心です。

いろいろな形容詞を覚えよう！その2

sok	多い	⇔	kevés	少ない
tiszta	清潔な	⇔	piszkos	汚い
magas	背が高い	⇔	alacsony	低い
zajos	うるさい	⇔	csendes	静かな
szorgalmas	勤勉な	⇔	lusta	怠けた
vidám	陽気な	⇔	szomorú	悲しい
érdekes	面白い	⇔	unalmas	つまらない

カフェ・ジェルボー

数の表現

10までの数字	数詞	番号数	序数
1	egy	egyes	első
2	kettő (két)	kettes	második
3	három	hármas	harmadik
4	négy	négyes	negyedik
5	öt	ötös	ötödik
6	hat	hatos	hatodik
7	hét	hetes	hetedik
8	nyolc	nyolcas	nyolcadik
9	kilenc	kilences	kilencedik
10	tíz	tízes [tizes]	tizedik

大きい数字

11	tizenegy	50	ötven
12	tizenkettő	60	hatvan
13	tizenhárom	70	hetven
14	tizennégy	80	nyolcvan
15	tizenöt	90	kilencven
16	tizenhat	100	száz
17	tizenhét	1千	ezer
18	tizennyolc	1万	tízezer
19	tizenkilenc	10万	százezer
20	húsz	100万	(egy)millió
21	huszonegy	1千万	tízmillió
22	huszonkettő	1億	százmillió
30	harminc	10億	milliárd
40	negyven		

　ハンガリー語では,「3台の車」「百冊の本」などのように名詞に数詞がつくと,名詞は単数になる。sok「多くの」, néhány「いくつかの」などの数量詞の場合も同じく単数になる。

　　　három autó　　3台の車　　　　száz könyv　　百冊の本
　　　sok gyerek　　たくさんの子ども　néhány ember　数人の人

　2をあらわす数字（kettő または két）は「2つの〜」というふうに,次に名詞類を修飾する場合は két を, 叙述用法では kettő を使う。

　　　két gyerek　　2人の子ども　　　kétezer　　2000
　　　Kettő van.　　2つあります／2人います。

練習問題

1. 次の語を複数にして，意味も書きましょう。

autó	füzet	asztal	szék
függöny	kutya	macska	tükör
toll	gyümölcs	étterem	hal
madár	kanál	könyv	híd
lusta	népszerű	régi	új
alacsony	elegáns	szabad	nagy

2. 次の文を複数にしましょう。

   Az oszakai diák szorgalmas.

   A külföldi vendég híres újságíró.

   Az a tanár nem budapesti, hanem debreceni.

   Milyen az az angol orvos?

   Ez a fekete macska nagyon aranyos.

   Fiatal vagyok.

   Lusta fiú vagy.

   Ön tanár?

3. 次の文を単数と複数でハンガリー語にしましょう。

   あの女の子はとてもかしこい。

   その教会は古くて小さい。

   この優雅な家は新しくて大きい。

   あのレストランは人気がありますか？

   ここには値段の高いホテルしかありません。

コラム4　ハンガリーのパティスリー

　ハンガリーでいちばん有名なパティスリーと言えば，ブダペストの中心，ヴルシュマルティ広場 Vörösmarty tér にあるジェルボー Gerbeaud Cukrászda。19世紀後半に，その前身となる店舗から移転して以来，歴史のさまざまな変遷に翻弄されることなく，変わらない華麗な装いを保ち，佇んでいます。中を覗いてみると，おいしそうなスウィーツがずらり。かつては，作曲家のリスト・フェレンツ Liszt Ferenc や王妃エリザベートも愛したと言います。お店の名前を冠したジェルボー・セレト Gerbeaud szelet（くるみとアプリコットジャムをサンドしたスポンジの層をチョコレートコーティングしたケーキ）や，レシピを考案した菓子職人の名を冠したドボシュ・トルタ Dobos torta（スポンジとチョコレートクリームの層で作られた土台に，キャラメルがけした生地でデコレートしたケーキ）は，今ではハンガリー国内のケーキ屋さんならどこでも見られるものですが，いずれもこのジェルボーで誕生したものです。

　店舗は，初め，クグレーという，名門菓子店の三代目店主によって作られました。クグレーが，自らと同じく，スイスのジュネーブで菓子店を営む家に生まれたエミール・ジェルボーとパリで出会い，彼を迎え入れたことによって，店は以前にも増して繁盛していきます。「ジェルボーの店」と呼ばれていたこともあり，後に店名が現在のジェルボー Gerbeaud に変更されました。（共産主義時代に一時国営化され，「ヴルシュマルティ」と名前を変えていましたが，1980年代にジェルボー一家に買い戻され，従来の名前に戻りました。）

　ハンガリーのスウィーツは，見た目よりも中身で勝負，と言わんばかりで，その素朴な味わいが魅力です。ショムローイ・ガルシュカ Somlói galuska（スポンジをラム酒に浸し，カスタードクリーム，アプリコットジャム，くるみ，レーズン，チョコレートソースをかけ，生クリームをトッピングしたデザート）もその一つ。今ではいろんなレシピがあるようですが，オリジナルはグンデル Gundel という高級レストランの料理長を務めたゴッレリッツ・カーロイ Gollerits Károly によって考案された，プレーン，ココア生地，クルミ入りの3種類のスポンジを用いるというものです。実際の製作に至るには，Szőcs József Béla という，カフェ・ジェルボーで修行を積んだ菓子職人の存在があったことが知られています。

（江口清子）

5 ここではハンガリー語を勉強するのよ
Mi itt magyarul tanulunk

Most délelőtt kilenc óra van. A külföldi diákok magyarul tanulnak. A diákok között van egy finn, egy román, egy kanadai és egy vietnami. És persze itt van Nana is, a japán diák. A diákok csak magyarul beszélnek az órán. Még csak egy kicsit tudnak magyarul, de mindennap sokat tanulnak.

Pekka: Én finn vagyok. Beszélsz finnül, Nana?
Nana: Sajnos nem beszélek finnül. Te milyen nyelven beszélsz?
Pekka: Angolul, németül, svédül és oroszul. Magyarul még csak egy kicsit tudok.
Robert: Én csak angolul beszélek. Persze itt az órán nem beszélünk angolul, de én nem is akarok.
Andrea: Szuper! Az amerikaiak és a kanadaiak mindenhol csak angolul beszélnek. Ez nem jó. Én otthon francia szakos vagyok. Elég jól tudok franciául.
Huong: Én kínaiul is tanulok. Nana, te is tudsz kínaiul?
Nana: Sajnos nem tudok kínaiul. De ti milyen sok nyelven tudtok! Ez csodálatos! Én csak angolul beszélek és nem is jól.
Andrea: Nem baj, Nana. Mi itt magyarul tanulunk. Hajrá!!

5.1　動詞の不定活用　その1

　ハンガリー語の動詞には，**不定活用と定活用**という2種類の活用がある。目的語をとらない自動詞は，ふつう不定活用だけをもつ。目的語をとることのできる他動詞は，目的語の性質によって不定活用と定活用の2種類の活用をする。ここではまず，不定活用を学ぶ。

動詞の語幹とは？

　現在形3人称単数の不定活用形は辞書に記載されている形で，多くの場合，これが動詞が活用しても変化しない部分となる。これを**動詞の語幹**という。

人称接尾辞とは？

　動詞の語幹に続く，主語によって形が変化する部分を**人称接尾辞**という。動詞は，語幹に含まれる母音の種類にあわせて以下の3つのグループに分けられ，人称接尾辞の母音もそれぞれ異なる（母音調和する）。

		a, u, o の音を含む語 **tanul**（勉強する）	i, e の音を含む語 **pihen**（休む）	ü, ö の音を含む語 **örül**（よろこぶ）
単数	1人称（én）	tanul**ok**	pihen**ek**	örül**ök**
単数	2人称（te）	tanul**sz**	pihen**sz**	örül**sz**
単数	3人称（ő）	tanul	pihen	örül
複数	1人称（mi）	tanul**unk**	pihen**ünk**	örül**ünk**
複数	2人称（ti）	tanul**tok**	pihen**tek**	örül**tök**
複数	3人称（ők）	tanul**nak**	pihen**nek**	örül**nek**

　Mit csinálsz itt?　ここで何をしているの？
　Tanulok.　勉強しています。　Pihenek egy kicsit.　ちょっと休んでいます。

5.2　つなぎ母音をとる動詞

　語幹が -it で終わる動詞や，語幹のおわりに子音が連続する動詞では，語幹と人称接尾辞のあいだに母音を挿入する。これを**つなぎ母音**という。人称接尾辞が子音ではじまる場合，子音が連続すると発音しにくいので，つなぎ母音を入れるこ

とで発音しやすくなっていると考えるとよい。人称接尾辞が子音ではじまる単数2人称（te），複数2人称（ti）および3人称（ök）の場合で，つなぎ母音があらわれる（下の表では下線部分）。

		a, u, o の音を含む語	i, e の音を含む語	ü, ö の音を含む語
		tanít（教える）	**segít**（手伝う）	**küld**（送る）
単数	1人称（én）	tanítok	segítek	küldök
	2人称（te）	**tanít_a_sz**	**segít_e_sz**	**küld_e_sz**
	3人称（ő）	tanít	segít	küld
複数	1人称（mi）	tanítunk	segítünk	küldünk
	2人称（ti）	**tanít_o_tok**	**segít_e_tek**	**küld_ö_tök**
	3人称（ők）	**tanít_a_nak**	**segít_e_nek**	**küld_e_nek**

5.3　言語名の副詞形　「〜語を話します」

　言語名に副詞をつくる接尾辞 **-ul, -ül** をつけると，「〜語で」の意味になる。beszél / tud / tanul　〜 -ul/-ül で，「〜語を話す，できる，勉強する」という表現になる。a, u, o の音を含む語には **-ul** が，i, e や ü, ö の音を含む語には **-ül** がつく。

　　Milyen nyelven beszél?　　　　（あなたは）どんな言語を話しますか？
　　Angol**ul** és német**ül** beszélek.　英語とドイツ語を話します。

程度をあらわす副詞には，nagyon jól「とても上手に」，jól「上手に」，csak egy kicsit「少しだけ」，alig「ほとんど〜できない」などがある。

　　Zoli nagyon jól beszél olaszul.　　ゾリはイタリア語がとても上手だ。
　　Sajnos alig tudok angolul.　　　　残念ながら，英語はほとんどできません。

※言語名を表す語が母音 a または e でおわる場合，それぞれ **á, é** と長母音になる。
　　Most franci**á**ul tanulok.　　　　今，フランス語を勉強しています。

> **言語／民族の名前を覚えよう！**
> **-ul, -ül をつけて「〜語で」といってみよう**
>
> | | | | |
> |---|---|---|---|
> | japán | magyar | román | lengyel |
> | angol | német | francia | spanyol |
> | olasz | finn | cseh | szlovák |
> | orosz | arab | koreai | kínai |

練習問題

1. かっこの中の人称に従って，不定活用の形を書きましょう。

   fut _____ (én)　　beszél _____ (ők)　　ír _____ (én)
   süt _____ (ti)　　takarít _____ (ti)　　táncol _____ (te)
   ül _____ (ti)　　siet _____ (te)　　áll _____ (én)
   vár _____ (te)　　örül _____ (ők)　　segít _____ (te)

2. Mit csinálsz? Mit csináltok? の問いに，次の動詞を使って答えましょう。

   sétál　　　　beszélget　　　　mosogat
   énekel　　　táncol　　　　　 bevásárol
   tanít　　　　takarít　　　　　pihen

   例）Mit csinálsz reggel? — Sétálok.
   　　Mit csináltok délután? — Bevásárolunk.

時をあらわす副詞

| reggel | 朝 | délelőtt | 午前 | délben | 正午 | délután | 午後 |
| este | 夕方、晩 | éjszaka | 夜 | ma | 今日 | holnap | 明日 |

---

3. 作文をしましょう。

   「あなた方は，日本語を話しますか？」「残念ながら，ほとんど話せません。」

   ここではハンガリー人の先生たちが教えています。

   男の子たちは掃除して，女の子たちは手伝います。

   「今日の午後は何をしますか？」「買い物をして，料理します。」

   残念ながら，ナナはまだハンガリー語は少ししか話せません。

   「ペッカは何語を話しますか？」「彼はたくさんの言語を話します。」

コラム5 外国人がハンガリー語を学ぶわけ

「なぜ外国人がハンガリー語を勉強しているの？」私が外国人へのハンガリー語教育を専門にしているとハンガリー人に言うと，最初に質問されるのは決まってこのことだ。まさに型にはまったように繰り返される質問だが，一言で答えるのは至極難しい。学習する人の数だけその動機は存在するし，いろんな理由が混ざり合っていることも多々ある。とはいえ，多くの場合その動機とは何なのだろうか，ちょっと見てみよう。

ハンガリー語学習者の多くはハンガリー在住の外国人だ。みなハンガリー語を身につけたいと思っているが，ちょっと丁寧なあいさつができればいいというビジネスマンから，ハンガリー語を完璧に習得したいという人まで，その目的はさまざまだ。特に，伝道や慈善活動を目的とする人たちは，現地のことばを少しでも上手に操れることが重要なのだ。

若者の多くは勉学目的で，高水準の工学，医学または音楽などを学びに世界中からやってくる。ハンガリーの大学で学ぶには，まずバラッシ語学学校（Balassi Intézet）で1年間の準備講座に通い，大学でハンガリー人学生と机を並べて講義が聴ける力をつける。英語・ドイツ語などで教育を受ける学生は，日常生活に不自由しないようにハンガリー語を学ぶ。

ハンガリーで恋人や伴侶を得たという人もいる。長年ハンガリーで生活したのち，ハンガリー人と結婚し家庭を持ったことで，ハンガリー語学習に本腰を入れるという人も多い。

好んで生まれた国を離れた人ばかりではない。政治的・経済的理由で新天地を求めてくる人も多い。ハンガリーは少なからず難民を受け入れており，彼らがハンガリーに適応するための一助としてハンガリー語教育が行われている。

複雑な歴史を経た結果，ハンガリーの周辺諸国や世界の各地域には数百万人にのぼるハンガリー人が存在する。周辺諸国の若者の多くは，ハンガリーの大学に進学してくる。その多くは母語とはいえ，ハンガリー語で教育を受けてこなかったため，バラッシ語学学校には彼らのためにも特別コースを設け，専門教育レベルのハンガリー語力を入学前に身につけさせる。また，遠い国に暮らすハンガリー系の若者たちの多くは，もはやほとんどハンガリー語を学ぶことがないが，それでも自分のルーツであるハンガリーの文化を知りたいという思いからハンガリーにやって来て，ハンガリー語を習得するケースも多い。

世界20カ国，2千人以上が大学でハンガリー語とハンガリー学を専門としていることも忘れてはいけない（日本では，大阪大学のハンガリー語学科がそうだ）。彼らは，これまで述べた動機以外にハンガリー語や文化への興味，あるいは純粋な好奇心からハンガリー語学習に取り組んでいる。そうしてハンガリーと深い縁ができ，仕事から恋愛に至るまでさまざまな理由からさらに知識を深め，ハンガリー語を存分に活用するまで極めるのだ。　　（Borsos Levente, 訳：岡本真理）

ハンガリー民謡

Tavaszi szél vizet áraszt
春風は雪解けを呼ぶ

Ta - va - szi szél vi - zet á - raszt, vi - rá - gom, vi - rá - gom.

Min - den ma-dár tár - sat vá - laszt, vi - rá - gom, vi - rá - gom.

1. Tavaszi szél vizet áraszt,   春の風は雪解けを呼ぶよ
   virágom, virágom.   私の花よ，私の花よ

2. Minden madár társat választ,   鳥はみな伴侶を選ぶよ
   virágom, virágom.   私の花よ，私の花よ

3. Hát én immár kit válasszak,   私はいったい誰を選ぼうか
   virágom, virágom?   私の花よ，私の花よ

4. Te engemet s én tégedet,   あなたは私を，私はあなたを
   virágom, virágom.   私の花よ，私の花よ

6 みんな楽しい週末をね！
Mindenkinek jó hétvégét!

Az óra után Molnár tanárnő és a külföldi diákok beszélgetnek. Ma péntek van.

Tanárnő: Mit csináltok hétvégén? Tanultok vagy pihentek?
Pekka: Én hétvégén is magyarul tanulok. A magyar nyelv nagyon érdekes és izgalmas!
Andrea: Én nem tanulok. Szombaton találkozom a barátommal. Teniszezünk. Vasárnap meg kirándulunk.
Robert: Nekem a nagypapám és a nagymamám itt él Budapesten. Hétvégén mindig velük ebédelek. Aztán sétálunk egy kicsit és néha segítek valamiben, ha kell.
Huong: Én nem pihenek, mert hétvégén is dolgozom. Budán van egy kis vietnami étterem. Ott dolgozom. Nagyon finomak az ételek. Majd egyszer eljöttök, jó?
Tanárnő: Jaj de jó! Huong biztosan jól főz. Mindenképpen elmegyünk egyszer! Nana, te mit csinálsz hétvégén?
Nana: Hát, még nem tudom. Sok a házi feladat. Talán otthon tanulok. Emailezek vagy skype-olok. Aztán persze mosok, főzök és takarítok.
Tanárnő: Nagyon szorgalmas vagy, Nana. Ó, már öt óra van?[①] Akkor sziasztok! Mindenkinek jó hétvégét kívánok![②]

①時をあらわす表現

時刻をいう時は，存在の動詞 van をともなう。óra は省略することもできる。

 Hány óra van? / Mennyi az idő? 何時ですか？
 Három óra van. / Három van. 3時です。

negyed「4分の1 = 15分」, fél「半分 = 30分」, háromnegyed「4分の3 = 45分」を使った表現もある。この場合，óra は用いない。また，その後にくるちょうどの時刻とともに使うので，この点に気をつけよう。

 Negyed három van. 2時15分です。(3時15分ではない！)
 Fél három van. 2時半です。
 Háromnegyed három van. 2時45分です。

②いろいろな場面のあいさつ

Jó ～t kívánok! でさまざまな場面で相手に声をかける表現ができる。

 Jó tanulást (kívánok)! 勉強がんばってね。
 Jó munkát (kívánok)! 仕事がんばってね。
 Jó étvágyat (kívánok)! どうぞおあがりなさい。(相手が食事を始めるとき)
 Jó pihenést (kívánok)! お疲れさま。
 Jó utat (kívánok)! いってらっしゃい。(相手が旅立つとき)

6.1　動詞の不定活用　その2

語幹が -s, -sz, -z でおわる動詞の人称変化：te の時に気をつけて！

動詞の語幹が **-s, -z, -sz** でおわる語は，2人称単数（te）の接尾辞が -sz ではなく，**-ol, -el, -öl** になる。その他の人称は他の動詞と同様となる。

 olvas 読む (én) olvasok, (te) olvas**ol**, (ő) olvas, ...
 keres 探す (én) keresek, (te) keres**el**, (ő) keres, ...
 főz 料理する (én) főzök, (te) főz**öl**, (ő) főz, ...

6.2　ik 動詞の人称変化

動詞の中には，現在形・3人称単数・不定活用（辞書に載っている形）が **-ik** でおわるものがあり，これを ik（イク）動詞とよぶ。これらの動詞では，-ik をとっ

た形に人称接尾辞がつく。また，単数1人称の人称接尾辞は **-om, -em, -öm** となる。

		a, u, o の音を含む語 **dolgozik**（働く）	i, e の音を含む語 **reggelizik**（朝食をとる）	ü, ö の音を含む語 **öltözik**（服を着る）
単数	1人称（én）	**dolgozom**	**reggelizem**	**öltözöm**
	2人称（te）	dolgozol	reggelizel	öltözöl
	3人称（ő）	dolgozik	reggelizik	öltözik
複数	1人称（mi）	dolgozunk	reggelizünk	öltözünk
	2人称（ti）	dolgoztok	reggeliztek	öltöztök
	3人称（ők）	dolgoznak	reggeliznek	öltöznek

※上の3つの動詞は -ik を取り除いた時の語尾が -z でおわるため，2人称単数 te では -sz ではなく，**-ol, -el, -öl** の接尾辞をとる（→ 6.1 参照）。

6.3　megy「行く」，jön「来る」の人称形

動詞 megy「行く」，jön「来る」は次のように不規則な人称変化をするので，しっかり覚えよう。

megy「行く」，jön「来る」の現在形人称変化

		megy（行く）	jön（来る）
単数	1人称（én）	megyek	jövök
	2人称（te）	mész	jössz
	3人称（ő）	megy	jön
複数	1人称（mi）	megyünk	jövünk
	2人称（ti）	mentek	jöttök
	3人称（ők）	mennek	jönnek

練習問題

1. かっこの中の人称に従って，不定活用の形を書きましょう。

   néz _____ (te)   olvas _____ (te)   megy _____ (ti)
   alszik _____ (te)   jön _____ (mi)   mos _____ (én)
   reggelizik _____ (én)   főz _____ (te)   olvas _____ (ők)
   eszik _____ (én)   iszik _____ (te)   találkozik _____ (mi)
   reggelizik _____ (ti)   vacsorázik _____ (ők)   alszik _____ (én)
   megy _____ (mi)   jön _____ (te)   megy _____ (ők)

2. 本文の内容について答えましょう。

   Pekka hétvégén angolul tanul?

   Andrea hétvégén dolgozik?

   Milyen nap van ma?

   Huong pihen szombaton?

   Mit csinál Nana hétvégén?

   Te hétvégén tanulsz, dolgozol vagy pihensz?

3. 作文をしましょう。

   「あなたはどこで晩ごはんを食べますか？」「ここで食べます。」

   「君は週末何をしますか？」「たくさん寝ます。」

   「明日は仕事ですか？それとも休みですか？」「仕事です。」

   「午後私たちはテニスをします。君たちも来ますか？」

   女の子たちは日曜日にハイキングに行きます。

   放課後，留学生たちは買い物をして，料理をして，掃除をします。

コラム6　世界にも類をみない温泉　エゲルサローク

　ハンガリーは温泉天国。ブダペストは，首都でありながら，豊富な温泉に恵まれた，世界でもまれにみる幸福な都市。湯煙のなか，のんびりと温泉につかりながらチェスを楽しめるなんて，ブダペスト市民がうらやましい！

　地方にもたくさんの温泉があります。バラトン湖畔の町ケストヘイの近く，ヘーヴィーズにある温泉湖。湖底から温泉が湧き出ていて，湖全体が温泉になっているとは，驚きです。蓮の花の咲くなか，魚といっしょに温泉につかるなんて，めったにできない体験です。

　さらに珍しいのがエゲルサローク温泉（Egerszalók）の「塩の山」。ハンガリー北東部の町，エゲルから車で 15 分ほどのところにある温泉です。「塩の山」とは，地下から湧き出ている温泉の石灰分が固まってできた「石灰華」の山のこと。さらにその横には，温泉水が流れ下っていく過程で，石灰分が少しずつ沈殿し，固まって，白い「棚田」のようなものが形成されています。

　「石灰棚」とも呼ばれる，こうした景観は，世界広しといえども，他には，世界遺産にも登録されているトルコのパムッカレと，アメリカ合衆国のイエローストーン国立公園のなかにしかないようです。

　エゲルサロークの「塩の山」と「石灰棚」は，規模から言うと，トルコのパムッカレにはとうてい及びませんが，温泉に浸かりながら，こうした風景を眺めることできるのは，他ではなかなかできないことではないでしょうか。

　温泉自体は古くから利用されてきましたが，2007 年夏に，超近代的なホテルがオープンし，温泉のみの利用も可能な巨大スパリゾート施設が，まわりに何もないなか，ぽつんとひとつだけそびえ立ち，威容を誇っています。硫黄分を豊富に含む温泉水は，関節痛や筋肉の炎症，婦人病，皮膚病，術後のリハビリなどに効能があるとか。都会の喧噪を離れて，静かにのんびりリラックスしたいという人にはおすすめの温泉です。

（早稲田みか）

Fa leszek, ha fának vagy virága.
Ha harmat vagy: én virág leszek.
Harmat leszek, ha te napsugár vagy…
Csak, hogy lényink egyesüljenek.

Ha, leányka, te vagy a mennyország:
Akkor én csillagá változom.
Ha, leányka, te vagy a pokol: (hogy
Egyesüljünk) én elkárhozom.

ぼくは木になろう，君が木に咲く花ならば。
君が露なら，ぼくは花になろう。
ぼくは露になろう，もし君が太陽の光なら…
そう，二人がひとつになれるように。

愛しい人，君が天国なら，
ぼくは星になろう。
愛しい人，君が地獄なら，
（ひとつになるため）ぼくは地獄に堕ちよう。

Petőfi Sándor (1823-1849)
　ハンガリーを代表する詩人。1848年，ハプスブルク帝国からの独立革命で指導的な役割を果たし，翌年26歳の若さで戦死した。ハンガリーの自由と独立を鼓舞した「国民の歌」(Nemzeti dal) は革命のシンボルとなった。ほかに，愛する妻を詠んだ恋愛の詩，ハンガリーの地方の情景や民衆の暮らしを謳った抒情詩など，短い生涯で1000近くの作品を残した。

7　中央市場でお買い物
Vásárlás a Nagycsarnokban

A Nagycsarnok a Szabadság híd mellett van. A 47-es villamos jár itt. Ez egy nagy, kétemeletes épület. Sok ember vásárol itt. Sok a turista is. Lent húsboltok, zöldségesek, sütemények és italok vannak. Magyar élelmiszerek is vannak: például pirospaprika, szalámi és tokaji bor. Fent hímzésboltok és más ajándékboltok vannak.

Nana az óra után vásárol. Ma este Andrea és Pekka jön hozzá. Valami finomat főz nekik. Talán szusit? De a szusi elég nehéz, mert nem elég frissek a halak. Nana sokáig gondolkozik, és végül az okonomijaki mellett dönt.① Itt van egy zöldséges. Nana itt vesz káposztát.

Eladó:　Tessék parancsolni!
Nana:　Jó napot kívánok! Egy fej káposztát kérek.②
Eladó:　Tessék. Még valamit?
Nana:　Nagyon szép ez a paprika. Édes vagy csípős?
Eladó:　Gyönyörű, ugye? Édes és nagyon finom.
Nana:　Akkor fél kilót kérek.
Eladó:　Más valamit?
Nana:　Mást nem. Köszönöm.
Eladó:　Én köszönöm.

① 〜 mellett dönt「〜に決める」

② 買い物のときに使う量や数の表現
　☞重さの単位
　　kiló　キロ
　　　Egy kiló krumplit kérek.　じゃがいも1キロください。
　　deka　10グラム
　　　Húsz deka sajtot kérek.　チーズ200グラムください。
　☞液体の量
　　liter　リットル
　　　Egy liter tejet kérek.　牛乳1リットルください。
　　deci　デシリットル（100ml）
　　　Két deci kólát kérek.　コーラ200mlください。
　☞個数をあらわす
　　fej「〜個」は「頭」の意味で，キャベツやレタスだけに使われる。普通,「〜個」というときは，darab を使う。
　　　Tíz darab tojást kérek.　たまご10個ください。

7.1　名詞の対格接尾辞 -t　その1：基本形

「〜を」という目的語をあらわす場合，目的語である名詞類の後ろに「〜を」をあらわす接尾辞 **-t** をつける。これを**対格接尾辞**という。母音でおわる語には -t だけがつくが，語の最後が a または e でおわる場合，それぞれ **á, é** と長母音化する。子音でおわる語ではつなぎ母音が入り，a, u, o の音を含む語の場合は **-ot** が，i, e の音では **-et** が，ü, ö の音では **-öt** というように，それぞれ母音調和する。

　Mit kérsz?　何がほしいの？
　　　母音でおわる語の場合　　　　　Kávét.　　　コーヒーを（下さい）。
　　　a, u, o の音を含む語の場合　　Fagylaltot.　アイスクリームを（下さい）。
　　　i, e の音を含む語の場合　　　 Bélyeget.　　切手を（下さい）。
　　　ü, ö の音を含む語の場合　　　 Gyümölcsöt.　くだものを（下さい）。

※ a, u, o の音を含む語の中には, **-ot** ではなく, **-at** がつくものがある。
　　ágy　ベッド　→　ágyat　　　ház　家　→　házat

fal 壁 → fal**at**　　toll ペン → toll**at**

※語幹の母音が短くなるものがある。
　　kenyér（kenyer-）パン　　→　**kenyeret**
　　pohár（pohar-）コップ　　→　**poharat**
　　levél（level-）手紙　　　→　**levelet**
　　madár（madar-）鳥　　　→　**madarat**

※語幹のさいごの母音が脱落するものがある。
　　étterem レストラン → **éttermet**　　eper いちご → **epret**

※単音節で長母音でおわる語には，語幹に v があらわれ，-ot でなく -at がつく。
　　ló（lov-）馬 → **lovat**　　tó（tav-）湖 → **tavat**
　　　　　　　　　　　　　　　　　　（ただし szó「単語」→ szót）

※その他の例外
　　könyv 本 → könyv**et**　　híd 橋 → **hidat** など

　対格接尾辞のつけ方は，ほとんどが複数接尾辞（→ 4.1 参照）の場合と同じで，-k を -t に置き換えればよい。（ただし，次の 7.2 の場合を除く。）

7.2　名詞の対格接尾辞　その２：-t だけつく名詞

　子音 -l, -r, -n, -ny, -j, -ly, -s, -sz, -z, -zs でおわる名詞に対格接尾辞がついた場合，ふつう直接 -t だけがつき，母音は入らない。
　　pulóver**t** セーターを　　szekrény**t** たんすを
　　busz**t** バスを　　　　　blúz**t** ブラウスを

ただし，次のような語は例外で，-t の前に母音が入る。
　　toll**at** ペンを　　ház**at** 家を　　fal**at** 壁を　　tej**et** 牛乳を

7.3　形容詞の対格接尾辞

　形容詞の対格接尾辞は，ほとんどが複数接尾辞（→ 4.2 参照）の場合と同じで，-k を -t に置き換えればよい。名詞の場合と少し違うので注意しよう。まず，母音でおわる語には，名詞と同様 -t だけがつき，語末の a, e はそれぞれ **á, é** と長母音化する。子音でおわる語では，a, u, o の音を含む語の場合は **-at** が，i, e や ü, ö

の音では **-et** がつく。

 Milyet kérsz?　どんなのをほしいの？
  母音でおわる語の場合　　　Olcs**ót**.　安いのを（下さい）。
  a, u, o の音を含む語の場合　Új**at**.　新しいのを（下さい）。
  i, e の音を含む語の場合　　Kék**et**.　青いのを（下さい）。
  ü, ö の音を含む語の場合　　Zöld**et**.　緑のを（下さい）。

※形容詞の場合，名詞とは違い，語末の音が **-l, -r, -n, -ny, -j, -ly, -s, -sz, -z, -zs** などの場合でも，かならず母音が入る。
  fehér　→　fehér**et**　白いのを　　világos　→　világos**at**　明るいのを
※a, u, o の音の語で，**-at** ではなく **-ot** がつくものがある。
  nagy　→　nagy**ot**　大きいのを　　szabad　→　szabad**ot**　自由なのを
※民族名，言語名をあらわす語は，形容詞の働きをしている場合も，名詞の場合と同じ接尾辞をとる。
  angol**t**　英語・イギリスのを　　orosz**t**　ロシア・ロシア語のを
※数詞の対格形は以下のようになる。

  egy　→　egyet　　　　　　　　húsz　→　húszat（発音は **[huszat]**）
  kettő　→　kettőt　　　　　　　harminc　→　harmincat
  három　→　**hármat**　　　　　　negyven　→　negyvenet
  négy　→　négyet　　　　　　　ötven　→　ötvenet
  öt　→　ötöt　　　　　　　　　hatvan　→　hatvanat
  hat　→　hat**ot**　　　　　　　　hetven　→　hetvenet
  hét　→　**hetet**　　　　　　　　nyolcvan　→　nyolcvanat
  nyolc　→　nyolcat　　　　　　　kilencven　→　kilencvenet
  kilenc　→　kilencet　　　　　　száz　→　százat
  tíz　→　tízet（発音は **[tizet]**）　　ezer　→　**ezret**

曜日の名前を覚えよう！

hétfő	月曜日 ⇒ hétfőn	月曜日に	egész nap dolgozik
kedd	火曜日 ⇒ kedden	火曜日に	otthon pihen / alszik
szerda	水曜日 ⇒ szerdán	水曜日に	filmet néz, tévét néz
csütörtök	木曜日 ⇒ csütörtökön	木曜日に	zenét/ rádiót hallgat
péntek	金曜日 ⇒ pénteken	金曜日に	a parkban sétál
szombat	土曜日 ⇒ szombaton	土曜日に	angolt/ matekot tanít
vasárnap	日曜日 ⇒ vasárnap	日曜日に	újságot/ könyvet olvas

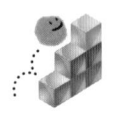

次にならって会話を作りましょう。

A：Mit csinálsz hétfőn?
B：Egész nap dolgozom.

練 習 問 題

1. 次の名詞に対格接尾辞をつけて，「～を」にしましょう。

kávé	tea	tej	sör	bor
szendvics	torta	alma	hamburger	gyümölcs
kabát	szoknya	nadrág	blúz	pulóver
ing	cipő	kalap	levél	könyv
asztal	villa	kanál	kés	pohár

2. 次の形容詞や数に対格接尾辞をつけて，「～を」にしましょう。

magas	alacsony	szép	csúnya	nagy
drága	olcsó	új	régi	hideg
japán	spanyol	görög	magyar	német
fehér	barna	piros	zöld	kék
öt	tíz	hatvan	száz	ezer

3. 次の文を完成させましょう。

Kérek egy ＿＿＿＿＿＿（コーヒーを），egy ＿＿＿＿＿＿（ハンバーガーを）
és egy ＿＿＿＿＿＿（ケーキを）．
Hány ＿＿＿＿＿＿（ビールを）kérnek? — ＿＿＿＿＿＿（3つを）kérünk．
Én fekete ＿＿＿＿＿＿（靴を）kérek, Péter ＿＿＿＿＿＿（白いのを），
István pedig ＿＿＿＿＿＿（赤いのを）．
Ön ＿＿＿＿＿＿（ブラウスを）kér vagy ＿＿＿＿＿＿（シャツを）?
Olcsó ＿＿＿＿＿＿（セーターを）kérek, nem ＿＿＿＿＿＿（高いのを）．
Hány ＿＿＿＿＿＿（りんごを）vesztek?
— Én ＿＿＿＿＿＿（10個を），Éva pedig ＿＿＿＿＿＿（20個を）．
Hányas cipőt kér? ＿＿＿＿＿＿（42号を）? — Nem, ＿＿＿＿＿＿（43号を）kérek．

4. 作文をしましょう。

「紅茶ひとつとフルーツケーキひとつください。」
「サンドイッチにする？それともハンバーガー？」
「白いシャツを買うの？」「白じゃなくて，青いのを買います。」
「土曜日は何をするの？」「何かおいしいものを料理します。」
「いらっしゃいませ。」「パンを半キロください。」
観光客たちは，ここでパプリカやサラミを買います。

コラム 7

市　場

　市場に限らずどんなことでもそうだが，人は2種類に分かれるといわれる。ひとつは市場に通うのが楽しみな人たち。もう一つは，まだ市場が好きだと気がついていない人たちだ。市場にはいろんな種類がある。花の市場，車の市場，生産者が持ち込む市場，それに蚤の市など。

　いくつもの店が集まり，基本的な食料品がいっぺんに揃うという場所が，どの町にもひとつはある。それぞれの店はなんらかの専門店で，牛乳と乳製品の店であったり，たまご，家禽類，パン，香辛料，魚，肉類，飲み物の店であったり，もちろん八百屋やくだもの屋もある。

　八百屋の多くは卸問屋で，仕入れた製品を小売りしている。しかし，市場のおもしろさはなんといっても，近郊や遠方からやってくる生産者による直売だ。生産者自らの手で育てられ収穫されたくだものや野菜は，大規模農園のもののように立派でなくても，ずっと新鮮なのだ。農家の人と直接会話をし，くだものや野菜のことを訊ねたり，おいしい食べ方を教わったりもできる。

　市場には，かならずビュッフェや立ち食いの屋台などがあり，買い物に疲れたらそこで飲んだり食べたりすることができる。大きな平たいドーナツのラーンゴシュやソーセージなど，市場ならではの食べ物もある。

　日本でも，外国でも，市場をのぞいて見ることをぜひおすすめしたい。

(Barta László，訳：岡本真理)

中央市場

8　来てくれてうれしいわ
Örülök, hogy itt vagytok

Este 7 óra van. Nana otthon van. Káposztát vág a konyhában. Ma este jön Andrea, a román lány és Pekka, a finn fiú. Nana okonomijakit és salátát készít. Este nyolc órakor csengetnek. Pekka egy szép virágot hoz, Andrea pedig egy üveg vörösbort. Nana nagyon örül neki.

Andrea: Hmm, szép kis lakás! Nagyon tetszik.
Nana: A szoba kicsi, de csendes és kényelmes. Itt balra van a konyha. Sajnos a konyha elég kicsi, és a hűtőszekrény már régi.
Andrea: Pici, de tiszta. Segítek, Nana. Hol vannak a tányérok?
Nana: A szekrényben. Ott vannak a poharak is. A saláta pedig a hűtőszekrényben van.
Andrea: Rendben. Pekka, miért olvasol a szobában? Gyere a konyhába! Te is segítesz, jó?
Pekka: Persze. Mi lesz a vacsora? Valami japán?
Nana: Igen. Okonomijakit sütünk.
Pekka: De hosszú a neve! De biztos finom!
Nana: Ez milyen bor, Andi? Romániából van?
Andrea: Igen. Ez házi bor. Tessék!
Pekka: Akkor egészségünkre![1] Nana, nagyon köszönjük a meghívást![2]
Nana: Örülök, hogy itt vagytok. Egészségünkre!

①「乾杯」の表現

　「私たちの健康のために」を意味する Egészségünkre! を用いる。また，Egészségedre! は「きみの健康のために」の意味で，相手が食事を終えたとき（たとえば日本語の「おそまつさま」）や，相手がくしゃみをしたときにねぎらう場合にいう。相手が複数のときは，Egészségetekre!「きみたちの健康のために」という。

②みんなでいう「ありがとう」

　Köszönöm.「ありがとう（私は感謝する）。」は，話者がひとりで感謝の意をあらわすときにいう。自分を含め複数が感謝するときは，Köszönjük.「私たちは感謝する」という。

8.1　場所をあらわす接尾辞　その１：「〜の中で，中へ，中から」

「〜に／で」などの場所をあらわす場合，ハンガリー語では語の後ろに場所をあらわす接尾辞をつける。その際，語に含まれる母音の種類によって接尾辞の母音も決まる**母音調和**がおこる。また，語の最後が a または e でおわる場合，接尾辞がつくとそれぞれ á, é と長母音化する。この課では，「〜の中に，中へ，中から」をあらわす接尾辞を学ぶ。

(1)「〜の中で」をあらわす接尾辞 **-ban, -ben**

　Hol van a táska?　かばんはどこにありますか？
　　a, u, o の音を含む語の場合
　　　（A táska）a szobá**ban** van.　部屋の中です。
　　i, e や ü, ö の音を含む語の場合
　　　（A táska）a szekrény**ben** van.　たんすの中です。

(2)「〜の中へ」をあらわす接尾辞 **-ba, -be**

　Hova megy Péter?　ペーテルはどこへ行きますか？
　　a, u, o の音を含む語の場合
　　　（Péter）a bolt**ba** megy.　店へ行きます。

i, e や ü, ö の音を含む語の場合
　　（Péter）az étterem**be** megy.　レストランへ行きます。

(3)「～の中から」をあらわす接尾辞　**-ból, -ből**
　Honnan jön Éva?　エーヴァはどこから来ますか？
　　a, u, o の音を含む語の場合
　　　（Éva）a bolt**ból** jön.　店から来ます。
　　i, e や ü, ö の音を含む語の場合
　　　（Éva）az étterem**ből** jön.　レストランから来ます。

8.2　場所をあらわす接尾辞
　　　その2：「～の上で，上へ，上から」

「～の上で，上へ，上から」をあらわす接尾辞は以下のようになる。

(1)「～の上で」を表す接尾辞　**-n, -on, -en, -ön**
　　母音でおわる語の場合　　　　A bőrönd az autó**n** van.　トランクは車の上です。
　　a, u, o の音を含む語の場合　　A telefon az asztal**on** van.　電話は机の上です。
　　i, e の音を含む語の場合　　　A könyv a szék**en** van.　本は椅子の上です。
　　ü, ö の音を含む語の場合　　　A kulcs a könyv**ön** van.　鍵は本の上です。

(2)「～の上へ」を表す接尾辞　**-ra, -re**
　　Hova mész?　どこへ行くの？
　　a, u, o の音を含む語の場合　　　　A postá**ra** megyek.　郵便局へ行きます。
　　i, e や ü, ö の音を含む語の場合　　A hegy**re** megyek.　山へ行きます。

(3)「～の上から」を表す接尾辞　**-ról, -ről**
　　Honnan jön a busz?　バスはどこから来ますか？
　　a, u, o の音を含む語の場合　　　（A busz）a pályaudvar**ról** jön.　駅から来ます。
　　i, e や ü, ö の音を含む語の場合　（A busz）a hegy**ről** jön.　山から来ます。

8.3 -ban, -ben タイプと -on, -en タイプ：どう使い分ければいい？

　場所をあらわす接尾辞には，基本的に -ban, -ben であれば「中に」，-on, -en, -ön, -n であれば「上に」という意味がある。しかし，施設に関する語彙などでは，「中」か「上」かという空間における位置とは関係なしに，どちらの接尾辞をとるかがふつう決まっているものが多くある。いくつか例をみてみよう。

　　-ban, -ben をとる語の例
　　　　iskolá**ban**　学校で　　étterem**ben**　レストランで　　irodá**ban**　事務所で
　　　　mozi**ban**　映画館で　　szállodá**ban**　ホテルで　　parkoló**ban**　駐車場で
　　-on, -en, -ön, -n をとる語の例
　　　　egyetem**en**　大学で　　postá**n**　郵便局で　　　vécé**n**　トイレで
　　　　pályaudvar**on**　駅で　　emelet**en**　階で　　　　menzá**n**　学食で

　国名や都市名では，外国（ハンガリー以外）の国名や都市名には基本的に -ban または -ben がつく。しかし，「ハンガリー」には -on がつく（Magyarországon）。また，ハンガリー国内の都市名の場合はさまざまである。

　　国名：Japán**ban**　日本で　　　　　　　　Angliá**ban**　イギリスで
　　　　　Ausztráliá**ban**　オーストラリアで　**Magyarországon**　ハンガリーで
　　外国の都市（-ban, -ben をとる）：
　　　　　Tokió**ban**　東京で　　　　London**ban**　ロンドンで
　　　　　Berlin**ben**　ベルリンで　　Bécs**ben**　ウィーンで
　　ハンガリー国内の都市（さまざま）：Budapest**en**　ブダペストで
　　　　　Debrecen**ben**　デブレツェンで　　Miskolc**on**　ミシュコルツで

国の名前を覚えよう！

Magyarország	Japán	Németország	Franciaország
Anglia	Oroszország	Spanyolország	Olaszország
Ausztria	Ausztrália	Románia	Szlovákia
Lengyelország	Csehország	Finnország	Amerika
Kína	Korea	India	Kanada

Hol laksz? Hova mész? Honnan jössz? の問いに，上の国名を使って答えてみよう。

練 習 問 題

1. 次の語に場所をあらわす接尾辞をつけましょう。

   -ban, -ben がつくタイプ

hol?:	bolt	szupermarket	iroda	szoba
	könyvtár	mozi	lakás	múzeum
hova?:	város	étterem	könyvesbolt	iskola
	kávéház	szoba	Németország	Berlin
honnan?:	Anglia	London	Franciaország	Párizs
	Korea	Szöul	Kína	Peking

   -n, -on, -en, -ön がつくタイプ

hol?:	pályaudvar	híd	egyetem	posta
hova?:	tér	vécé	menza	Magyarország
honnan?:	sziget	földszint	emelet	Budapest

2. 下線に適当な語を入れましょう。

   Szia! Hova mész? — A posta_____ _____ (megy).
   A menza____ _____ (megy: ti)? — Nem, mi az étterem____ _____.
   Honnan _____ (jön: ti)? — Olaszország_____ _____.
   Róma_____ _____ (lakik: te)? — Nem, én Milanó____ _____.
   A pályaudvar__ _____ (megy: te)? — Nem, a repülőtér____ _____.
   Hova _____ (megy: te)? — Magyarország_____ _____.

3. 作文をしましょう。

   「君は図書館で働いているの？」「いいえ，まだ学校に通っています。」
   その学生たちはとても古い大学で勉強しています。
   きみは台所で料理をしていて，私は部屋で休んでいます。
   女の子たちは居間でおしゃべりをしています。
   彼らは家で朝ごはんを食べて，学食で昼食を食べます。
   今晩私たちはレストランに行き，男の子たちは映画館に行きます。

コラム 8

日本の味が恋しくなったら…

　長期の留学ともなると，ハンガリー料理はとってもおいしいのですが，やはりずっと続くと胃が疲れてくるものです。とはいえ，ブダペストに何軒かある日本料理のレストランはどれも高価で，貧乏留学生にはなかなか手が届きません。そんなわけで，どうしても日本の味が恋しい時やハンガリー人に和食を知ってもらいたい時のために，日本からちょっとした準備をして行くといいものです。

　荷物にならず，かつ日本の味（もどき？）をハンガリーで再現できるもの。おすすめは，小ぶりのとんかつソースです。キャベツ・小麦粉・卵はハンガリーに豊富にありますから，これ一つで，お好み焼きが手軽にできます。イカやエビは無理でも豚玉ならカンペキです。他に重くなくて便利なのは，焼のりと巻きす一本をトランクに入れていくことです。粉末の寿司飯のもとがあるとなお便利。ハンガリーで売っているお米は，日本のものに比べるとパサパサしますが，そこは目をつぶりましょう。のりと寿司飯の上には，さすがに生魚は危険。きゅうりでかっぱ巻きを大量に作って大皿にならべると豪華です。玉子焼きや赤じそのふりかけを芯にした細巻きも作ればカラフルになって，「お花畑みたい〜！」とハンガリー人が喜んでくれますよ。

　緑茶もかさばらず，お客さんに出すのに手頃です。なんでも甘くしてしまうハンガリー人ですから，一口飲むと，申し訳なさそうに「ちょっと砂糖入れてもいいかな？」と訊ねられることもよくあります。緑茶に砂糖なんて，日本人には奇異かもしれませんが，「もちろん」とにっこり笑ってあげましょう。相手はホッとして，スプーン何杯も砂糖を投入し，思いっきり甘くして，「おいしい！」 …なにごとも「郷に入れば郷に従え」ですね。

（岡本真理）

8

三つ子とお父さん

9　6時に図書館の前で会おう

Hat órakor találkozunk a könyvtár előtt

Balázs:　Figyelj, Nana! Ráérsz ma este? A Toldi moziban adnak egy új magyar—amerikai filmet. Nem érdekel? ①
Nana:　Milyen film? Mi a címe?
Balázs:　A vérszegény vámpír. Állítólag nagyon érdekes. Elég népszerű színészek játszanak benne.
Nana:　Szívesen megyek. Hol van a mozi? Messze van?
Balázs:　Nincs messze innen. Az Arany János utcánál van. Villamossal megyünk a Nyugati pályaudvarig, onnan pedig metróval vagy gyalog megyünk tovább.
Nana:　Rendben van. Hol és mikor találkozunk?
Balázs:　A film háromnegyed nyolckor kezdődik. ② A film előtt eszünk valamit, jó? Hat órakor találkozunk a könyvtár előtt, rendben?

A pénztárnál sorban állnak az emberek. ③ Balázs jegyet vesz. Nana közben plakátokat néz a falon.

Balázs:　Kezét csókolom! Két jegyet kérek a következő előadásra.
Eladónő:　Sajnos már alig van jegy. Jó lesz a tizenkettedik sor?
Balázs:　Tökéletes. Mennyit fizetek?

A film előtt egy büfébe mennek. Sajtos szendvicset esznek és narancslét isznak. Balázs beszél egy kicsit Nanának a mai filmről. A filmben angolul beszélnek, de van magyar felirat. Nana egyszerre figyel az angol szövegre és a magyar feliratra. Nem ért mindent, de a film vicces, így nagyon tetszik Nanának. ④

① 「興味がある」の表現

他動詞 érdekel「興味をもたせる」は，興味の対象が主語，興味をもつ人が目的語になる。

Nanát érdekli a film. 　　　　　　ナナはその映画に興味がある。
（Engem）érdekel a magyar zene.　私はハンガリーの音楽に興味がある。
　　　　　　　　　　　　　　（動詞の定／不定活用については第12課参照）

また，自動詞 érdeklődik は，興味をもつ人が主語，対象には後置詞 iránt「〜に向かって，〜について」がつく。

Nana érdeklődik a film iránt.　ナナはその映画に興味がある。

② 「〜時に会いましょう」　時間をあらわす表現

「〜時です」と時刻をあらわす表現では動詞 van を用いるが，「〜時に」というときは接尾辞 -kor をつける。なお，-kor は母音調和しない。

Két óra van. / Kettő van.　　　　　2時です。
Két órakor megyek. / Kettőkor megyek.　2時に行きます。

③ sorban áll　列に並ぶ

④ tetszik「気に入る」の使い方

動詞 tetszik は，気に入る対象が主語，気に入る人には与格接尾辞 -nak, -nek がつく。

Nanának tetszik a film.　ナナはその映画が気に入った。

9.1　場所をあらわす接尾辞
　　　その3：「〜のそばで，そばへ，そばから」

　場所をあらわす接尾辞のうち，これまで「〜の中」をあらわす接尾辞（→8.1参照）と「〜の上」をあらわす接尾辞（→8.2参照）の2つについて，それぞれ「〜に（静止している），〜へ（向かう），〜から（離れる）」の3方向をあらわす接尾辞を学んだ。

　この課では，「〜のそばに，そばへ，そばから」をあらわす接尾辞を学ぶ。

(1)「~のそばに」をあらわす接尾辞 -nál, -nél
    a, u, o の音を含む語の場合
      A szekrény az ablak**nál** van. たんすは窓際にある。
    i, e や ü, ö の音を含む語の場合
      A pohár a tükör**nél** van. コップは鏡のそばにある。

(2)「~のそばへ」をあらわす接尾辞 -hoz, -hez, -höz
    a, u, o の音を含む語の場合 Orvos**hoz** megyek. 医者のところへ行きます。
    i, e の音を含む語の場合 Péter**hez** megyek. ペテルのところへ行きます。
    ü, ö の音を含む語の場合 A tanárnő**höz** megyek. 先生のところへ行きます。

(3)「~のそばから」をあらわす接尾辞 -tól, -től
    a, u, o の音を含む語の場合
      Az orvos**tól** jövök. 医者のところから来ました。
    i, e や ü, ö の音を含む語の場合
      A tanárnő**től** jövök. 先生のところから来ました。

※人のところにいる，またはそちらへ行く，そこから来るという場合，ふつうこれらの接尾辞が使われる。

9.2　与格接尾辞 -nak, -nek

「~に（与える，など）」をあらわす接尾辞は，-nak, -nek で，これを**与格接尾辞**とよぶ。母音の種類によって使い分ける。ここでも，母音 a, e でおわる語は長母音化する。
    Vizet adok a kutyá**nak**. 犬に水をやります。（ad vmit vkinek ~に与える）
    Levelet írok Péter**nek**. ペテルに手紙を書きます。
                            （ír vmit vkinek ~に~を書く）
    Telefonálok a tanárnő**nek**. 先生に電話をかけます。
                            （telefonál vkinek ~に電話する）
    ☞ vmi（= valami）「もの」
      vki（= valaki）「人」をあらわす。

ほかに与格接尾辞をとる動詞には，mond（vmit）vkinek「〜に（〜を）言う」，vesz（vmit）vkinek「〜に（〜を）買う」などがある。

tetszik「気に入る」という表現では，気に入ったものが主語，気に入る行為の主体には与格接尾辞がつく。

Nanának nagyon tetszik a film. ナナはその映画がたいへん気に入ります。

9.3　手段・同伴をあらわす接尾辞 -val, -vel

「〜で」などの手段をあらわす場合，「〜といっしょに」の同伴をあらわす場合には，接尾辞 **-val, -vel** を用いる。母音の種類によって使い分ける。母音 a, e でおわる語は長母音化する。

 fiú　男の子　→　fiú**val**　男の子といっしょに
 tea　お茶　→　teá**val**　お茶といっしょに
 bicikli　自転車　→　bicikli**vel**　自転車で
 Mi**vel** jársz az egyetemre?　大学には何で通っているの？
 　— Metró**val**.　地下鉄です。

また，接尾辞の v の音は，接尾辞がつく語の最後の音が子音の場合，その音に同化する。

 kanál　スプーン　→　kaná**ll**al　スプーンで　（v → l）
 kés　ナイフ　→　ké**ss**el　ナイフで　（v → s）
 vonat　列車　→　vona**tt**al　列車で　（v → t）

※次のような場合，正書法（綴り方）に気をつけよう。
 busz　バス　→　bu**ssz**al　バスで　（sz + sz → ssz）
 lány　女の子　→　lá**nny**al　女の子と　（ny + ny → nny）
 toll　ペン　→　to**ll**al　ペンで（子音は3つ重ならない）

月の名前を覚えよう！

január(ban)	1月（に）	július(ban)	7月（に）
február(ban)	2月（に）	augusztus(ban)	8月（に）
március(ban)	3月（に）	szeptember(ben)	9月（に）
április(ban)	4月（に）	október(ben)	10月（に）
május(ban)	5月（に）	november(ben)	11月（に）
június(ban)	6月（に）	december(ben)	12月（に）

練 習 問 題

1. 「〜のそばで，そばへ，そばから」をあらわす接尾辞を入れましょう。
   Beteg vagyok. Orvos_____ megyek.
   Ki_____ laksz? — Nagymamám_____.
   Most jövök az orvos_____.
   A kulcs a tévé_____ van.
   A gyerekek szép ajándékot kapnak a Mikulás_____.
   Egy pohár ásványvizet kérek a pincér____.
   Balázs a pénztár_____ megy és jegyet vesz.

2. 次の語に接尾辞 -nak または -nek をつけましょう。
   lány   fiú   Péter   Balázs
   tanárnő   Éva   ügyvéd   Viktor

3. 次の語に接尾辞 -val または -vel をつけましょう。
   vonat   motor   bicikli   autóbusz
   Kati   István   villa   kanál

4. 作文をしましょう。
   「誰に電話をしているの？」「カティにです。」

   「誰と映画館に行くの？」「バラージュとです。」

   私たちは15番のバスで町へ行きます。

   私たちは子どもたちにおいしいいちごを買います。

   「スプーンで食べるかい？」「いいえ。ナイフとフォークで食べます。」

   私は電車と地下鉄で大学へ通っています。

コラム 9

オリエンタルなハンガリーの
ファーストフード!? Gyros（ギロス）

　ハンガリーにも McDonald や Subway のようなファーストフードチェーンがあります。しかし，これらのお店は大体が大都市にあるのみで，それよりもポピュラーなファーストフードと言えば gyros（ギロス）ではないでしょうか。

　ギロスとはギリシャ発祥のサンドイッチのようなもので，ローストした牛肉や鶏肉を削いだもの，玉ねぎやキュウリなどの野菜にチリソースをかけピタと呼ばれる薄いパン状のもので包んだものです。ドイツを中心に他のヨーロッパ諸国ではトルコ発祥のドネルケバブがファーストフードとして有名で，ギロスもこれに大変似ているのですが，ハンガリーではギリシャ由来の名前で親しまれています。かなりお手頃な価格で量も多く，特にハンガリー人の若者に人気があります。

　ハンガリーのギロスの特徴は他の国でもポピュラーなサンドイッチ状ギロス（gyros pitában）の他に，お皿に載っているギロス（gyrostál）があることです。この gyrostál はピタの代わりに紙皿にフライドポテトを敷き，その上に野菜，肉が乗って，その上にチリソースがかけられています。肉はお店によって牛肉だったり，鶏肉だったり，具の野菜もお店によって多種多様です。

　ギロスはショッピングモール内のフードコートや，どこの街中にもある小さなギロス屋さんなどで食べることができます。面白いのは，ギロスはもちろんギリシャ料理屋さんにもあるし，トルコ系やアラブ系のギロス屋さんがあったりと国際色豊かな点です。もちろんお店によって味も異なります。ブダペストの町中を歩いていてもたくさんギロス屋さんを見かけるのではないのでしょうか。ハンガリー料理もおいしいけれど，もし飽きてしまったらギロス屋さん巡りで自分のお気に入りの店を見つけるのはいかがでしょうか？

　でも，ハンガリー料理と同じくかなり量が多いので（カロリーも高いので），食べすぎには注意です！

　　　　　　　　（山野井　茜）

10 ベトナム料理店で夕食にしない？

Nincs kedvetek a vietnami étteremben vacsorázni?

Nana és a külföldi diákok már három hónapja① tanulnak együtt. Az órán sokat beszélnek magyarul, de természetesen olvasni és írni is kell. Molnár tanárnő mindig ad egy témát, a diákok pedig mesélnek valamit vagy véleményt mondanak róla. Szeretnek a kultúráról beszélni, különösen a szokásokról és az ételekről.

Tanárnő: Ti albérletben laktok, igaz? Tudtok főzni?
Robert: Én kollégiumban lakom, de ott is kell főzni. Én szerencsére szeretek főzni. Az óra után gyakran megyek bevásárolni.
Pekka: Nem akarok mindennap főzni, de muszáj valamit enni. Inkább veszek sonkát, sajtot meg zöldséget.
Andrea: Ezért vagy ilyen sovány. Mindig csak olvasni és tanulni akarsz. De tudod, fontos rendesen enni.
Huong: Pekka, ha meleget akarsz vacsorázni, gyere hozzánk az étterembe. A vietnami konyhában sok a hal és a friss zöldség. És elég olcsó.
Nana: Nekem is hiányoznak a halételek.② Jövő héten van Pekka születésnapja, ugye?③ Nincs kedvetek ott vacsorázni?④
Tanárnő: Fantasztikus! Ez nagyon jó ötlet, Nana. Szeretnék megismerkedni Huong családjával is.

① három hónapja　今で3カ月（期間をあらわす表現→ 18.4 参照）

②「なくてさびしい」hiányzik
　　　動詞 hiányzik は対象のものや人が主語となり，さびしいと感じる主体には与格接尾辞 -nak, -nek がつく。
　　　Nanának hiányzik Japán.　　ナナは日本が恋しい。
　　　Nagyon hiányzol（te）.　　あなたがいなくてさびしい。

③「ペッカの誕生日」Pekka születésnapja
　　　所有接尾辞については 16 課と 17 課で学ぶ。

④「～する気がありますか？」
　　　kedv「気分，する気」に所有接尾辞がつき，kedvem / kedved van「私／君の気分がある」などと表現し，それに不定詞を組み合わせる。
　　　Van kedved eljönni?　　　　来る気はありますか？
　　　Most nincs kedvem olvasni.　今は読書をしたくない。
　　　Mihez van kedved?　　　　　何をしたい？

10.1　動詞の不定形 -ni

　動詞の不定形は，「～すること」をあらわす。動詞の語幹に **-ni** をつける。
　　　tanul　勉強する　→　tanul**ni**　　　főz　料理する　→　főz**ni**
※ ik 動詞の場合，-ik をとった形が語幹で，それに **-ni** をつける。
　　　dolgozik　働く　→　dolgoz**ni**　　érkezik　到着する　→　érkez**ni**
※つなぎ母音をとるタイプの動詞の場合，語幹と -ni のあいだにつなぎ母音が入る。
　　　tanít　教える　→　tanít**ani**　　készít　作る，準備する　→　készít**eni**
　　　mond　言う　→　mond**ani**　　ért　理解する　→　ért**eni**
※次の動詞の不定詞は特殊なので，しっかり覚えよう。
　　　van　ある，いる　→　lenni　　　megy　行く　→　menni
　　　eszik　食べる　→　enni　　　　iszik　飲む　→　inni
　　　vesz　とる　→　venni　　　　　visz　持っていく　→　vinni
　　　tesz　置く，する　→　tenni　　hisz　信じる　→　hinni
　　　alszik　眠る　→　aludni　　　　fekszik　横になる　→　feküdni

10.2　不定形を使った文

　動詞の不定形を用いる構文には，①一般的なことがらをあらわす非人称の文，②動詞と組み合わせて人称を示す文，がある。

① 非人称の文の例：kell, lehet, szabad, muszáj などの助動詞と不定形を組み合わせて，一般的なことがらを表す。

　　kell -ni「～しなければならない」，**nem kell -ni**「～しなくてよい」
　　　Hogy kell menni a pályaudvarra?　駅へはどう行けばいいですか？
　　　Itt nem kell belépőt fizetni.　ここは入場料を払う必要はない。
　　lehet -ni「～することができる」，**nem lehet -ni**「～することができない」
　　　Hol lehet jegyet venni?　どこで切符が買えますか？
　　　Oda nem lehet menni.　あそこへは行けません。
　　szabad -ni「～してもよい」，**nem szabad -ni**「～してはいけない」
　　　Szabad itt dohányozni?　ここでタバコを吸ってもいいですか？
　　　Ide nem szabad kutyát hozni.　ここに犬は連れて来てはいけません。
　　muszáj -ni「(やむをえず) ～しないといけない」，**nem muszáj -ni**「～しなくてよい」
　　　Vizsga előtt muszáj tanulni.　試験前にはどうしても勉強しなくてはいけない。
　　　Ha gazdagok vagyunk, nem muszáj dolgozni.
　　　　　　　　　　　　　　　　金持ちだったら働かなくてよいのだが。

② 動詞と組み合わせて人称を示す文
　ここでは「～したい」「～することができる」「～するのが好きだ」の3つの表現を学ぶ。それぞれ，動詞 **akar, tud, szeret** とともに不定形を使う。主語にあわせてこれらの動詞が人称変化する。

　　　Pihenni akarok.　　　　（私は）休みたい。
　　　Tudunk úszni.　　　　　（私たちは）泳げる。
　　　Szeretnek futballozni.　彼らはサッカーをするのが好きだ。

　「～したい」という表現には，szeret「好む」の仮定形 szeretne もよく使われる。**Szeretnék -ni** で「（私は）～したい」となり，akar を使うよりていねいな言い方になる。

　　　Szeretnék pihenni egy kicsit.　少し休みたいです。
　　　Szeretnék kérdezni valamit.　　ちょっとききたいことがあるのですが。

練 習 問 題

1. 次の動詞を不定形にして文に入れましょう。

   találkozik, vesz, dolgozik, pihen, megy

   Fáradt vagy? Akarsz _____ egy kicsit?
   Nem kell tejet _____, mert van otthon.
   Hogy kell _____ a Keleti pályaudvarra?
   Szeretnék _____ Zolival.
   Ha nincs pénz, muszáj _____.

2. kell, lehet, szabad, muszáj のいずれかを入れましょう。

   Nagyon hideg van. Nem _____ itt maradni.
   Buszra vagy villamosra kutyával nem _____ felszállni.
   Jegyet csak a jegyirodában _____ venni.
   _____ hazamenni, mert otthon egyedül van a gyerek.
   Itt a múzeumban _____ fényképezni?

3. 本文の内容について答えましょう。

   Mit kell csinálni a magyarórán?
   Miről szeretnek beszélni a külföldi diákok?
   Pekka és Robert jól tud főzni?
   Hova mennek Pekka születésnapján a diákok?
   Huong szerint milyen a vietnami konyha?

4. 作文をしましょう。

   日曜日はいっぱい寝たいです。
   「君は何か食べたいかい？」「いえ，おなかは空いていません。でも何か飲みたいです。」
   「ちょっと手伝えるかい？」「ごめん，今テレビを見たいんだ。」
   ここでは毎日焼きたてのパンを買うことができます。
   試験の前には，たくさん勉強しないといけないが，あとでゆっくり休むことができます。
   私はハンガリーの文化について勉強したいと思っています。

コラム10　ハンガリー固有の動物

　ハンガリー原産の動物の中で，おそらく世界でもっとも知られているのはハンガリーを代表する犬のプリ（puli）だろう。千年前くらいに今のハンガリー人の祖先がアジアからカルパティア盆地に移動している頃から，プリはハンガリー人にとって大切なパートナーであり，定住以降も牧畜犬として，田舎の人々の財産である羊などの群れを外敵から守る重要な役割を任されていた。時代が変わってきた今は，主にペットや番犬として飼われている。魅力は何といっても，ドレッドロックスのような長い縄状の被毛というかわいらしいルックスだろう。色はからだ全体が一色で，黒がもっとも一般的だが，白，灰色やクリーム色のものも存在する。性質としては，警戒心は強いがフレンドリーで，飼い主にはとても忠実だという。

　もう一つ，ハンガリー固有の動物で，最近日本でも注目されているのがマンガリツァ豚だ。特徴は全身を覆っているカーリーな毛で，その色は白や赤毛から黒やまだら模様まで存在する。マンガリツァ種は19世紀前半に，国内外のいくつかの豚種が自然に混ざってできたといわれる。飼育方法は放牧で，ドングリ，カボチャ，トウモロコシなどの自然飼料で飼育されている。体は丈夫で，ハンガリーの夏の暑さにも冬の厳しい寒さにも耐えられる。おそらく自然飼育のおかげだろうが，肉質は非常によく，霜降りの具合はイベリコ豚に並ぶ。またコレステロールの原因となる飽和脂肪酸の量が普通の豚肉より少ないため，健康や消化にもよいとされている。2004年にはハンガリーの国宝にも指定され，珍しいいわゆる「食べられる国宝」にもなっている。最近マンガリツァ豚の肉や加工品は日本でも手に入るようになったので，ぜひ一度お試しください。

（Lichtenstein Noémi）

10

大平原プスタの馬術ショー

11 美術館にはどう行けばいいですか？
Hogy kell menni a Szépművészeti Múzeumba?

Ma vasárnap van. Nana sokat alszik, és csak kilenckor kel fel. Kimegy a konyhába, és a hűtőszekrényből kivesz egy doboz joghurtot, majd visszamegy a szobába. A reggeli közben egy érdekes cikket olvas egy kiállításról. Reggeli után felöltözik és elindul.

Nana: Elnézést kérek. Hogy kell menni a Szépművészeti Múzeumba?
Férfi: A kék metróval elmegy a Deák térig, ott átszáll a földalattira. Tudja, az a régi, kis metró.
Nana: Az a sárga pici, ugye? Földalattinak hívják?
Férfi: Úgy van. A földalatti az első metró az európai kontinensen. Azzal elmegy a Hősök teréig, ott van a múzeum.
Nana: Értem. Köszönöm szépen.
Férfi: Nincs mit.

Nana a Hősök terénél leszáll a földalattiról. Felmegy a lépcsőn, és egy hatalmas teret lát. Balra van a Szépművészeti Múzeum. Jobbra van még egy múzeum, a Műcsarnok.

Süt a nap és kellemesen fúj a szél. A téren turisták sétálnak és fényképeznek. Zöld a lámpa. Nana átmegy az úton és végigsétál a téren. A téren szobrok állnak. Egy idegenvezető hangosan beszél a turistáknak. Nana is odamegy és figyel. Érdekes történetet hall a magyar királyokról. Szent István az első magyar király, Mátyás pedig híres reneszánsz kori király.

11.1　空間における方向をあらわす動詞接頭辞

　動詞接頭辞は，動詞の前につけることで，動詞があらわす動作の方向を決めたり，動作の完了をあらわしたり，動詞の意味を変えるはたらきをする。この課では，空間における動作の方向をあらわす動詞接頭辞を学ぶ。

be-「中へ」, ki-「外へ」, fel-「上へ」, le-「下へ」, át-「（一方から他方へ）渡って」
　　Mit csinál az orvos?　医者は何をしていますか？
　　　（Az orvos）**bemegy** a házba.　家に入ります。
　　　（Az orvos）**kimegy** a kertbe.　庭に出ます。
　　　（Az orvos）**felmegy** az emeletre.　二階に上がります。
　　　（Az orvos）**lemegy** a nappaliba.　居間に下ります。
　　　（Az orvos）**átmegy** Pestről Budára.　ペシュトからブダに渡ります。

　száll（乗り物に乗る）という動詞にこれらの接頭辞をつけると，次のような意味になる。
　　　Felszállok a villamosra.　市電に乗ります。
　　　Leszállok a villamosról.　市電を降ります。
　　　Beszállok a taxiba.　タクシーに乗ります。
　　　Kiszállok a taxiból.　タクシーを降ります。
　　　Átszállok a metróról a buszra.　地下鉄からバスに乗り換えます。

☞同じ「乗る・降りる」でも，電車（vonat）や地下鉄（metró），バス（busz）や市電（villamos）など大型の乗り物では接頭辞 fel-, le- を，自家用車やタクシーなど小型の乗り物では be-, ki- を使う。

その他の空間の方向をあらわす接頭辞
　el-「離れ去って」, oda-「あそこへ」, ide-「こちらへ」, vissza-「戻って」, haza-「家へ」, végig-「ずっと，最後まで」などがある。
　　Rita holnap **elutazik** Bécsbe.　リタは明日ウィーンへ旅立ちます。
　　　※elmegy で「出かける」という意味にもなる。
　　　　Este **elmegyünk** a színházba.　晩，劇場に出かけます。
　　A kislány **odasiet** az óvónőhöz.　女の子は保育士のほうへ駆けていく。
　　A pincér **idehoz** egy üveg bort.　ウェイターはワインを一本こちらへ持ってくる。

Az orvos mindjárt **visszajön**. 医者はすぐ戻ってきます。
A diákok **hazamennek**. 学生たちは帰宅します。
Végigmegyünk az utcán. その道をずっとすすんでいきます。

(11.2) 動詞接頭辞が分離する場合

動詞接頭辞は，次の３つの場合に，動詞から分離して後ろに移動する。
　基本の文　Az orvos **bemegy** a házba. 医者は家の中に入っていきます。
① 否定文の場合
　※文全体を否定する場合
　　Az orvos **nem** megy be a házba. 医者は家に入りません。
　※部分否定の場合
　　Nem az orvos megy be a házba. 医者が家に入るのではありません。
② 疑問詞疑問文の場合：mi, ki, hol, mikor, miért など疑問詞のある文
　　Ki megy be a házba? 誰が家に入りますか？
　　Hova megy be az orvos? 医者はどこへ入りますか？
③ 文中に強調される要素がある場合
　　Az orvos **a házba** megy be (és nem a rendelőbe).
　　　　　　　　　　　　　　　　→「家の中へ」が強調される
　　Az orvos megy be a házba (és nem a tanár).
　　　　　　　　　　　　　　　　→「医者が」が強調される
☞語順のポイント：否定詞・疑問詞や強調要素がある文では，その直後に動詞がくる。

(11.3) 不定形文の場合

接頭辞のついた動詞が不定形となる場合，基本の語順は，接頭辞と動詞のあいだに主動詞が入る。
Felszállok a vonatra. + akar の場合：
　基本の語順　Fel akarok szállni a vonatra. 私は電車に乗りたい。
　※ただし，szeret, szeretne, muszáj の場合は接頭辞が分離しない。
　　Szeretnék felszállni a vonatra. 電車に乗りたいのですが。

否定詞，疑問詞，強調要素がある文では，その直後に主動詞（ここでは akar）が続き，接頭辞＋動詞がまとまって後ろに移動する。
① 否 定 詞　**Nem** akarok felszállni a vonatra．　電車に乗りたくない。
② 疑 問 詞　**Melyik vonatra** akarsz felszállni?　どの電車に乗りたいの？
③ 強調要素　**A következő vonatra** akarok felszállni．　次の電車に乗りたい。

(11.4)　接頭辞が独立する場合

接頭辞つきの文に肯定の返事をする場合，igen のかわりに，接頭辞だけ独立した形で答えることがよくある。
　Felszállunk a buszra? — **Fel**. (= Igen.)「バスに乗りますか？」「はい。」
　Péter elutazik? — **El**. (= Igen.)「ペーテルは行ってしまうの？」「そうです。」
また，強い命令の表現で接頭辞だけが使われることもある。
　Ki innen!　ここから出ていけ！

英雄広場

練 習 問 題

1. 適当な接頭辞を入れましょう。

    ＿＿megyek a kertbe, ＿＿megyek a szobába, ＿＿megyek a földszintre,
    ＿＿megyek a hegyre, ＿＿megyek Pestről Budára
    ＿＿szállunk a metróra, ＿＿szállunk a buszról, ＿＿szállunk a taxiba,
    ＿＿szállunk a vonatra, ＿＿szállunk a villamosról a buszra

2. 接頭辞が分離するかどうか考えましょう。

    felszáll: Kimegy a megállóba és ＿＿＿＿＿＿ a buszra.
    　　　　　Hol ＿＿＿＿＿＿ a villamosra?
    visszamegy: Az orvos mikor ＿＿＿＿＿＿ a kórházba?
    　　　　　　Laci ma már nem ＿＿＿＿＿＿ az irodába.
    hazamegyünk: Már fáradtak vagyunk, ezért ＿＿＿＿＿＿＿.
    　　　　　　Sok a munka. Csak este ＿＿＿＿＿＿.
    elutaznak: Mikor ＿＿＿＿＿＿ Magyarországra?
    　　　　　Ők nem ma, hanem holnap ＿＿＿＿＿＿.

3. 適当な接頭辞や接尾辞を入れましょう。

    Ma este koncertre megyünk. ＿＿szállunk a buszra, majd a Kosztolányi téren ＿＿szállunk. Ott ＿＿szállunk a busz＿＿ a villamos＿＿. A villamos＿＿ ＿＿megyünk a hídon, Buda＿＿ Pest＿＿, mert a Zeneakadémia Pest＿＿ van, a Liszt Ferenc téren. Nagyon jó a koncert, nagyon tetszik. A koncert után taxi＿＿ megyünk ＿＿＿＿.

4. 作文をしましょう。

    ゾリは階段をのぼって、アパートに入ります。
    その男の子は横断歩道を渡って、7番のバスに乗ります。
    あの観光客たちは明日ではなく、あさって帰国します。
    「いつ家に帰ってくるの？」「わからないけど、たぶん夜8時すぎです。」
    「デアーク広場で乗り換えるのですか？」「そうです。」
    私は台所へ行って、冷蔵庫から牛乳をひと箱取り出します。

コラム11 古き良き文学作品『灼熱』

　みなさんはハンガリーの文学作品を知っていますか？意外にも日本語に翻訳されているハンガリー作家の作品は，数多くあります。今回はその中でもマーライ・シャーンドルの『灼熱』(Márai Sándor, *A gyertyák csonkig égnek*，平野卿子訳，集英社）を紹介したいと思います。この作品は，私がハンガリー語を勉強しようと思ったきっかけの一つであり，大学受験の面接の時にも魅力を語った，思い出深いものなのです…。そんな私事はさておき，『灼熱』についてお話ししましょう。

　舞台は，1899年の「あの日」から41年後の貴族ヘンリク邸。ヘンリクの時間は「あの日」から止まったままであった。そんなある日，親友コンラードが長年の歳月を経てヘンリクに会いに来る。41年ぶりに再会した老人ふたり。ふたりは夜通し語り合う，蝋燭が燃え尽きるまで。ヘンリクは，妻クリスティーナとコンラードの間にある疑念を抱いていたのだ。彼が知りたいのはただ，真実だけ。

　作品中舞台が変わることはなく，老人の語り合いによって淡々と話が進んでいきます。それにもかかわらず読み手に与える衝撃は大きく，「人生とは何なのか」を深く考えさせられます。私が特に気に入っているところは，老人ふたりの静かな語り口，語り合うふたりの距離感と腹の探り合い具合，読んだ後に残る重い余韻，といったところでしょうか。

　さあ，みなさんも共産主義時代を生きた作家，マーライ・シャーンドルが織りなす世界を覗いてみましょう。ぜひ，ハンガリーの古き良き文学作品を読んでみてください！

（今井　恋）

12 好きなのはポガーチャだけでなく…

Nemcsak a pogácsát szereti, hanem...

A külföldi csoport hétvégén Esztergomba kirándul. Előre megbeszélik, hol és mikor találkoznak, és mit visznek.

Andrea: Én pogácsát sütök, és azt viszem az útra.
Robert: Otthon van egy Magyarország útikönyv. Azt hiszem, hogy Esztergomról is ír valamit. A vonaton azt olvassuk majd.
Tanárnő: Először elmegyünk a Bazilikához. Persze felmegyünk a toronyba, onnan jól látjuk majd a Dunát, és a másik oldalon Szlovákiát is.
Nana: Aztán ebédelni is kell, ugye? Megkóstoljuk a halászlét?
Huong: Szeretem a halászlét. Remélem, jó idő lesz.

Kora reggel a hatos vágánynál találkoznak és azonnal felszállnak a vonatra. Felteszik a csomagokat és leülnek. A vonat pontosan indul. Andrea előveszi a pogácsát és az asztalra teszi. Robert kinyitja az útikönyvet és olvasni kezdi. Vidámak és jókedvűek. Beszélgetnek és nézik a tájat.

Pekka: Isteni finom! Nagyon szeretem a pogácsát.
Huong: Pekka nemcsak a pogácsát, hanem téged is nagyon szeret, Andi.
Andrea: Á, ő minden lányt szeret.
Nana: Andi, leírod nekem a receptet? Én is kipróbálom majd.
Tanárnő: Én is kérem. Komolyan mondom, a magyar háziasszonyok sem tudnak ilyen jó pogácsát sütni.

12.1　動詞の定活用（現在形）

　他動詞の活用には，目的語の性格によって，不定活用または定活用の2種類がある。大きく分ければ，不定活用は目的語が不特定の場合，定活用は目的語が特定の場合と考えればよい。具体的には，文中の目的語に以下のような条件がある場合に，動詞は定活用になる。
① 定冠詞（a, az）がついている
② 固有名詞である
③ 3人称の代名詞（őt, őket や敬称 önt, önöket, magát, magukat）または再帰代名詞（magát「自身を」→ 14.3 参照）
④ 指示代名詞（ezt および azt）
⑤ 疑問詞の「どれを」「どの〜を」（melyiket, melyik 〜t）

定活用の人称変化
動詞の母音によって，以下のような人称接尾辞がつく。

		a, u, o の音を含む語	i, e の音を含む語	ü, ö の音を含む語
		vár（待つ）	**ismer**（知っている）	**küld**（送る）
単数	1人称（én）	vár**om**	ismer**em**	küld**öm**
単数	2人称（te）	vár**od**	ismer**ed**	küld**öd**
単数	3人称（ő）	vár**ja**	ismer**i**	küld**i**
複数	1人称（mi）	vár**juk**	ismer**jük**	küld**jük**
複数	2人称（ti）	vár**játok**	ismer**itek**	küld**itek**
複数	3人称（ők）	vár**ják**	ismer**ik**	küld**ik**

※語幹が -d, -t, -n, -l でおわる動詞に -j- で始まる人称接尾辞がつくときは，発音がそれぞれ次のように変化する。

　　dj　→　[gy または ggy] mondja [mongya], tudjuk [tuggyuk]
　　tj　→　[ty または tty] választja [választya], sütjük [süttyük]
　　nj　→　[nny] kenjük [kennyük],
　　lj, llj　→　[jj] gondolja [gondojja], beszéljük [beszéjjük], halljuk [hajjuk]
　　　　　（l は発音しなくなるので，気をつけよう。）

※ik 動詞は -ik をとった語幹に人称接尾辞がつく。

※動詞の語幹が -s, -sz, -z でおわる場合，人称語尾に -j- が入るところは，j がさいごの子音に同化して，それぞれ -ss-, -ssz-, -zz- となる。

		a, u, o の音を含む語 **olvas**（読む）	i, e の音を含む語 **néz**（見る）	ü, ö の音を含む語 **főz**（料理する）
単数	1人称（én）	olvasom	nézem	főzöm
	2人称（te）	olvasod	nézed	főzöd
	3人称（ő）	**olvassa**	nézi	főzi
複数	1人称（mi）	**olvassuk**	**nézzük**	**főzzük**
	2人称（ti）	**olvassátok**	nézitek	főzitek
	3人称（ők）	**olvassák**	nézik	főzik

(12.2) 不定活用の例，定活用の例

では，どのような場合に不定活用が，どのような場合に定活用が使われるのだろうか。例を見てみよう。

※ valamit（何かを），valakit（誰かを）などの不特定な目的語 → **不定活用**
　Ismersz valakit ebben a városban?　この町で誰か知ってる？
※ semmit（何も〜ない），senkit（誰も〜ない）などが目的語 → **不定活用**
　Senkit sem ismerek itt.　ここには誰も知っている人がいない。
※「多くの」「いくつかの」「少しの」などの数量詞が目的語 → **不定活用**
　Sok sportolót ismerek.　多くのスポーツ選手を知っています。
　Veszek néhány almát.　りんごをいくつか買います。
※目的語に指示代名詞 ez, az がある場合 → **定活用**
　ez a táska　このかばん　→　**ezt** a táskát　このかばんを
　az az ember　あの人　→　**azt** az embert　あの人を
　Ismered azt az embert?　あの人を知ってる？

(12.3) 「君が好きだ！」と言いたいときは…
　　　 目的語が人称代名詞の場合

主語が1人称単数（én）で，目的語が2人称（téged, titeket）の場合，人称接尾

辞は前述の表の定活用ではなく，**-lak** または **-lek** となる。a, u, o の音を含む動詞では，-lak が，i, e や ü, ö の音を含む動詞では -lek がつく。

 Szeret**lek**. （私は君を／君たちを）好きだ。
 Itt vár**lak**. ここで待っているよ。

また，目的語が1人称や2人称であれば不定活用，3人称であれば定活用となる。
 Szeretsz? 私のこと好き？（目的語が1人称→**不定活用**）
 Andi szeret engem. アンディは私のことが好きだ。

（目的語が1人称→不定活用）

 Én is szeretem őt. 私も彼女が好きだ。（目的語が3人称→**定活用**）
 Andi nem szeret téged. アンディは君のことが好きじゃない。

（目的語が2人称→不定活用）

 人称代名詞の対格形はそれぞれ以下のようになる。

単数		複数	
主格	対格	主格	対格
én	engem	mi	minket, bennünket
te	téged	ti	titeket, benneteket
ő	őt	ők	őket
ön	önt	önök	önöket
maga	magát	maguk	magukat

12.4　hogy を使った複文

「〜と言う」「〜と思う」「〜と考える」などの文では，複文の構造が用いられる。主節でまず，〜 **azt mondja / hiszi / gondolja**「〜はあれを言う，思う，考える」などと表現し，そのあと接続詞 **hogy** と従属節（言った，思った，考えた内容）が続く。主節の動詞が hogy 以下を目的語とする場合，必ず定活用になる。また，英語のように時制の一致はない。

 Mónika **azt mondja, hogy** nem szereti a húst.
  モーニカは肉が嫌いだと言っている。
 Azt hiszem, hogy ez túl drága. これは高すぎると思う。
 A diákok **azt gondolják, hogy** a menzán jól főznek.
  学生たちは学食のごはんはおいしいと思っている。

練 習 問 題

1. 次の動詞を定活用にしましょう。

én:	lát	ír	főz	szeret	mond
te:	néz	tanul	hisz	eszik	kér
ő:	mond	gondol	szeret	iszik	vesz
mi:	bérel	mond	főz	eszik	gondol
ti:	tanul	süt	lát	tesz	olvas
ők:	keres	mos	iszik	kér	ír

2. 不定活用か定活用か判断して入れましょう。

   én: Vesz____ egy újságot, és a parkban olvas_____. Kekszet süt____, és elvisz____ a gyerekeknek. Lát_____ valakit a szobában.

   te: Mit süt___? Hova tesz___ a tányért? Könyvet olvas___? Mit keres___?

   ő: Sokat olvas____. Azt gondol____, hogy ez jó. Melyik tortát kér____?

   mi: Keres____ a kulcsot. Sokat_____（iszik）. Az új szavakat tanul____.

   ti: Milyen kutyákat szeret____? Lát____ azt a lányt? Melyik sört kér____?

   ők: Azt mond____, hogy szép ott. Ezt_____（iszik）. Minket keres____.

3. 次の動詞を使って、「～と言っている、思っている」と言いましょう。

   mond（ő）　: „Nagyon szeretem Mónikát." ⇒
   gondol（ő）: „Még nem tudok jól magyarul." ⇒
   mond（ők）: „Mindennap főzünk, mosunk és takarítunk." ⇒
   hisz（ő）　: „Elég jól tudok főzni." ⇒

4. 作文をしましょう。

   私は10時に駅で君たちを待っています。
   私はかばんからその本を取り出し、テーブルに置きます。
   「このグヤーシュは誰が作ってるの？」「私たちよ。」
   アンディは私のことが好きなんだと思う。私も彼女が好きです。
   外国のお客さんは、ハンガリーのワインはとてもおいしいと言います。
   「塔から何が見えますか？」「ドナウ河と町が見えます。」

コラム12 ハンガリー料理とパプリカの秘密

　ハンガリー料理と言えば？とハンガリー人に聞いたら，おそらく誰に聞いても真っ先に名前を挙げるのはグヤーシュスープ gulyásleves でしょう。gulyás とは「牛飼い」を意味する語で，牛の番をしていた牛飼いたちが，平原で煮炊きをして食していたとされるスープに由来します。飴色になるまで炒めた玉ねぎに，牛肉，人参，ジャガイモなどを入れて煮込み，たっぷりと粉末のパプリカを加えて味を整えたらできあがり。

　煮込んだものをパプリカで味付けするという調理法は，他にもパプリカチキン paprikás csirke，ロールキャベツ töltött káposzta，ハラースレー halászlé（鯉のスープ）などにも見られる，ハンガリー料理の基本です。和食における醤油や味噌のようなステータスだと言えるかもしれません。しかし実はこの調理法の歴史はさほど古くはなく，19世紀の国民形成運動の過程で作り上げられたものだと言われています。パプリカは，当時大変高価だった胡椒の代用として，一気に庶民の台所にも広まっていきました。

　パプリカといえば，日本では生食用のものを，最近でこそスーパーなどで日常的に目にするようになりましたが，それでもその種類は肉厚なものに限られますよね。ハンガリーに行けば，えーっ，こんなに？！とびっくりするほど，そのバリエーションは豊富です。煮込み料理の調味料として用いられる粉末状のものには，香り付けのために用いられる，まったく辛くないものから，口から火が出るかも，と思うぐらい激辛なものまであります。乾燥させて粉末状にして売られているものの他に，市場では，粉末にする前の状態のものも売られています。生のパプリカは，その色や形，そして味も，じつにさまざまな種類のものがあります。日本で目にする肉厚で大型のものは，ハンガリーではほとんど見かけることはありません。もっとも一般的なものは，クリーム色をした，縦長の，瑞々しいパプリカで，朝の食卓には欠かせないものです。

　ハンガリーは実に多くのノーベル賞受賞者を輩出していますが，そのうちの一人に Szent-Györgyi Albert という生物学者がいます。彼の最も大きな功績はビタミンCの発見ですが，パプリカはビタミンCを豊富に含むもので，実はこのパプリカがその偉大な研究の陰の立役者だったのです。

（江口清子）

13 僕はずっとぺこぺこだったよ
Én állandóan éhes voltam

Nanáék① hétvégén Esztergomban voltak.② Vonattal mentek. Útközben sokat vicceltek és nevettek. A belvárosban sok mindent láttak. Sokat sétáltak, és ajándékokat vettek. Halászlét is ettek.

Tanárnő: A mai órán mindenki ír a hétvégi kirándulásról, jó? Mit csináltatok és mit láttatok? Mit ettetek és mi tetszett?

Huong: Nekem minden tetszett. A halászlé is nagyon ízlett. ③

Tanárnő: Komolyan? Akkor legalább a magyar pontyok is olyan frissek, mint nálatok a tengeri halak. ④

Robert: Én máris írtam valamit. Felolvasom: Amikor felmentünk a toronyba, csodálkoztam a gyönyörű tájon. Az égen madarak csiripeltek, messze a Dunán hajók mentek. Arra gondoltam, hogy egyszer majd végigutazom azon a hajón a Fekete-tengerig.

Pekka: Robert, te kis költő! Én állandóan éhes voltam, mert nem volt időm reggelizni.

Andrea: Ezért rengeteg pogácsát ettél. Utána pedig két tányér halászlét kértél az étteremben.

Pekka: És nem szabad elfelejteni a fagylaltot. Meghívtalak titeket fagyira.

Nana: Az igazán finom volt. Te találtad a cukrászdát. Finomakat választottunk. Még egyszer köszönjük, Pekka.

① -ék「〜たち」
　　名詞に -ék をつけて（a, e は á, é と長母音になる），その人を含めた複数の人たちをさす。家族，友人，その時一緒にいる人などいろんな場合があるが，名字につくとふつうその家族をさす。複数になる（→ 25.4 参照）。
　　Molnárék　　モルナールさん一家

②「〜に行きました」の表現
　　日本語では「〜へ行った」というが，ハンガリー語ではふつう，「〜にいた」という。つまり，「私はエステルゴムに行きました。」は，Esztergomba mentem. より，Esztergomban voltam. のほうが自然な表現となる。
　　Hol voltál tegnap?　　　　　　　　　昨日どこへ行ったの？
　　A Szépművészeti Múzeumban voltam.　美術館に行きました。
　　Orvosnál voltam.　　　　　　　　　　医者に行きました。

③「おいしい」の表現　　ízlik
　　ízlik は「いい味がする」という動詞で，食べ物が主語，おいしいと感じる人には与格接尾辞 -nak, -nek がつく。(tetszik「気に入る」や hiányzik「恋しい」の使い方と同じ。）
　　Nekem ízlik ez a leves.　私はこのスープはおいしいと思う。

④「〜のように〜」の表現　　olyan 〜, mint 〜
　　Ez a kávé olyan keserű, mint egy gyógyszer.
　　　このコーヒーは薬のように苦い。
　　Mónika olyan szép, mint egy színésznő.
　　　モーニカは女優のようにきれい。
　　Ez nem olyan jó, mint gondoltam.
　　　これは思ったほどよくない。

　　また，nálatok「君たちのところで」というのは，「君たちの国では」という意味で用いられる。日本人が「日本では…」という時には Nálunk...「私たちのところでは…」と表現する。

13.1 動詞の過去形

動詞の過去形の基本は，以下のように，動詞の語幹に過去形の接尾辞 **-t-** と人称接尾辞が続く。過去形では，1人称単数の不定活用と定活用はいつも同じ形になる。

		不定活用		定活用	
		a, u, o の音を含む語	i, e や ü, ö の音を含む語	a, u, o の音を含む語	i, e や ü, ö の音を含む語
単数	1人称（én）	-tam	-tem	-tam	-tem
	2人称（te）	-tál	-tél	-tad	-ted
	3人称（ő）	-t	-t	-ta	-te
複数	1人称（mi）	-tunk	-tünk	-tuk	-tük
	2人称（ti）	-tatok	-tetek	-tátok	-tétek
	3人称（ők）	-tak	-tek	-ták	-ték

すべての動詞で，主語が1人称単数（én），目的語が2人称（téged, titeket）の場合，**-talak, -telek** がつく。

過去形の人称活用には，動詞によって次のT型，TT型，混合型の3種類がある。

T型 上の表と同じように，動詞の語幹に **-t** と人称接尾辞がつく。

		a, u, o の音を含む語		i, e の音を含む語		ü, ö の音を含む語	
		talál（見つける）		**kér**（頼む）		**tűr**（我慢する）	
		不定活用	定活用	不定活用	定活用	不定活用	定活用
単数	1人称（én）	találtam	találtam	kértem	kértem	tűrtem	tűrtem
	2人称（te）	találtál	találtad	kértél	kérted	tűrtél	tűrted
	3人称（ő）	talált	találta	kért	kérte	tűrt	tűrte
複数	1人称（mi）	találtunk	találtuk	kértünk	kértük	tűrtünk	tűrtük
	2人称（ti）	találtatok	találtátok	kértetek	kértétek	tűrtetek	tűrtétek
	3人称（ők）	találtak	találták	kértek	kérték	tűrtek	tűrték

TT型 いくつかの動詞は，動詞の語幹の後ろに -t- ではなく，**-ott-, -ett-, -ött-**（母音調和する）が入り，それに人称接尾辞がつく。語幹が -ít でおわる動詞（segít「助ける」，takarít「掃除する」など）は，すべてこのタイプになる。

		a, u, o の音を含む語		i, e の音を含む語		ü, ö の音を含む語	
		tanít（教える）		**ért**（理解する）		**süt**（焼く）	
		不定活用	定活用	不定活用	定活用	不定活用	定活用
単数	1人称(én)	tanítottam	tanítottam	értettem	értettem	sütöttem	sütöttem
	2人称(te)	tanítottál	tanítottad	értettél	értetted	sütöttél	sütötted
	3人称(ő)	tanított	tanította	értett	értette	sütött	sütötte
複数	1人称(mi)	tanítottunk	tanítottuk	értettünk	értettük	sütöttünk	sütöttük
	2人称(ti)	tanítottatok	tanítottátok	értettetek	értettétek	sütöttetek	sütöttétek
	3人称(ők)	tanítottak	tanították	értettek	értették	sütöttek	sütötték

混合型 いくつかの動詞は，基本形のように語幹の後ろにすぐ **-t-** がつくが，不定活用3人称単数のみ **-ott, -ett, -ött** がつくという混合型になる。

		a, u, o の音を含む語		i, e の音を含む語		ü, ö の音を含む語	
		olvas（読む）		**néz**（見る）		**főz**（料理する）	
		不定活用	定活用	不定活用	定活用	不定活用	定活用
単数	1人称(én)	olvastam	olvastam	néztem	néztem	főztem	főztem
	2人称(te)	olvastál	olvastad	néztél	nézted	főztél	főzted
	3人称(ő)	olvasott	olvasta	nézett	nézte	főzött	főzte
複数	1人称(mi)	olvastunk	olvastuk	néztünk	néztük	főztünk	főztük
	2人称(ti)	olvastatok	olvastátok	néztetek	néztétek	főztetek	főztétek
	3人称(ők)	olvastak	olvasták	néztek	nézték	főztek	főzték

※次の動詞は特殊な過去形の語幹をもつ。この後ろに人称接尾辞がつく。

　　van　ある，いる　→　**volt-**　　　megy　行く　→　**ment-**
　　jön　来る　→　**jött-**　　　　　　eszik　食べる　→　**ett-**
　　iszik　飲む　→　**itt-**　　　　　　vesz　とる　→　**vett-**
　　visz　持っていく　→　**vitt-**　　tesz　置く，する　→　**tett-**

hisz 信じる	→ **hitt-**	lesz なる	→ **lett-**
alszik 眠る	→ **aludt-**	fekszik 横になる	→ **feküdt-**

この中でも，eszik「食べる」と iszik「飲む」の3人称単数不定活用は，それぞれ **evett**, **ivott** と特殊な形となるので注意しよう。

		eszik（食べる）		iszik（飲む）	
		不定活用	定活用	不定活用	定活用
単数	1人称（én）	ettem	ettem	ittam	ittam
	2人称（te）	ettél	etted	ittál	ittad
	3人称（ő）	evett	ette	ivott	itta
複数	1人称（mi）	ettünk	ettük	ittunk	ittuk
	2人称（ti）	ettetek	ettétek	ittatok	ittátok
	3人称（ők）	ettek	ették	ittak	itták

13.2　どの動詞がどのタイプになる？

　上記の過去形の3つのタイプのうち，どの動詞がどれに属するのかは，なかなか判断に苦労するところである（辞書によってはその情報が掲載されている）。おおまかなルールはあっても，例外も多いので，よく使う動詞については**不定活用の単数1～3人称の形だけを取り出して，覚えてしまうのがもっとも簡単だ。**

　　tanul 勉強する　→　tanultam, tanultál, tanult　　［Ｔ型］
　　fut 走る　→　futottam, futottál, futott　　［ＴＴ型］
　　főz 料理する　→　főztem, főztél, főzött　　［混合型］

> ▶よく使う動詞のタイプ
>
> Ｔ　型：akar, áll, beszél, énekel, ír, kér, örül, pihen, sétál, táncol, tanul, telefonál, ül, vásárol など
> ＴＴ型：ért, fut, süt / segít など -ít でおわる動詞すべて
> 混合型：beszélget, fizet, főz, keres, kérdez, küld, lakik, lát, mond, mos, mosogat, néz, olvas, siet, szeret, tud / dolgozik など -zik でおわる動詞すべて

練習問題

1. 次の動詞を<u>不定活用</u>の過去形にしましょう。

én:	siet	dolgozik	bérel	lakik	beszél
te:	ír	fekszik	segít	beszélget	örül
ő:	találkozik	ír	jön	lakik	vesz
mi:	eszik	alszik	tud	készít	iszik
ti:	érkezik	iszik	fekszik	fut	tanul
ők:	lát	kér	tesz	marad	tud

2. 次の動詞を<u>定活用</u>の過去形にしましょう。

én:	hallgat	süt	takarít	iszik	tud
te:	fizet	szeret	lát	süt	iszik
ő:	hoz	olvas	eszik	tanít	vesz
mi:	tud	szeret	akar	takarít	kérdez
ti:	lát	tesz	szeret	ír	tanul
ők:	főz	készít	bérel	fizet	süt

3. 次の文を過去形にしましょう。

   Reggel futok egy órát a parkban, aztán reggelizem.
   Mit csinálsz este? Könyvet olvasol vagy tévét nézel?
   A postán vagyunk. Egy csomagot akarunk küldeni.
   A kollégiumban nincsenek diákok. Hazautaznak.
   Meghívlak egy kávéra, és sokat beszélgetünk.

4. 作文をしましょう。

   今朝，私は新聞を読んで，ラジオを聞いた。
   「君たちは何を食べて何を飲みましたか？」「ただ水を飲んだだけです。」
   彼は昨日病気で，一日中ベッドに寝ていた。
   私たちは列車できれいな景色を見て，おしゃべりした。
   ペッカはコーヒーを一杯飲んで，ポガーチャを一つ食べた。
   私たちは町でおいしいお菓子屋さんを見つけ，そこでアイスを食べた。

コラム13 ハンガリーへ留学する人へ（1）
服装のマナー

　日本を出て異国に飛び込み，その文化を肌で感じ吸収することは，すばらしい経験です。文化や人々の考え方，そして社会のあり方の違いを知ることで，それまで当たり前だった日本の暮らしや日本人のものの見方をとらえ直すことにもなるでしょう。留学はいろんな面で人を成長させてくれるものです。特に若いみなさんには，ぜひ留学をおすすめします。

　とはいえ，行った先の国の習慣をまったく知らないことで，無用なトラブルを招いたり，せっかく親しくなりたい相手に不快感を持たれたり，ということは避けたいですね。もちろん，スリや置き引き，白タク（料金をぼったくる不法なタクシー）など，治安上じゅうぶん注意するべき点はありますが，それ以外にも，ちょっとしたマナーを意識することで，よりスムーズなコミュニケーションがとれることでしょう。以下に，日本との違いをいくつか考えてみます。

　まず，服装ですが，夏のハンガリーの日差しはとても強いので，日本女性であれば日焼け対策につい念を入れてしまいがちです。ハンガリーだけでなくヨーロッパの人は，逆になるべくこんがり焼きたい，といわんばかりに，タンクトップに短パンとサンダルなど，若者から中高年まで日差しにめいっぱい肌をさらします。美容と健康について知識が足りないんじゃないの？といいたいところですが，そんな彼らには，日本人が真夏につば広帽子と長手袋で完全防備しているようすは異様に見えます。日傘にいたっては，日本では一般的ですが，ハンガリーではまるで帝国時代のブルジョアマダムのようで，「仮装行列か？」とも思えるこっけいなものに映るでしょう。日焼けは気になりますが，あまり奇異に映る過剰な対策は避けた方がよさそうです。

　化粧についてはどうでしょうか。日本では時々，電車の中で化粧をする女性がいますが，ハンガリーでは街中や人前で化粧をすることはタブーです。これは，売春婦としてアピールしているようなもので，見知らぬ男性が「いくらか？」と近寄ってくる可能性がありますので，絶対にしないように！ミニスカートや派手な色のハイヒールなども，無用な誤解を生み，スリなどにも狙われやすくなります。若者は，はつらつとジーパンにスニーカーが一番です。

（岡本真理）

ハンガリーのことわざ

Ki korán kel, aranyat nyer.
早起きの人は，金を掴む。（早起きは3文の徳。）

Jó tett helyébe jót várj.
よい行いにはよいことを期待しろ。

Jóból is megárt a sok.
よいことも多すぎれば害になる。（過ぎたるは猶及ばざるがごとし。）

Négy lába van a lónak, mégis megbotlik.
馬には4本脚があるが，それでもつまづく。（さるも木から落ちる。）

Egy cipőben járunk.
我々は同じ靴を履いている。＝同じ問題を抱えている。

Kicsi a bors, de erős.
コショウは小粒だが，辛い。（山椒は小粒でもぴりりと辛い。）

Jó pap holtig tanul.
よい僧は死ぬまで学ぶ。

Egyik szemem sír, a másik meg nevet.
片目で泣き，片目で笑う。＝悲しいが同時に嬉しい面もある。

Kecskére bízza a káposztát.
ヤギにキャベツの番をさせる。＝信頼できない相手に物事を頼む。

Mindenhol jó, de a legjobb otthon.
どこもよいところだが，家が一番いい。＝わが家にまさるところなし。

14 まだバラトン湖に行ったことがない
Még nem voltam a Balatonon

Balázs: Hogy érezted magad a kiránduláson?

Nana: Nagyon jól éreztem magam. Először voltam vidéken. Megnéztük az esztergomi Bazilikát. Megkóstoltuk a halászlét. Aztán sokat jártunk a városban.

Balázs: Ezek szerint zsúfolt nap volt. ① Biztosan fáradt voltál.

Nana: Igen, de már kipihentem magam. Nézd csak! Hoztam neked valamit.

Balázs: Tényleg? Ó, de szép kis hűtőmágnes! Köszönöm! De magadnak nem vettél semmit?

Nana: Dehogynem. Magamnak találtam egy kis fotóalbumot. Tele van szép vidéki tájakkal. ② Mindjárt megmutatom. Ugye milyen szép? Tudod például, hol van ez a templom?

Balázs: Persze. Ez a tihanyi templom. A Balatonnál van, az északi parton.

Nana: Még nem voltam a Balatonon. Ez a gyönyörű kastély is ott van?

Balázs: Az a Festetics-kastély Keszthelyen. Mindenképpen érdemes megnézni. Amikor gyerek voltam, minden évben lementünk a Balatonra. ③ Van ott egy kis nyaralónk. Szívesen meghívlak a nyári szünetben. Mit szólsz?

Nana: Nagyon kedves vagy. Köszönöm szépen a meghívást.

① ezek szerint「ということは」の表現
　szerint「〜によると」という後置詞。ezek szerint「これらによると」で，それまでの話を受けて，「ってことは…」という表現になる。

② tele van 〜 vel　〜でいっぱい

③ハンガリーにもある「お上りさん」表現？
　首都ブダペストからバラトン湖に行くのには，ふつう megy「行く」に下方向をあらわす接頭辞 le- をつけて lemegy a Balatonra「バラトン湖へ下る」という。同じように lemegy vidékre「田舎へ下る」，逆にブダペストには felmegy Pestre「ペシュトへ上る」（Pest だけでブダペストをあらわす）と表現する。

14.1　完了をあらわす動詞接頭辞 meg-

多くの動詞は接頭辞 **meg-** がつくことによって，動詞があらわす動作が完了するまで行なわれることをあらわす。**meg-** がついた形とついていない形で，どのような意味の違いが出てくるのか比較してみよう。

　　tanul　勉強する　→　megtanul　習得する
　　keres　探す　→　megkeres　探して見つける
　　vár　待つ　→　megvár　来るまで待つ
　　főz　料理する　→　megfőz　火を通す

中には完了の意味に el- をとる動詞もある。
　　olvas　読む　→　elolvas　読んでしまう
　　küld　送る　→　elküld　送ってしまう
　　készít　作る　→　elkészít　作り上げる，完成させる
　　mosogat　皿洗いをする　→　elmosogat　皿洗いをやってしまう

14.2　接頭辞が動詞の意味を変える場合

動詞接頭辞が空間における方向をあらわす場合（→ 11.1 参照），動作の完了をあらわす場合（→ 14.1 参照）をみてきた。そのほかに，接頭辞がつくことにより，

動詞の本来の意味を変えることがある。

ad「与える」　felad　（手紙などを）投函する；あきらめる
　　　　　　　lead　（課題などを）提出する　bead　（書類などを）提出する
　　　　　　　kiad　出版する　　　　　　　　elad　売る
hív「呼ぶ」　　felhív　電話する　　　　　　　meghív　招待する
　　　　　　　behív　（軍隊に）召集する　　　kihív　挑発する
beszél「話す」 megbeszél　相談する　　　　　　rábeszél　説得する
　　　　　　　lebeszél　（説得して）やめさせる

14.3　再帰代名詞 maga

「自分自身」をあらわす再帰代名詞 maga は、人称によって以下の形になる。

	単数		複数	
	主格形	対格形	主格形	対格形
1人称	magam	magam(at)	magunk	magunkat
2人称	magad	magad(at)	magatok	magatokat
3人称	maga	magát	maguk	magukat
敬　称	maga	magát	maguk	magukat

「私自身を」「君自身を」には、それぞれ magam/magamat, magad/magadat の両方の形がある。

　　Magam megyek az ügyvédhez.　私は自分で弁護士のところへ行きます。
　　Maga építette ezt a házat.　彼は自分でこの家を建てた。

再帰代名詞が目的語になると、動詞は定活用になる。
　　Indulás előtt megnézem magamat a tükörben.
　　　出発前に鏡で身なりをチェックする。

再帰代名詞を用いる慣用表現には、以下のようなものがある。
　　jól érzi magát　心地よい、楽しい
　　　Hogy érzed magad itt?　— Köszönöm, nagyon jól érzem magam.
　　　　ここはどう？　―ありがとう。とても楽しく過ごしています。

magával visz vmit　持っていく
　　Kertészék magukkal vitték a kutyát külföldre.
　　ケルテース一家は外国に犬を連れて行った。
magának vesz vmit　自分のために買う
　　Ezt az órát magamnak vettem.　この時計は自分用に買った。
kipiheni magát　じゅうぶん休む
　　Jól kipihented magad?　よく休みましたか？
kialussza magát　じゅうぶん寝る
　　De jól kialudtam magam!　爆睡しちゃったよ！

練 習 問 題

1. 次の文に適当な接頭辞を入れましょう。

    Tegnap este _____ csináltam a házi feladatot, így későn feküdtem _____.
    Egy ilyen nagy pizzát nem tudok _____ enni. A sört viszont _____ iszom.
    Már ___ olvastad azt a regényt? — ____. Itt van. _____ adom. Köszönöm!
    A kislány egyedül _____ ette a születésnapi tortát.
    Gyorsan _____ írta a levelet, és _____ adta a postán.
    Fáradt vagy? — Nem. Már _____ pihentem magam.

2. maga を適当な形にして，必要な接尾辞もつけましょう。

    Egy nagy gyárat vezetek. _____ is mérnök vagyok.
    Őt nem ismerjük jól. Nem is akar sokat beszélni _____.
    Tegnap jól éreztétek _____ a buliban?
    　 — Igen, nagyon jól éreztük _____.
    _____ akarod vinni ezt a nehéz bőröndöt?
    Kipihented _____? — Igen, jól kialudtam _____.
    Ezt nem ajándékba, hanem _____ vettem.

3. 作文をしましょう。

    「昨夜はどうだった？」「ありがとう。とても楽しかったです。」

    「その小説を買いましたか？」「はい。週末にもう読んでしまいました。」

    今日この手紙を書き上げて，郵便局で投函します。

    学生たちは町を見学して，ワインを試飲した。

    「君は自分のためにそのチョコを買ったの？」「もちろん自分用によ。」

    バラージュは夏休みにナナをバラトン湖に招待した。

コラム14 ハンガリーへ留学する人へ（2）
エチケット

　ちょっとしたエチケットの違いについても，知っているといないでは大違いです。たとえば，日本では電車やバスに乗ると，こっくりこっくりと居眠りしている人が大勢います。通勤・通学に長時間を費やす日本では，移動中の睡眠が重要な場合もあります。しかし，ハンガリーの街中で，バスや路面電車の中でぐうぐう寝ている人にお目にかかることはありません。そんなことをすれば，たちまちスリの餌食になってしまうという危険もあります。いくら疲れていても，隣の人の肩に当たるほど居眠りするのは避けましょう。具合が悪くなったのではないか，と周囲から驚かれてしまうかもしれません。

　また，食事中にスプーンで音を立ててすすることはもちろんタブーですが，それ以外の音にも注意が必要です。風邪気味のときに，日本人はついつい鼻をくんくんとすすりがちですが，じつはこれは非常に恥ずかしい行為です。ギョッとされますので，やめたほうがよいでしょう。逆に，人前で大きな音を立ててティッシュで鼻をかむことは，日本では遠慮しがちですが，ハンガリーではうら若い乙女もみな平気で，ブーン！と豪快に鼻をかみます。他にも，女性が数人集まるとついつい「キャー」と高い声で何度も笑い合うのも，街中ではあまりいいマナーとはいえません。相手を指さしたり，「私？」と人差し指で自分の鼻を指すのも，奇妙なものです。

　こまかい違いは挙げればきりがありませんが，その国の人たちのようすを観察して，エチケットの違いを見つけていくのも楽しいものです。文化の違いはどっちが正しいものでもなく，相対的なものです。こちらもさりげなく学習して合わせていくと同時に，日本にいる外国人がちょっとおかしな行動をとっても，冷たい目で見るのでなく，「あちらではそうするのかな？」と相手の文化に関心をもつきっかけにしたいですね。

（岡本真理）

15 どう踊ったらいいのかわからない
Nem tudom, hogy kell táncolni

Balázs: Nana, nincs kedved eljönni velem táncolni?
Nana: Táncolni? Én csak egyszer voltam diszkóban. De sajnos nem vagyok ügyes. Ne haragudj, de talán majd máskor. ①
Balázs: Nem olyan táncra gondolok. Tudod, mi az a táncház?
Nana: Táncház? Nem hallottam róla.
Balázs: Itt Budapesten elég sok helyen rendeznek táncházat. Különböző vidékekről mutatnak be hagyományos táncokat, és tanulni is lehet. Erdélyből is jönnek táncosok és zenészek.
Nana: Erdélyből? Ugye, ott még őrzik a régi magyar hagyományokat? Kíváncsi vagyok, hogy milyen a tánc és a zene ott.
Balázs: Remek! Akkor elmegyünk, jó?

Nana és Balázs egy kultúrházba érkeznek. Hangosan szól a zene. Bajuszos férfiak népi hangszereken játszanak.

Nana: De sokan vannak! Nem is gondoltam, hogy ilyen népszerű a néptánc.
Balázs: Ja, most kezdődik a székelyföldi tánc. Én már próbáltam párszor. Gyere, Nana. Megmutatom. Így! Egy, kettő, egy, kettő...
Nana: Lassan, lassan! Nem tudom, hogy kell táncolni.
Balázs: Nem kell kapkodni. Csak meg kell fogni a kezemet és figyelni a lépésemre. Nagyon ügyes vagy, Nana!
Nana: Így jó? Hát, nem olyan nehéz, mint gondoltam. Nagyon jó!

①誘いを断る表現には，ほかに次のようなものがある。

 Sajnos nem érek rá, mert...
  残念だけど暇がないの，というのは…（ráer「ひまがある」）
 Ne haragudj, de van más programom.
  ごめんね，他の予定があるの。
 Legközelebb szívesen elmegyek.
  次はぜひ行くわ。

15.1　副詞をつくる接尾辞 -an, -en

形容詞から副詞をつくる場合，多くは接尾辞 **-an, -en** をつける。a, u, o の音を含む語には -an が，i, e または ü, ö の音を含む語には -en がつく。母音でおわる語の後ろには **-n** だけがつき，a, e でおわる語はそれぞれ á, é になる。

 gyors　速い　→　gyors**an**　速く
 szép　美しい　→　szép**en**　美しく，上手に

いくつかの形容詞は，接尾辞 **-ul** または **-ül**（母音でおわる語の後ろには **-l**）がつくと副詞形になる。a, u, o の音を含む語には -ul が，i, e や ü, ö の音を含む語には -ül がつく。

 jó　よい　→　jól　よく，上手に
 rossz　悪い　→　rossz**ul**　悪く，下手に

※ -talan, -telen, -atlan, -etlen でおわる形容詞は，副詞形では必ず -ul, -ül がつく。
 udvariatlan　無礼な　→　udvariatlan**ul**　無礼に
 véletlen　偶然の　→　véletlen**ül**　偶然に

※ **-ú, -ű** でおわる形容詞のうち，いくつかは長母音が消えて，-an, -en がつく。
 hosszú　長い　→　hossz**an**　長く
 lassú　ゆっくりとした　→　lass**an**　ゆっくりと
 könnyű　軽い，簡単な　→　könny**en**　軽く，簡単に
 （ただし，szomorúan　悲しげに，keserűen　苦く，savanyúan　すっぱく）

※ -an でなく，**-on** がつく語がある。
 szabad　自由な　→　szabad**on**　自由に
 gazdag　豊かな　→　gazdag**on**　豊かに
 fiatal　若い　→　fiatal**on**　若くして

※ 母音が脱落するもの，短母音化するもの

bátor 勇敢な	→	bátran	勇敢に，恐れずに
nehéz 難しい	→	nehezen	上手く～できない

※ -v- が挿入されるもの

bő 豊かな	→	bőven	たっぷりと

15.2　回数をあらわす接尾辞 -szor, -szer, -ször

「1回，2回…」と回数をあらわす副詞は，数詞に接尾辞 **-szor**（a, u, o の音を含む語），**-szer**（i, e の音を含む語），**-ször**（ü, ö の音を含む語）をつける。子音の同化が起こるので，発音に気をつけよう。

egyszer ［eccer］, kétszer ［kéccer］, háromszor, négyszer ［néccer］, ötször ［öccör］...

※数量詞にも同様に接尾辞がつく。

hányszor　何度　　néhányszor　何度か
sokszor　何度も　　többször　一度ならず（二度以上）
Hányszor voltál Magyarországon?　ハンガリーには何度行きましたか？
Egyszer voltam.　一度行きました。
Már sokszor voltam.　もう何度も行きました。
Soha nem voltam.　一度も行ったことがありません。

15.3　人数をあらわす接尾辞 -an, -en

数詞に接尾辞 **-an, -en** をつけると，「～人で」という意味の副詞になる。ひとりの場合（egyedül「ひとりで」）を除き，主語や動詞はいつも複数になる。

Négyen vagyunk a családban.　私たちは4人家族です。
Hányan voltatok tegnap a buliban? — Nagyon **sokan** voltunk.
　　昨日パーティーは何人だった？　―すごく多かったよ。

egy	→	**egyedül**	kettő	→	**ketten**	három	→ hárman
hét	→ heten	ezer	→ ezren	sok	→ sokan		
kevés	→ kevesen	néhány	→ néhányan	több	→ többen	など	

Tegnap **kevesen** voltak a boltban, de ma **többen** jöttek.
　昨日は店に人が少なかったけど，今日は増えた（もっと多く来た）ね。

15.4 「〜かどうか」をあらわす接尾辞 -e

「〜かどうか（知らない・わからない，など）」をあらわすには，動詞に接尾辞 -e をつける。母音調和はしない。また，疑問詞疑問文には用いない。

　　Nem tudom, **jön-e**. （彼が）来るかどうかわからない。

　　Azt szeretném kérdezni, hogy **megy-e** busz a Margitszigetre.
　　マルギット島へバスが行くかどうか，おたずねしたいのですが。

動詞のない叙述文の場合，述語に -e がつく。

　　Nem tudom, **jó-e** a lift. 　エレベータが使えるかどうかわかりません。

四方山話に花咲かせて（トランシルヴァニア地方）

練 習 問 題

1．次の形容詞を副詞にして，意味を考えましょう。

  magas →   könnyű →   boldog →
  szomorú →   keserű →   lassú →
  okos →   lusta →   udvarias →
  udvariatlan →   rossz →   vidám →
  hosszú →   kellemetlen →   bátor →

2．下線に適当な接尾辞を入れましょう。

  Hány_____ jönnek az esküvőre? — Nagyon sok_____ jönnek. Hat_____ ültünk a kis autóban, így a rendőr megállított minket. Én csak egy_____ voltam külföldön, de Pekka már három_____ volt. Ha jó_____ tudom, ő tanár. Rossz_____ érzed magad? A kedves pincér udvarias_____ fogadta a vendégeket. Kíváncsi vagyok, hogy tetszik_____ neked ez az ajándék. Hétvégén hideg volt, így kevés_____ voltak a Balatonon.

3．作文をしましょう。

  フェリは泳ぐのはゆっくりだが，走るのは速い。

  この子は字は汚いが，本を読むのは上手だ。

  「君たちのクラスは何人？」「5人です。」

  「日本には何回行ったことがありますか？」「一度だけです。」

  バラージュはもう何度もターンツハーズに行ったことがあるが，ナナは初めてだった。

  ナナはトランシルヴァニアの民族舞踊をすぐに覚え，上手に踊った。

コラム15 アーラパタクの女性の手

　畑仕事をする人の，日に焼けた手。農村の生み出したフォーク・アートは，決して繊細な貴族の手仕事ではない。庭で栽培された麻から紡がれた糸で機を織り，その粗い繊維のひとつひとつをすくって刺す，繰り返しの作業。それが人の心を打つのは，きっとその作り手の手がどこかしら働き者だった祖母や曾祖母のそれを思い出させるものがあるからではないだろうか。彼らの生活空間に欠かすことのできない刺繍文化。おばあちゃんにとって針を持つということは，きっと食事の用意をしたり，洗濯をしたりするのと同じように，生活の中の一部となっている。この女性の手こそが，アーラパタクの宝である。

　セーケイ地方の中心地シェプシ・セントジュルジから，西にある村アーラパタク。この村は，かつて稀に見る手芸の産地としての輝かしい過去があった。女性たちの手で縫われた赤いクロスステッチは，数多くの国際展示会で人々の目を虜にした。1900年のパリ万博では金賞を受けたという記録も残している。やがて相次ぐ大戦の後，既成の布が出回るようになると，嫁入り道具を自分たちの手で生み出す必要がなくなった。手仕事の火も消えつつあったその時期に，アーラパタクに残るクロスステッチの図案を集め，一冊の本にまとめた女性がいた。チュラク・マグダは，「125のハンガリーのクロスステッチ図案集」という本を編集する。村の女性たちは，再び針を持ちはじめた。その後，ルーリンツ・エテルカが刺繍や機織り，マクラメ織りなどを教え，共産主義時代のフォークロア・ブームの波にのって，数々の展示会で赤いクロスステッチは再び注目を集めた。しかしここ20年の間で，村の半数以上をロマ（ジプシー）が占めるようになり，ハンガリー人はみるみるうちに減少の一途をたどる。それでも，ひとたび家の中に足を踏み入れると，部屋を真っ赤に埋め尽くすほどの刺繍は，なお見るものの目を圧倒する。アーラパタクの女性の手の技は，数少ない後継者の手によって今なお輝きつづけている。

　　　　　　（谷崎聖子）

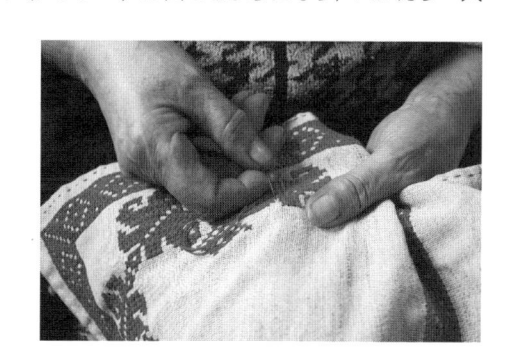

16 頭とのどがとても痛いです
Nagyon fáj a fejem és a torkom

A külföldi diákok megérkeznek a hatos tanterembe. Mindjárt kezdődik Molnár tanárnő órája. Nana is ott van már, de ő ma kicsit fáradt, és fáj a torka. Fázik. Lehet, hogy láza is van.① Andrea észreveszi, hogy nincs jól.

Andrea: Nana, mi történt veled? Olyan sápadt vagy.
Nana: Egy kicsit rosszul érzem magam. De ne aggódj!
Andrea: Úgy néz ki, hogy lázad is van.② Nem mész el orvoshoz?
Robert: Itt közel lakik a nagybátyám. Ő orvos. Nana, én elviszlek oda, jó? Menjünk!

Nana és Robert elindul. Csak két megállót mennek a villamossal. ③ Nanának most már a feje is fáj. Az orvosi rendelő egy kis utcában van. Szabó doktor egy idős, szimpatikus férfi. Barna haja és bajusza van. Kedvesen mosolyog rá, és megkérdezi:

Dr. Szabó: Mi a panasza?
Nana: Reggel óta rosszul vagyok. Fáj a fejem és a torkom.
Dr. Szabó: Láza van?
Nana: Azt hiszem, igen.
Dr. Szabó: Van étvágya?
Nana: Nincs. Reggel óta nem tudok enni semmit.

A doktor megvizsgálta és megállapította, hogy torokgyulladása van. Lázcsillapítót és C-vitamint írt fel. Robert hazakísérte Nanát. Nana bevette a gyógyszert, két napig feküdt otthon, és szerencsére már meggyógyult.

① lehet, hogy...　〜かもしれない

② úgy néz ki, hogy...　〜のように見える，〜のようだ
　　他にも，同じような表現に，úgy látszik, hogy..., úgy tűnik, hogy..., úgy látom, hogy... などがある。

③ 距離や時間の対格を使った表現
　　対格接尾辞 -t は一般に目的語をあらわすが，距離や時間の分量をあらわすこともある。
　　Tíz kilométert mentünk.　　10キロ行った。
　　Két órát tanultam.　　　　 2時間勉強した。

16.1　所有人称接尾辞（単数）

「私の〜」「あなたの〜」というふうに，ものの所有者をあらわす場合，ものをあらわす名詞類に**所有人称接尾辞**をつける。語に含まれる母音の種類によって，接尾辞も以下のように分類される。3人称では，母音でおわる語には，語に含まれる母音が a, u, o であれば **-ja**, **-juk**, i, e や ü, ö であれば **-je**, **-jük** がつく。子音でおわる語では，3人称で **-j-** が入るかどうかは語によってそれぞれ決まっている。（巻末の単語集では，-j- が入る場合を記している。）

		母音でおわる語	a, u, o の音を含む語	i, e の音を含む語	ü, ö の音を含む語
単数	1人称（én）	-m	-om	-em	-öm
	2人称（te）	-d	-od	-ed	-öd
	3人称（ö）	-ja (a, u, o), -je (i, e, ü, ö)	-a / -ja	-e / -je	
複数	1人称（mi）	-nk	-unk	-ünk	
	2人称（ti）	-tok, -tek, -tök	-otok	-etek	-ötök
	3人称（ők）	-juk (a, u, o), -jük (i, e, ü, ö)	-uk / -juk	-ük / -jük	

語幹が -d, -t でおわる名詞に -j- で始まる人称接尾辞がつくときは，発音がそれぞれ次のように変化する。

  dj → ［gy または ggy］ rendje［rengye］，hídja［híggya］
  tj → ［ty または tty］ kertje［kertye］，barátjuk［baráttyuk］

※ a, u, o のタイプの名詞の中で，複数接尾辞が -ak になるものは，-om, -od, -a-/ja ではなく，**-am, -ad, -a** がつく。

  ház 家 → ház**am**, ház**ad**, ház**a**, ház**unk**, ház**atok**, ház**uk**

※対格，複数接尾辞がつくときに語幹の母音が短くなるものは，所有接尾辞でも同様に語幹が変化する。

  pohár（pohar-）コップ → **poharam, poharad, pohara...**
  levél（level-）手紙 → **levelem, leveled, levele...**

※対格，複数接尾辞がつくときに語幹の母音が脱落するものは，所有接尾辞でも同様に脱落する。

  tükör（tükr-）鏡 → **tükröm, tükröd, tükre...**
  étterem（étterm-）レストラン → **éttermem, éttermed, étterme...**

※ 2 音節の語で長母音でおわる語の中には，3 人称のみ不規則な形（**-aja, -ajuk, -eje, -ejük**）となるものがある。

  ajtó ドア → ajtóm, ajtód, **ajtaja**, ajtónk, ajtótok, **ajtajuk**
  idő 時間 → időm, időd, **ideje**, időnk, időtök, **idejük**
  （他に，erő 力，zászló 旗，tető 屋根，頂上 などがある。）

※対格，複数接尾辞がつくときに語幹に v があらわれるものは，所有接尾辞でも同様に v が入る。

  ló（lov-）馬 → **lovam, lovad, lova...**
  （他に，tó（tav-）湖，szó（szav-）語，lé（lev-）汁，ジュース などがある。）

所有者を強調する時

 誰のものかを強調する場合，人称代名詞とともに用いる。この時，定冠詞をともなう。

Kinek a szobája ez?　これは誰の部屋ですか？
Ez **az én** szobám.　これは私の部屋だ。
Az **a te** biciklid?　あれが君の自転車かい？
Ez **az ő** könyve.　これは彼／彼女の本だ。

ただし，3人称複数の場合，ők ではなく ő となる。3人称単数と混同しやすいので気をつけよう。

Ez **az ő** könyvük.　これは彼らの本だ。（× az **ők** könyvük）

16.2　「AはBをもっている」の表現

「もっている」を意味する動詞ではなく，「AにはBがある」という表現を使う。まず，①所有している主体Aには与格接尾辞 -nak, -nek がつき，②所有の対象Bには所有人称接尾辞がつく。そして，③存在をあらわす動詞 van（否定文であれば nincs）を用いる。

Judit**nak** fekete kutyá**ja van**.　ユディットは黒い犬を飼っている。
Ki**nek van** autó**ja**?　　　誰が車をもっていますか？

「持っていない」という否定文では動詞 van の否定形 nincs を用いる。

Tibi**nek nincs** testvére.　　ティビには兄弟がいません。

所有する人が「私」「あなた」など人称代名詞である場合，与格接尾辞 -nek の後ろに人称接尾辞をつけた形を使う。

	単数	複数
1人称	nekem	nekünk
2人称	neked	nektek
3人称	neki	nekik
敬称	önnek, magának	önöknek, maguknak

Nekem sok jó barátom van.　私にはたくさんいい友達がいる。
Neked hány testvéred van?　君には何人兄弟がいるの？

16.3　からだの部位の名称と所有接尾辞

からだの部位をあらわす語は，ほとんどの場合，所有人称接尾辞とともに使われる。

　　　Katinak fáj a feje.　カティは頭痛がする。（主体には与格接尾辞 -nak, -nek がつく）

「私は〜が痛い」という場合は，「私の〜が痛む」という表現をする。

　　　Fáj a hasam.　私はおなかが痛い。

下の図では，かっこの中に1人称単数の所有接尾辞（「私の〜」）をつけた形を記す。後舌母音の語の多くは，-om ではなく，-am がつく。太字の語は語幹から変化するので，注意しよう。

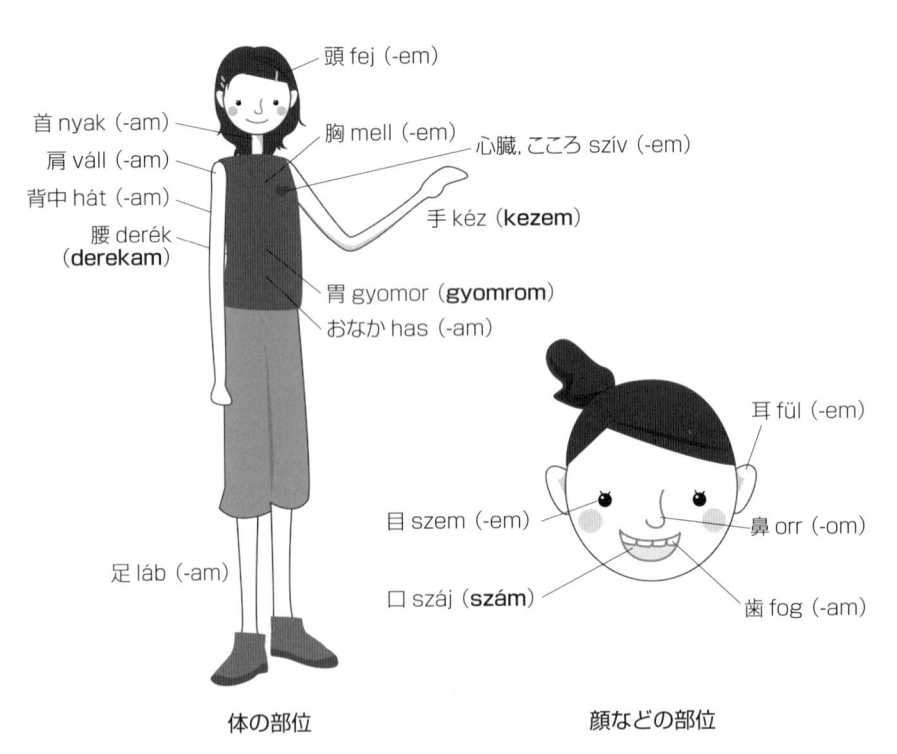

頭 fej (-em)
首 nyak (-am)
胸 mell (-em)
心臓, こころ szív (-em)
肩 váll (-am)
背中 hát (-am)
手 kéz (**kezem**)
腰 derék (**derekam**)
胃 gyomor (**gyomrom**)
おなか has (-am)
足 láb (-am)

耳 fül (-em)
目 szem (-em)
鼻 orr (-om)
口 száj (**szám**)
歯 fog (-am)

体の部位　　　　　　顔などの部位

Fáj a 〜．「私は〜が痛い」と言ってみよう。

練習問題

1. 次の語に所有接尾辞をつけましょう。

én:	cipő	ház	szoba	kulcs	toll
te:	barát	táska	kávé	kanál	vendég
ő:	levél	idő	barát	pohár	család
mi:	tea	lakás	cím	kert	ló
ti:	bor	bicikli	ágy	szálloda	ismerős
ők:	autó	étterem	szomszéd	idő	asztal

2. 次の文に適当な所有接尾辞を入れましょう。

   Neked hány macska_____ van?
   Kinek a pohár_____ ez?
   （Önnek）van egy kis _____（idő）?
   Nektek milyen lakás_____ van?
   Fáj a gyomor_____ és a has_____（én）.
   Hány éves a nagymama_____（ti）?
   Kati hazament, mert beteg a kislány_____.
   Szegény Józsi bácsinak mindig fáj a láb_____ és a hát_____.
   Nekem kék szem_____ és barna haj_____ van.

3. 作文をしましょう。

   私はおなかがとても痛い。

   私たちの隣人は長い間外国に行っていた。

   私たちはお金が少なかったので、夕食を食べに行かなかった。

   「君たちの家はどんなですか？」「うちは小さくて古い家ですよ。」

   ナナは熱があり、食欲がない。

   サボー先生の診療所は小さな通りにある。

17　時々けんかするけど、すごく仲良しなの

Néha veszekszünk, de nagyon szeretjük egymást

Pár nap múlva Nana újra elkezd járni az órákra. Amikor beteg volt, Robert többször kereste telefonon, Andi pedig kamillateát vitt neki. Szerinte az nagyon jó a toroknak. Nana egész nap egyedül feküdt a szobájában, nagyon hiányzott neki a családja. Éjjel felébredt, kinyitotta a laptopját, és írt az édesanyjának és a húgának. Ők rögtön felhívták Japánból, és jót beszélgettek. Nana már jobban érezte magát. ①

Tanárnő: Ma mindenki bemutatja a családját. Hány testvéretek van, hol élnek, mit csinálnak satöbbi. ② Jó?
Pekka: Nekem két bátyám van. Mindkettő egyetemi tanár. Az egyik történész, a másik jogász. Én pedig nyelvész akarok lenni.
Tanárnő: Nagyszerű. Drukkolok neked, Pekka.
Andrea: Én egyedüli gyerek vagyok. A szüleim elváltak, én az anyukámmal élek Bukarestben. Az apukámnak van egy új felesége és egy lánya. ③ Ő olyan, mint a húgom. Nagyon jóban vagyunk. ④
Huong: Nekem van férjem és egy kisfiam. A férjem vezeti a vietnami éttermet. Nagyon ügyes szakács.
Tanárnő: Tudjuk. Nagyon megszerettük a családodat. Nana, hányan vagytok a családban?
Nana: Négyen vagyunk. Az édesapám földrajztanár egy gimnáziumban, az édesanyám pedig otthon tanít angolt. A húgom még gimnazista. Néha veszekszünk, de nagyon szeretjük egymást.

① jól érezte magát 「気分がよい」の比較級（→第22課参照）。

② satöbbi 「など」。書きことばでは，ふつう stb. と書く。

③「父母」をどういう？
　　日本語でも「お父さん」「父」「パパ」など，場面や相手との関係で親族の表現はさまざまだが，ハンガリー語ではいつ，どれがふさわしいだろうか？以下のバリエーションは，下へいくほど，よりくだけた表現となる。
　　az édesapám, az édesanyám　　【公の場や敬称で話す相手に適当】
　　az apukám, az anyukám　　　　【もっとも一般的に誰にでも使える】
　　a papám, a mamám　　　　　　【親しい友人同士】
　　apu, anyu　　　　　　　　　　【呼びかけ】

④ jóban vagyunk　私たちは仲がよい。

17.1　親族名称と所有接尾辞

親族名称もまた，多くの場合，所有接尾辞とともに用いる。かっこの中は「私の～」の形。

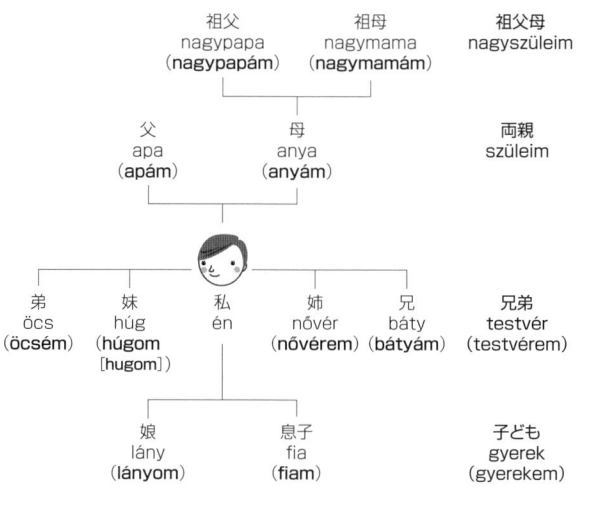

祖父　nagypapa (nagypapám)
祖母　nagymama (nagymamám)
祖父母　nagyszüleim

父　apa (apám)
母　anya (anyám)
両親　szüleim

弟　öcs (öcsém)
妹　húg (húgom [hugom])
私　én
姉　nővér (nővérem)
兄　báty (bátyám)
兄弟　testvér (testvérem)

娘　lány (lányom)
息子　fia (fiam)
子ども　gyerek (gyerekem)

夫　férj (férjem)
妻　feleség (feleségem)
義理の兄弟　sógor (sógorom)
義理の姉妹　sógornő (sógornőm)
孫　unoka (unokám)
甥　unokaöcs (unokaöcsém)
姪　unokahúg (unokahúgom [hugom])
いとこ　unokatestvér (unokatestvérem)

親族名称の中には，所有接尾辞がつくと形が不規則になるものがある。特に以下の語の所有形には気をつけよう。

		apa 父	anya 母	báty 兄	öcs 弟	fia 息子
単数	1人称（én）	apám	anyám	bátyám	öcsém	fiam
	2人称（te）	apád	anyád	bátyád	öcséd	fiad
	3人称（ő）	apja	anyja	bátyja	öccse	fia
複数	1人称（mi）	apánk	anyánk	bátyánk	öcsénk	fiunk
	2人称（ti）	apátok	anyátok	bátyátok	öcsétek	fiatok
	3人称（ők）	apjuk	anyjuk	bátyjuk	öccsük	fiuk

17.2　所有の表現で知っておきたいこと

「AのB」という場合
　①短い形（**A B-je**）と②長い形（**A-nak a B-je**）の2種類がある。
　　ペーテルの車　　① Péter autója　　② Pété**rnek az** autója
　　父の部屋　　　　① az apám szobája　② az apám**nak a** szobája

「AのBのC」という場合
　A B-jének a C-je となる。
　　ペーテルの車のタイヤ　　Péter autó**jának a** kerek**e**
　　父の部屋の窓　　　　　　az apám szobá**jának az** ablak**a**

言ってみよう！
ゾリのガールフレンドのお母さん　→
　　学生の家族の住所　→

「彼らの」ものには注意しよう！

「彼らの～」と強調して表現する時には注意が必要だということを前章でみた（16.1 参照）。

  A szobá**juk** nagy. 彼らの部屋は大きい。
  Az **ő** szobá**juk** nagy. "彼らの"が強調されている ←× Az **ők** szobá**juk** nagy.

しかし，所有者が3人称複数であっても，それが名詞で示されている場合は，所有人称接尾辞は3人称単数になる。
  A fiúk szobá**ja** nagy. 男の子たちの部屋は大きい。
  A diákok szótá**ra** hasznos. 学生たちの辞書は役に立つ。

所有接尾辞と他の接尾辞の組み合わせ

所有接尾辞の後ろに，さらにさまざまな接尾辞をつけることができる。
  Hol van a kulcs? カギはどこ？ ― A táská**m**ban. 私のかばんの中よ。
  Bemutatom a család**om**at. 私の家族を紹介します。

※所有人称接尾辞に続く対格接尾辞は **-ot** でなく **-at** になる（családomat　私の家族を）。また，ü, ö の語の場合，**-öt** ではなく **-et** になる（bőröndömet　私のスーツケースを）。

17.3　所有人称代名詞「～のもの」

「私のもの」「あなたのもの」などをあらわす**所有人称代名詞**は以下のようになる。ふつう，定冠詞とともに用いる。

  Kié ez a bőrönd? このスーツケース誰の？ ― Az **enyém**. 私のです。

	単数	複数
1人称	enyém	mienk
2人称	tied	tietek
3人称	övé	övék
敬　称	öné, magáé	önöké, maguké

練習問題

1. 次の語に所有接尾辞や語彙を入れましょう。
    A feleségem báty_____ _____, a nővér_____ pedig _____.
    Az öcsém szülei az én _____. A húgom lánya az én _____,
    a fia az _____. Jutka a nagymamám unoka_____, tehát mi
    _____ vagyunk.

2. 次の文に所有接尾辞や必要に応じて他の接尾辞も入れましょう。
    Nekünk két _____（fia）és egy lány_____ van.
    Péter az én húg_____ szereti.
    János azt mondta a feleség_____, hogy holnap jön haza.
    Elolvastam a levél_____.（ő）
    A bejáratnál levette a kabát_____.
    Eladtuk a ház_____ és a kert_____.
    Péter bemutatta nekünk a család_____.
    Nem tudom, hol van a húgom szoba_____ a kulcs_____.
    Nehezen találtuk meg a lakás_____.（ők）
    Az orvosok munka_____ nem könnyű.

3. 作文をしましょう。
    私の姉はもう働いているが，弟はまだ高校に通っている。

    両親の家は大きいが，庭は小さい。

    私は妹といとこと一緒にハンガリーに行く。

    フオンの夫のレストランはブダにある。

    「この傘は君の？」「いいえ，これは彼のです。」

    君のが見つからないのなら，私のを貸しますよ。

コラム16 ハンガリーの結婚＆離婚事情

　ハンガリーは昔から結婚が早く，離婚もまた多い国でした。社会主義時代には，他の東欧諸国と同様，20代前半で結婚して子どもをもつカップルが多く，大学生同士の結婚も珍しくありませんでした。その後，結婚するカップルの数は1989年の体制転換後の20年間に半分近くにも減りました。それにたいし離婚件数はほとんど変わらず，今や2組に1組が離婚しています。また，この間生まれてくる子どもの数も約3割減少し，一人の女性が産む子供の数は1.3人にまで落ち込みました。今やハンガリーを含めた旧社会主義国では，西欧や北欧と比較しても，軒並み子どもの数が減っています。ハンガリーでも晩婚・非婚化と少子化が着実に進んでいるといえるでしょう。一方で，婚外子の割合が近年では3割ほど，また10組に1組は籍を入れないいわゆる事実婚です。また，2009年にはパートナーシップ登録法ができて，同性カップルにも法的地位が認められ，以来，年間数十組の同性カップルも誕生するなど，西欧ほどの勢いではありませんが，家族のあり方もさまざまになってきました。

　結婚の半数が離婚で終わるハンガリーですが，その中で子どもたちなど家族のつながりはどうなっているのでしょうか。離婚後，多くは母親が子どもの養育を行いますが，日本に比べると，父親は養育費を払い，子どもとの関係を保つことがごく当然のこととされています。週末子どもは父親と過ごし，夏休みなど長期休暇の半分は父親のところへ行きます。父親が再婚して（多くの場合ずっと若い）妻がいる場合も，妻は前妻の子どもたちを快く家に招き入れ，食事を作り，ともに暮らします。新しい家族に幼い子どもがいれば可愛がってあげ，仲良く兄弟のように成長することが普通となっています。日本では，しばしば父親が養育費を負担せず，母子家庭の低収入が深刻な社会問題となっています。離婚時のいざこざから，母親が養育費を拒否して，父親と二度と会わせようとしないケースもあります。ハンガリーでは，離婚は夫婦間の出来事であり，どのような事情であれ，両方の親に育てられることは子どもの当然の権利であり，両親の義務でもあると考えられているのです。

（岡本真理）

18 君は歴史にとても興味があるんだね
Téged nagyon érdekel a történelem

Nana: Robert, egyszer azt mesélted, hogy a nagyszüleid itt élnek Budapesten. De te Kanadában születtél. A családod is ott van, ugye? Hogyhogy a nagyszüleid itt vannak?

Robert: Igen. A szüleim és a testvéreim most is Torontóban élnek. Nana, te hallottál már az ötvenhatosokról?

Nana: Ötvenhat...? Mit jelent?

Robert: Az az 1956-os forradalom. Akkor Magyarország szocialista ország volt. Nem lehetett szabadon politikai véleményt mondani. A magyarok szabadságot és demokráciát kívántak. Így október 23-án kitört a forradalom. ①

Nana: A nagypapád és a nagymamád akkor itt éltek?

Robert: Igen. Itt éltek Budapesten. Még nagyon fiatalok voltak. A nagypapám éppen végzett a műszaki egyetemen. A nagymamám pedig még egyetemista volt. Ők részt vettek a forradalomban. Fegyvert fogtak, és harcoltak a szovjet katonák ellen. De a forradalom elbukott.

Nana: Mi lett a nagyszüleiddel?

Robert: Sok fiatalt börtönbe vittek. Több mint kétszázezren elhagyták az országot és Nyugatra menekültek. A nagyszüleim azután Kanadában éltek. Az édesanyám már kint született Torontóban.

Nana: Akkor a mamád kanadai vagy magyar? Milyen nyelven beszél? Mióta élnek újra Magyarországon a nagyszüleid?

Robert: 1992 óta. Téged nagyon érdekel a magyar történelem. Majd bemutatom a nagyszüleimet. Ők sokat tudnak mesélni neked, Nana.

①日付の表現

日付をいう時には，序数に所有接尾辞をつける。

  Hányadika van ma? 今日は何日ですか？
  Tizenötödike van. 15 日です。

1日と2日は特に形が違うので注意しよう。

  elseje「1日」, másodika「2日」, harmadika「3日」, negyedike「4日」, ötödike「5日」, huszonegyedike「21日」, huszonkettedike「22日」など。

「〜日に〜する」というときは，所有接尾辞のうしろに接尾辞 -n がつく（a, e は長母音となる）。

  Február 24-én（huszonnegyedikén）születtem.
  2月24日生まれです。
  Hatodikán indulok Magyarországra.
  6日にハンガリーに出発します。

18.1　所有人称接尾辞（複数）

「私の〜」「君の〜」という所有をあらわす所有人称接尾辞は，16課で学んだ。ここでは，所有するものが複数の場合の人称接尾辞を学ぶ。所有における複数をあらわす接尾辞は **-i-** で（-k ではない），それに続いて人称接尾辞がつく。母音調和にしたがって，以下のような人称接尾辞となる。母音 a, e で終わる語は，長母音 á, é になる。ただし，-i でおわる語には，-jaim または -jeim（以下，人称変化する）がつく。子音でおわる語の場合，単数所有形で3人称に **-j-** が入る語では，複数ではすべての人称で **-j-** が入る。

		母音でおわる語 （最後の母音 a, e は á, é になる）	a, u, o の音を含む語	i, e, ü, ö の音を含む語
単数	1人称（én）	-im	-(j)aim	-(j)eim
	2人称（te）	-id	-(j)aid	-(j)eid
	3人称（ö）	-i	-(j)ai	-(j)ei
複数	1人称（mi）	-ink	-(j)aink	-(j)eink
	2人称（ti）	-itok, -itek	-(j)aitok	-(j)eitek
	3人称（ök）	-ik	-(j)aik	-(j)eik

※単数所有で語幹が変化したものは，複数でも同様の変化をする。
　　levél（level-）　→　leveleim, leveleid, levelei...
　　ló（lov-）　→　lovaim, lovaid, lovai...
　　étterem（éttterm-）　→　éttermeim, éttermeid, éttermei...

※単数所有で3人称に -j- が入るにもかかわらず，複数で入らない例もある。
　　barát　友人　→　barátja　彼の友人（単数）　→　barátai　彼の友人たち

複数の所有接尾辞のついた語は，文法上も複数となる。
　　A testvérei még nagyon kicsik.　彼の兄弟たちはまだとても小さい。
　　A sportklub tagjai mindig itt edzenek.
　　　そのスポーツクラブのメンバーたちは，いつもここで練習している。

18.2　「～のもの」をあらわす -é

「～のもの」という場合には名詞類に接尾辞 -é をつける。接尾辞 -é は母音調和しない。a または e でおわる語につくと á, é と長母音化する。
　　Kié ez a bőrönd?　このスーツケースは誰の？　— Anitáé.　アニタのだ。

所有するものが複数になると **-éi** になる。
　　Ezek a könyvek Péter**éi**.　これらの本はペーテルのだ。
「私のもの」「君のもの」などをあらわす複数形は，以下のようになる。
　　enyéim, tieid, övéi, mieink, tieitek, övéik

18.3　可能・許可・推測をあらわす接尾辞 -hat/-het

「～できる」（可能）や「～してもよい」（許可），「～しうる」（推測）をあらわすには，動詞の語幹に接尾辞 **-hat/-het** をつける。ik 動詞の場合は ik を除いた語幹につける。その後に人称接尾辞がくる。
　　Bármikor indulhatunk.　（私たちは）いつでも出発できますよ。（可能）
　　Telefonálhatok?　電話をかけてもいいですか？（許可）

Most mit csinálhat Amerikában?
彼は今ごろアメリカで何をしていることだろう。(推測)

※次の動詞は **-hat/-het** がつくと，特殊な形になる。

van	ある	→	lehet				
megy	行く	→	mehet	jön	来る	→	jöhet
eszik	食べる	→	ehet	iszik	飲む	→	ihat
vesz	とる，買う	→	vehet	visz	持って行く	→	vihet
tesz	置く，する	→	tehet	hisz	信じる	→	hihet
alszik	眠る	→	alhat/aludhat	fekszik	横になる	→	fekhet/feküdhet

Sajnos nem **tehetünk** semmit vele. そのことはどうしようもない。(可能)
Ha akarod, **eljöhetsz** velem. 来たいなら一緒に来ていいよ。(許可)
Vajon hol **lehet** a kulcsom? かぎはいったいどこにあるんだろう？(推測)

18.4 時の表現 óta「〜以来」

後置詞 óta「〜以来」は，その時点から現在までの期間をあらわす。
Mióta laktok Oszakában?　　いつから大阪に住んでいるのですか？
Tavaly óta lakunk Oszakában.　私たちは昨年以来（今も）大阪に住んでいる。

同様に，時間の表現に所有接尾辞をつけると，その時点から現在までの期間をあらわす。
Egy éve lakunk Oszakában.　今でもう１年間大阪に住んでいる。
egy hónapja　１か月　　két hete　２週間　　három napja　３日間
tíz perce　10分間

※ただし，所有の接尾辞がついた時間の表現は，過去時制とともに用いると「〜前に」という過去の時点をさす。
Két hete voltunk Budapesten. ［過去］　２週間前にブダペストに行った。
Két hete vagyunk Budapesten. ［現在］　ブダペストに来て２週間になる。

練習問題

1. 次の語に複数の所有接尾辞をつけましょう。

én:	barát	könyv	levél	óra
te:	táska	nadrág	toll	szemüveg
ő:	cipő	szoba	orvos	újság
mi:	vendég	füzet	szomszéd	ceruza
ti:	lemez	óra	gyerek	testvér
ők:	autó	tanár	kert	bank

2. 次の文に複数の所有接尾辞を入れましょう。必要に応じてその他の接尾辞も入れましょう。

Hol élnek a ＿＿＿＿＿＿（szülő: te)? Mikor jönnek a vendég＿＿＿＿＿＿（ti）? Az ő cipő＿＿＿ mind divatosak. Kinek a csomag＿＿＿＿ ezek? Neki külföldi tanár＿＿＿＿ voltak. Finnországnak gyönyörű ＿＿＿＿＿＿（tó) vannak. Neked vannak magyar barát＿＿＿? Az ő gyerek＿＿＿（ők）még kicsik. Budapest híd＿＿ szépek. A kert fa＿＿＿ nagyon magasak. Én a testvér＿＿＿＿＿＿ együtt bérelem ezt a lakást. Mi van a zseb＿＿＿＿＿＿（te)? Az óra után beszélgetek a barát＿＿＿＿＿＿. A ti gyerek＿＿＿＿＿＿ van saját szobájuk?

3. 次の文を -hat, -het を使って完成させましょう。

Kér＿＿＿＿＿＿ egy pohár vizet?（én）
Parkol＿＿＿＿＿＿＿＿ itt?（mi）
Az étteremben megkóstol＿＿＿＿＿＿ a híres tokaji bort.（önök）
Már késő van. ＿＿＿＿＿＿＿＿＿＿＿＿＿（hazamegy: mi)?
Este felhív＿＿＿＿＿＿＿＿?（én, téged）

4. 作文をしましょう。

放課後，私は友人たちとビュッフェに行く。
「あなたの兄弟たちは何歳ですか？」「兄は22歳，弟は16歳です。」
すみません。ちょっとお尋ねしていいですか？
パーティーではたくさん食べて飲んでいいよ。
ロバートのいとこたちはカナダに住んでいて，ほとんどハンガリー語を話さない。
ロバートの祖父母は20年前からハンガリーに住んでいる。

コラム17 世界に散らばるハンガリー人たち

　外国の政治家や経済人，スポーツ選手の名を報道で聞いて，「あれ，ハンガリー人…？」と思うことが時々あります。調べてみると，やはりハンガリー系だったということがほとんどです。ハンガリー語のアルファベットはそのまま，しかし発音のほうは，sが「ス」，szが「ズ」などと変化しています。

　近代から現代にかけて，ハンガリー人はさまざまな理由で祖国を去り，新しい土地と新しい生活を求めていきました。早くは，1848年ハプスブルク独立運動の敗北後，独立派だった知識人たちがトルコや西欧，そしてアメリカに渡りました。経済的な貧困により，多くの農民が北米大陸に渡ったのは，19世紀末から20世紀初頭にかけてです。他の中東欧の民族と同様，彼らは同郷の人間で集まって共同体を作り，ことばや文化を維持しながら，新天地で助け合い，生きてきました。激動の20世紀には，ふたたび政治的理由による難民や亡命が多発します。ナチスの時代にはユダヤ系ハンガリー人が多数アメリカにのがれました。第2次世界大戦後，共産主義国家によって財産と権利を奪われた裕福層のエリートたちは，身の危険と将来への絶望の中，やむなく西側諸国へ渡ります。自由化を求めた1956年革命がソ連の軍事的抑圧によってわずか2週間で挫折すると，逮捕や処刑を逃れ，命からがら多くの若者がオーストリア国境を越えて，西側諸国に救済され亡命しました。

　祖国を去ったハンガリー人は，もう二度とその土も踏めず，愛する家族や友人にも会えない覚悟でした。しかし，長い時間を経て徐々に行き来が可能となり，1989年に体制転換が起こると，多くの人が半世紀ぶりに帰国します。すでに北米や西欧で子や孫に囲まれて幸せに暮らしている高齢者たちも，毎年のようにハンガリーに戻ってくるようになりました。やはり，ふるさとには「いつの日にか帰らん」なのですね。

　　　　　　　　　　　　　　　　　　　　　　　　　　　　（岡本真理）

19 お昼ができましたよ
Már készen van az ebéd

Egyik vasárnap Robert nagyszülei meghívták Nanát ebédre. Nana először megy vendégségbe. Nem tudta, mit kell vinni ilyenkor. Reggel virágokat nézett a bevásárlóközpontban, és választott néhány szép tulipánt. Robert nagyszülei Óbudán, egy csendes negyedben laknak. Szép kis kertjük van a ház előtt, tele virágokkal. Nana ott állt egy darabig és gyönyörködött. Robert észrevette, hogy megjött, és kinyitotta az ajtót.

Robert: Szia, Nana! Már nagyon várnak téged. Gyere! Nagypapa, itt van Nana!
Nana: Csókolom! Igazán gyönyörű a kert. Én is hoztam virágot, de nem kellett volna...
Nagypapa: Tudod, tulipán pont nincs a kertünkben. Nagyon kedves vagy, Nana. Robert már sokat mesélt rólad. Megmutatom a lakást. Ez itt a dolgozószobám. Szemben a hálószoba. Erre gyere! Ez a kis nappalink. Már készen van az ebéd. ①

Nagymama: Jó étvágyat! Nana, kérsz egy kis kenyeret?
Nana: Igen, köszönöm. Hmm, de finom!
Nagymama: Ezt lecsónak hívják. Sok friss paradicsom és paprika. A lecsó a férjem kedvence.
Nana: Ez egy hagyományos magyar étel, ugye? Még sose ettem. ②
Nagypapa: Minden családnak saját receptje van. Mi Kanadában is megőriztük a hazai ízeket, nyelvet és kultúrát.

① készen van　準備ができている

② sose　一度も〜していない（= soha sem）
　　soha はそれ自体「一度もしない」という否定の意味を持つが，さらに否定詞 nem または sem で打ち消す。
　　Soha nem voltam. / Soha sem voltam.　一度も行ったことがない。

　ほかにも，semmi「何も〜ない」，senki「誰も〜ない」，sehol「どこでもない」，sehova「どこへも〜ない」，semmilyen「どんなものも〜ない」，sehogy「どんなふうにしても〜ない」なども二重否定になる。
　　Semmit sem akarok csinálni.　何もしたくない。
　　Senki nem volt ott.　そこには誰もいなかった。

19.1　動詞の命令形　その1：基本形

　動詞の命令形の基本は，動詞の語幹に命令形の接尾辞 **-j-** がつき，それに人称接尾辞が続く。人称接尾辞は動詞に含まれる母音の種類によって，以下のように母音調和する。2人称単数の接尾辞には，不定活用，定活用とも，短い形と長い形の2種類があるが，意味の違いはない。定活用では一般に，動詞の語幹に -d がつく短い形が使われる。

		a, u, o の音を含む語		i, e の音を含む語		ü, ö の音を含む語	
		vár（待つ）		**beszél**（話す）		**küld**（送る）	
		不定活用	定活用	不定活用	定活用	不定活用	定活用
単数	1人称(én)	vár**j**ak	vár**j**am	beszél**j**ek	beszél**j**em	küld**j**ek	küld**j**em
	2人称(te)	várj(ál)	vár(ja)d	beszélj(él)	beszél(je)d	küldj(él)	küld(je)d
	3人称(ő)	vár**j**on	vár**j**a	beszél**j**en	beszél**j**e	küld**j**ön	küld**j**e
複数	1人称(mi)	vár**j**unk	vár**j**uk	beszél**j**ünk	beszél**j**ük	küld**j**ünk	küld**j**ük
	2人称(ti)	vár**j**atok	vár**j**átok	beszél**j**etek	beszél**j**étek	küld**j**etek	küld**j**étek
	3人称(ők)	vár**j**anak	vár**j**ák	beszél**j**enek	beszél**j**ék	küld**j**enek	küld**j**ék

　Írjál nekünk!　私たちに手紙を書いてね。
　Pihenjünk egy kicsit!　ちょっと休みましょう。

※主語が1人称単数（én），目的語が2人称（téged「君を」または titeket, benneteket「君たちを」）の場合，**-jalak, -jelek** になる。

    Megvárjalak?　待っていようか？

※命令形の接尾辞 -j- が入ると，語幹のさいごの子音の発音が変化する場合がある。

    dj → [ggy]　adjatok [aggyatok], engedjék [engeggyék]
    lj → [jj]　beszéljen [beszéjjen], tanuljatok [tanujjatok]
    nj → [nny]　pihenjen [pihennyen]

19.2　動詞の命令形　その2：語幹が -s, -sz, -z でおわる動詞

語幹が -s, -sz, -z でおわる動詞（olvas「読む」，néz「見る」など）では，命令形の接尾辞 -j- が語幹の最後の子音に同化してそれぞれ **-ss-, -ssz-, -zz-** となり，そのあとに人称変化が続く。ik 動詞は，ik をとった語幹が -s, -sz, -z でおわる場合，同様に -ss-, -ssz-, -zz- となる。

		a, u, o の音を含む語		i, e の音を含む語		ü, ö の音を含む語	
		olvas（読む）		**néz**（見る）		**főz**（料理する）	
		不定活用	定活用	不定活用	定活用	不定活用	定活用
単数	1人称(én)	olvas**sak**	olvas**sam**	néz**zek**	néz**zem**	főz**zek**	főz**zem**
単数	2人称(te)	olvass**(ál)**	olvas**(sa)d**	nézz**(él)**	néz**(ze)d**	főzz**(él)**	főz**(ze)d**
単数	3人称(ő)	olvas**son**	olvas**sa**	néz**zen**	néz**ze**	főz**zön**	főz**ze**
複数	1人称(mi)	olvas**sunk**	olvas**suk**	néz**zünk**	néz**zük**	főz**zünk**	főz**zük**
複数	2人称(ti)	olvas**satok**	olvas**sátok**	néz**zetek**	néz**zétek**	főz**zetek**	főz**zétek**
複数	3人称(ők)	olvas**sanak**	olvas**sák**	néz**zenek**	néz**zék**	főz**zenek**	főz**zék**

    Nézz ide!　こっちを見て。
    Vigyázz magadra!　気をつけてね。

19.3 命令形を使った文：単文（1）
話し相手への依頼や命令

 Itt várjál!　ここで待ってて。
 Adjon egy tollat!　ペンを貸して下さい。

動詞接頭辞がある場合，接頭辞が分離し，後ろに移動する。
 Olvasd el ezt a könyvet!　この本を読んで。
 Nézd meg az időjárás-jelentést!　天気予報を見て。

否定の時は，命令形の否定詞 **ne** を用いる。接頭辞は分離する。
 Ne mondd!　そんなこと言わないで。（「うそ〜！」＝相手の話に驚いた時）
 Ne kapcsold ki a tévét!　テレビを消さないで。

特に強い命令をあらわす場合，動詞接頭辞が ne の前に出ることがある。
 Ki ne menjetek innen!　絶対にここから出てはだめ！
 Meg ne fázz!　くれぐれも風邪をひかないように！

練 習 問 題

1. 命令形にしましょう。

  te: Vigyáz____! Olvas____ el ezt! Néz____ meg ezt a filmet! Áll____ fel!
    Tanul____ sokat! Hív____ gyorsan az orvost! Beszél____ meg az igazgatóval!
  ön: Pihen____ egy kicsit! Mos____ meg a kezét! Mond____ meg, hogy hol van!
    Ne _____ (aggódik)! Kérdez_____ meg a tanárt! Örül____ neki!
  ti: Néz____ ide! Ne _____ (dohányzik)! Keres_____ meg a kulcsot!
    Sok könyvet olvas_____! Ad_____ ide a pénzt!
  önök: Ne _____ (dolgozik) túl sokat! Kapcsol_____ ki a légkondit!
    Este hív_____ fel engem! Pihen_____ ki magukat! Énekel____!

2. 本文の内容について答えましょう。

  Hol laknak Robert nagyszülei?
  Ők hol éltek régen és miért?
  Mit vitt a vendégségbe Nana? Hol vette?
  Milyen Robert nagyszüleinek a háza?
  Mit főzött Robert nagymamája? Hogy ízlett Nanának?
  Milyen zöldségekből készül a lecsó?

3. 作文をしましょう。

  テレビをつけて，天気予報を見てください。
  ここに座って，少し休みなさい。
  あなたの家族について，話をしてください。
  あまりたくさん仕事しすぎないで。
  ここにお皿とコップを持ってきてください。
  アンディに電話して，今日は授業がないと言ってください。

コラム18 ハンガリー人の家にお呼ばれしたら…　ハンガリー人のおもてなし

　ハンガリーで生活していたら，友人の自宅にお呼ばれすることがあるかもしれません。その時はきっとふるまわれる料理の多さにびっくりするでしょう。
　ハンガリーでは，夕食をしっかりとる日本とは違い，昼食をしっかり取り，夕食は軽く済ませることが多いようです。びっくりするのはこの昼食です。
　まずスープが出てきます。だいたいが具だくさんでパスタの入ったスープ。おいしーい！と一皿たいらげたところで，「もう一杯いかが？」と聞かれるので，お腹いっぱいのときには，„Nem, köszönöm!"（いいえ，結構です！）と答えましょう。
　スープを頂いたところで初めてメイン料理がやってきます。メイン料理は肉料理のことが多く，おいしいけれど，さっきスープを頂いたし，なにより量が多い…。なんとか食べきるとまた聞かれます。「もう少しいかが？」ここでは勇気を出して断ると，今度はこう尋ねるのです。„Biztos?"（本当にいいの？）
　前菜のスープ，メイン料理を頂いて本当にお腹いっぱい…という所で最後にふるまわれるのがデザート。パラチンタ（ハンガリー風クレープ）やお手製のケーキのことが多いです。
　食べても食べても，「まだいかが？」と尋ねてくるハンガリー人。せっかく料理を頂いているのに断るのは心苦しいかもしれませんが，断らないと，どんどんふるまわれるので，食べられない時は，さきほどの „Nem, köszönöm"，や „Ennyi jó, köszönöm"（これだけで大丈夫です。ありがとう。）といって丁寧に断りましょう。そしてご飯の最後には，„Jól laktam, köszönöm."（お腹いっぱいになりました，ありがとう）と感謝の念を伝えましょう。
　なによりも不思議なのは同席している家族。彼らは „Egyél még!"（もっと食べなさい！）といいながら，当の本人達はそんなに食べてないことが多いのです。これも，断るまで料理をふるまってくれることも，とにかく「お客さんのお腹は空かせてはいけない」という彼らのおもてなしの信念が根底にあるようです。

（山野井　茜）

20 覚悟してしっかり勉強してね！
Készüljetek és tanuljatok sokat!

Tanárnő: Lassan közeledik a vizsgaidőszak. Két hét múlva lesz az írásbeli vizsga. Készüljetek és tanuljatok sokat, jó?
Andrea: Jaj, istenem! ① Úgy utálom a vizsgákat! ② Sose tudom megtanulni a magyar nyelvtant. Jaj, borzasztó! Segítség!
Pekka: Én imádom a nyelvtant. A magyar eléggé hasonlít a finnhez. Nekem nem nehéz.
Andrea: Akkor gyere át hozzám minden este, és taníts! Magyarázd meg a nyelvtant, és gyakoroljunk együtt, jó?
Pekka: Szívesen segítek. De aztán légy szíves, főzz nekem valami finomat!
Tanárnő: Úgy látom, hogy megállapodtatok.

Az írásbeli után szóbeli is van. A tanárnő egyenként behívja a diákokat. A diákok a szomszéd tanteremben várakoznak. Közben a megoldásokról beszélgetnek. Találgatják a helyes választ. Nana is izgulni kezd. Végül ő következik.

Tanárnő: Nana, húzzál egy cédulát, és add ide. Ne izgulj! Nem lesz olyan nehéz.
Nana: Hiába mondod, hogy ne izguljak. ③ Jaj, mit csináljak? De most már mindegy. Tessék.
Tanárnő: Nézzük! A témád a földrajz. Mesélj Japán földrajzáról!

① 「ああ！」「え〜っ！」感嘆の表現いろいろ

ハンガリー語にもいろいろな感嘆の表現がある。Jaj!「ああ！」Istenem!「私の神よ！」Úristen!「主よ！」Jézusom!「私のイエスよ！」Jézus Mária!「イエス様マリア様！」など。大げさに聞こえるが，これらは日本語の「え〜！」「うわ〜！」「そんなあ！」「とんでもない！」くらいの意味になる。

② 「大好き」と「大きらい」

Szeretem. / Nem szeretem.「（私は）好き，きらい」よりも，より程度の大きい表現として，Imádom. / Utálom.「（私は）大好き，大きらい」がある。

③ hiába「〜してもむだ」の表現

Hiába kerestem a kulcsot. Sehol nem találom.
カギを探してもむだだった。どこにも見つからない。

20.1 動詞の命令形　その３：語幹が -t でおわる動詞

語幹が -t でおわる動詞の命令形は，次の３種類の形に分けられる。

(1) 短母音 + -t でおわる動詞

mutat「見せる」，süt「焼く」など，語幹が短母音 + -t でおわる動詞では，-t に命令形の -j- がつくと，-ss- に変化する。２人称単数（te）定活用の短い形では -sd [zsd] となる。

mutat → **mutass-**
　　不定活用：mutassak, mutass / mutassál, mutasson, mutassunk, mutassatok, mutassanak
　　定 活 用：mutassam, mutasd / mutassad, mutassa, mutassuk, mutassátok, mutassák

süt → **süss-**
　　不定活用：süssek, süss / süssél, süssön, süssünk, süssetek, süssenek
　　定 活 用：süssem, süsd / süssed, süsse, süssük, süssétek, süssék

(2) 語幹が -st, -szt でおわる動詞

語幹が -st, -szt でおわる動詞（fest「色を塗る」，választ「選ぶ」など）では，命

令形の -j- がつくと，それぞれ語幹が **-ss-, -ssz-** に変化する。2 人称単数（te）定活用の短い形では，それぞれ **-sd [zsd], -szd [zd]** になる。

fest → **fess-**
　　不定活用：fessek, fess / fessél, fessen, fessünk, fessetek, fessenek
　　定 活 用：fessem, fesd / fessed, fesse, fessük, fessétek, fessék
választ → **válassz-**
　　不定活用：válasszak, válassz / válasszál, válasszon, válasszunk, válasszatok, válasszanak
　　定 活 用：válasszam, válaszd / válasszad, válassza, válasszuk, válasszátok, válasszák

(3) **-ít** でおわる動詞と子音＋ **-t** でおわる動詞

語幹が **-ít** でおわる語（tanít「教える」, készít「作る」など），**-st, -szt** 以外の子音＋ **-t** でおわる語（ért「理解する」など）では，語幹は変化せず，命令形のしるし -j- が **-s-** に変化する。

tanít → **taníts-**
　　不定活用：tanítsak, taníts / tanítsál, tanítson, tanítsunk, tanítsatok, tanítsanak
　　定 活 用：tanítsam, tanítsd / tanítsad, tanítsa, tanítsuk, tanítsátok, tanítsák
ért → **érts-**
　　不定活用：értsek, érts / értsél, értsen, értsünk, értsetek, értsenek
　　定 活 用：értsem, értsd / értsed, értse, értsük, értsétek, értsék

20.2　その他の動詞の命令形

次の動詞は命令形の語幹が大きく変化するので，しっかり覚えよう。
　　van ある，いる　→　**legy-**（te の時には légy または legyél となる）．
　　megy 行く　→　**menj-**　　　jön 来る　→　**jöjj-**
　　vesz とる　→　**vegy-**　　　tesz 置く，する　→　**tegy-**
　　visz 持っていく　→　**vigy-**　　　hisz 信じる　→　**higgy-**（gy は長子音になる）
　　eszik 食べる　→　**egy-**　　　iszik 飲む　→　**igy-**
　　（これらの動詞の te の定活用の短い形はそれぞれ vedd, tedd, vidd, hidd, edd, idd になる。）

Legyen szíves becsukni（または csukja be）az ablakot!　すみませんが窓を閉めてください。
☞命令文に légy szíves（te），legyen szíves（ön）を添えると、「お願いだから」というより丁寧な依頼になる。
Nyugodtan **egyetek** és **igyatok**!　遠慮なく食べて飲んでくれたまえ。
Vedd meg ezt a virágot, és **vidd el** a barátnődnek!
　この花を買って、ガールフレンドに持って行きなさいよ。

jön「来る」は、以下のように不規則な人称変化をするので注意しよう。
（én）jöjjek,（te）**gyere**（jöjjél）,（ő）jöjjön,（mi）jöjjünk,（ti）**gyertek**（jöjjetek）,（ők）jöjjenek
　Gyere ide!　こっちへおいで。

alszik「眠る」, fekszik「横たわる」は、語幹 alud-, feküd- に -j- がつく。
　alszik　→　aludj-, fekszik　→　feküdj-
　Ha álmos vagy, **feküdj** le és **aludj**!　眠ければ横になって寝なさい。

20.3　接尾辞の人称形

これまでに学んだ名詞につく接尾辞には、場所をあらわす接尾辞や与格接尾辞、手段・同伴の接尾辞があった。これらは名詞の後ろにつくが、「私のところへ」「君と一緒に」などのように代名詞に用いる場合には、接尾辞に人称接尾辞がついて独立した語となる。例をみてみよう。

　Eljössz **hozzánk** ma este?　今晩うちに来ますか？
　Nálam van a kulcs, nem **nálad**.
　　カギは君のところでなくて、私のところにあるよ。
　Velünk jössz? — Igen, **veletek**.　私たちと来る？　—うん。君たちと行くよ。
　Figyelj! **Rólad** beszélnek a lányok!
　　ほら。女の子たちは君のうわさをしているよ。

接尾辞の人称形は以下のようになる。

		én	te	ő	mi	ti	ők
-ba, -be	～の中へ	belém	beléd	bele, belé (je)	belénk	belétek	beléjük
-ban, -ben	～の中で	bennem	benned	benne	bennünk	bennetek	bennük
-ból, -ből	～の中から	belőlem	belőled	belőle	belőlünk	belőletek	belőlük
-ra, -re	～の上へ	rám	rád	rá	ránk	rátok	rájuk
-n, -on, -en, -ön	～の上に	rajtam	rajtad	rajta	rajtunk	rajtatok	rajtuk
-ról, -ről	～の上から	rólam	rólad	róla	rólunk	rólatok	róluk
-hoz, -hez, -höz	～のそばへ	hozzám	hozzád	hozzá	hozzánk	hozzátok	hozzájuk
-nál, -nél	～のそばで	nálam	nálad	nála	nálunk	nálatok	náluk
-tól, -től	～のそばから	tőlem	tőled	tőle	tőlünk	tőletek	tőlük
-nak, -nek	～に	nekem	neked	neki	nekünk	nektek	nekik
-val, -vel	～で, と一緒に	velem	veled	vele	velünk	veletek	velük
-ért	～のために	értem	érted	érte	értünk	értetek	értük

Vonzat とは？

空間における位置や方向をあらわす接尾辞は，元来の空間的意味でだけ使われるのではない。多くの動詞や形容詞は常に特定の接尾辞と結びつき，目的語などの文法的関係をあらわす。これを **vonzat** という。いくつかの例をみてみよう。

　szerelmes vkibe　〜に恋している
　　　Szerelmes vagyok **beléd**.　あなたが好きよ。
　biztos vmiben　〜を確信する
　　　Ez nem jó. Biztos vagyok **benne**.　これはよくない。絶対。
　gondol vkire, vmire　〜のことを考える
　　　Sokat gondolok **rád**.　君をとても思っているよ。
　csodálkozik vmin　〜におどろく，あきれる
　　　Milyen lusták vagytok! Csodálkozom **rajtatok**.
　　　君たちはなんてずぼらなの！あきれるわよ。
　mesél vmiről, vkiről　〜について話す
　　　Hogy vannak a szüleid? Mesélj **róluk**!
　　　ご両親はいかが？話をして。
　ragaszkodik vmihez　〜にこだわる
　　　Mindegy. Nem ragaszkodom **hozzá**.
　　　どっちでもいい。それにはこだわらないよ。
　jelentkezik vkinél　〜に連絡する
　　　Ha valami probléma van, jelentkezz **nálam**!
　　　何か問題があれば，私に連絡してください。
　kérdez vkitől　〜にたずねる
　　　Megkérdezem **tőle**, hátha tudja.
　　　彼に聞いてみます。知っているかもしれないから。

練 習 問 題

1. 命令形にしましょう。

   én: ＿＿＿＿＿＿（segít）? Melyiket ＿＿＿＿＿＿（választ）?
   te: Ne ＿＿＿＿＿＿（elalszik）! ＿＿＿＿＿＿（kinyit）az ablakot!
   　　 ＿＿＿＿＿＿（elmegy）az orvoshoz! ＿＿＿＿＿＿（megsüt）a húst!
   ön: ＿＿＿＿＿＿（megmutat）, hol van a vécé! ＿＿＿＿＿＿（lefekszik）!
   　　 ＿＿＿＿＿＿（választ）egy virágot! ＿＿＿＿＿＿（felébreszt）engem!
   mi: ＿＿＿＿＿＿（eszik）! ＿＿＿＿＿＿（süt）valamit!
   　　 Takarít＿＿＿＿ ki a lakásunkat! ＿＿＿＿＿＿（van）jó barátok!
   ti: Ne ＿＿＿＿＿＿（van）olyan lusták! ＿＿＿＿＿＿（jön）hozzánk ma este!
   　　 Ne ＿＿＿＿＿＿（elhisz）ezt! ＿＿＿＿＿＿（elhalaszt）a rendezvényt!
   önök: ＿＿＿＿＿＿（meghallgat）a híreket! ＿＿＿＿＿＿（van）szívesek segíteni!
   　　 ＿＿＿＿＿＿（megért）minket! ＿＿＿＿＿＿（siet）a betegekhez!

2. 本文の内容について答えましょう。

   Milyen fajta vizsgák vannak a külföldi diákoknak?
   Andi szereti a magyar nyelvtant?
   Miért nem nehéz Pekkának a magyar nyelv?
   A diákok együtt szóbeliznek?
   Miről beszél a szóbelin Nana?
   Te mit szeretnél elmondani Japán földrajzáról?

3. 作文をしましょう。

   お願いだからここに来て，手伝ってちょうだい。
   ポガーチャを食べて，牛乳を飲んでしまいなさい。
   ここに地図を持ってきて，見せて下さい。
   リビングに戻って，テレビを消しなさい。
   彼のところにいって，たずねてごらんよ。
   私たちのことを忘れないでね。私たちのことを思っていてね。

コラム19 ボールペンのルーツ

　みなさんが毎日なにげなく使っている「ボールペン」というものはいつ，誰によって発明されたかご存知だろうか。それを発明したのは，ビーロー（Bíró László József, 1899-1985年）というハンガリー人だ。ビーローは世紀転換期のブダペストに生まれ，さまざまな職業を転々としたが，その中でボールペンに関してもっとも重要な役割を果たしたのは新聞記者の経験だろう。彼は，新聞の印刷用に使われていたインクは，当時筆記用具として一般的に使われていた万年筆のインクよりも素早く乾き，手や紙を汚さないことに気がついた。以来，長年その実用化のための研究を行い，今のボールペンの原型にたどり着いたのだ。1938年に初めて特許を取得した。そのきっかけとなった発想が，ペン先のソケット内に自由に回転する金属製の小さいボールを仕込んでみると，インクがボールに付着し，ボールが回転することでそのインクが紙に写される，ということだった。やがてヨーロッパでユダヤ系に対する差別などが強まり，ビーローは1940年代にアルゼンチンに移住した。このため，彼が発明したボールペンがさらに改善を経て大量に生産されるようになったのは，残念ながら祖国のハンガリーではなかった。

　英語圏では biro（発音はバイロになったが），フランスでは biron, アルゼンチンでは birome などのように，今日世界各地でビーロー（Bíró）氏の名前に由来する名称が「ボールペン」の代わりに使われている。おそらくハンガリー人発明家の中で，世界中でもっとも頻繁に耳にする名前ではないだろうか。

（Lichtenstein Noémi）

21 試験期間終わる
Vége van a vizsgaidőszaknak

Vége van a vizsgaidőszaknak.① Szerencsére Nana és a csoporttársai mind átmentek a vizsgán. Nagyon igyekeztek, és végül mindannyian ötöst kaptak. Molnár tanárnő is elégedett az eredményükkel. Andrea azt mondja, hogy ma este pogácsabulit szeretne rendezni. Mivel az egész csoport pogácsarajongó, egykettőre beleegyeznek, hogy este összejönnek Andreánál. Nana délután már ott van, mert segíteni akar a pogácsa készítésében.

Andrea: Nézzük meg, hogy megvan-e minden hozzávaló!
Nana: Felolvassam? Liszt, vaj, tejföl, élesztő... és csak a tojássárgája kell. Összekeverjem?
Andrea: Igen, és tegyél bele egy kis sót is! Jól dolgozzuk össze, különben szétesik a tészta. Aztán hagyjuk egy darabig meleg helyen.
Nana: Majd 1 cm (= centi) vastagra kinyújtjuk, ugye?
Andrea: Pontosan. Nana, légy szíves, vegyél ki még egy tojást és add ide!
Nana: Rendben. A tojást rákenjük a pogácsára?
Andrea: Persze. Meg a sajtot is rátesszük. Aztán betesszük a sütőbe és kb. fél óráig sütjük.
Nana: És így szép aranysárgára sül a pogácsa. Hmm... biztos finom lesz!

① vége van　～nek　～が終わった。

21.1　命令形を使った文：単文（2）呼びかけや提案

(1) 1人称複数（mi）で呼びかけをあらわす。この場合，接頭辞は分離する。
Holnap ebédeljünk együtt!　明日一緒にお昼を食べましょう。
Ezt beszéljük meg majd!　また相談しましょう。
Ezt ne felejtsük el!　このことを忘れないようにしよう。

(2) 疑問文で「～しましょうか？」と提案や申し出をあらわす。この場合，接頭辞は分離しない。
Kinyissam az ajtót?　ドアをあけましょうか？
Megbeszéljük?　相談しましょうか？

(3) 「～させてください」の表現　**hadd** + 命令形
Hadd mondjak valamit!　ちょっと言わせてください。
接頭辞は分離する。
Hadd mutatkozzam be!　どうぞ自己紹介させてください。
1人称だけでなく，3人称でも「～に～させてあげましょう」という意味になる。
Ha menni akar, hadd menjen!　行きたいなら行かせてやればよい。

21.2　さまざまな動詞接頭辞

空間における方向性をあらわす動詞接頭辞，動作の完了をあらわす動詞接頭辞，また意味が変化する場合については，すでに学んだ（→11課，14課）。ほかにもたくさんの動詞接頭辞があるが，ここではそのいくつかをみてみよう。

> rá-　～の上へ　　hozzá-　～の方へ　　neki-　ぶつかる，（ものごとを）始める
> össze-　（複数のものが）1つに合わさって　　szét-　分かれて，散らばって
> abba-　途中で　　félre-　わきへ，誤った方へ　　tönkre-　壊れて
> agyon-　死ぬほど，死ぬまで

これらの接頭辞はさまざまな動詞に結びつき，意味を形成する。

rá-:	rátesz	上にのせる		ráken	上に塗る
hozzá-:	hozzátesz	つけ加える		hozzászól	コメントする
neki-:	nekimegy	ぶつかる		nekikezd	とりかかる，始める
össze-:	összetesz	（複数のものを）合わせる		összeköt	結びあわせる
	összead	足す，足し算する		összeütközik	ぶつかる
szét-:	szétmegy	分かれる		szétesik	ばらばらになる
	szétdobál	ばらまく			
abba-:	abbahagy	途中でやめる		abbamarad	中止になる
félre-:	félretesz	とっておく		félreért	誤解する
tönkre-:	tönkremegy	壊れる，だめになる		tönkretesz	壊す，だめにする
agyon-:	agyonver	殴り殺す		agyonlő	撃ち殺す

Rátesszük a sajtot a pogácsára. チーズをポガーチャの上にのせます。
Hozzáadunk még egy kis sót a leveshez. スープに塩少々を足します。
Az autó **neki**ment a falnak. 車は壁にぶつかった。
Két autó **össze**ütközött az utcán. 道で2台の車がぶつかった。
A gyerekek **szét**dobálták a játékokat. 子どもたちはおもちゃを投げ散らかした。
A kisbaba végre **abba**hagyta a sírást. 赤ちゃんはやっと泣きやんだ。
Nem beszéltem vele, és **félre**értettem a dolgot. 彼と話をせず，誤解してしまった。
A sok használattól **tönkre**ment a nyomtató. 使いすぎてプリンターが壊れた。
A tolvaj **agyon**verte a szegény öreget. 泥棒はあわれな老人を殴り殺した。

練 習 問 題

1. 命令形にしましょう。
   én: Leül＿＿ ide? Megmond＿＿ ezt neki? Főz＿＿ vacsorát nektek?
   Mit ＿＿＿＿（dolgozik）? Jaj, mit csinál＿＿＿ !? Bekapcsol＿＿＿ a tévét?
   mi: Mit csinál＿＿＿? Néz＿＿＿＿ meg ezt! Megvár＿＿＿ téged?
   Holnap ＿＿＿＿＿＿（találkozik）! Beszél＿＿＿ magyarul!

2. 適当な動詞接頭辞を入れましょう。
   Miért hagytad ＿＿＿＿＿ a munkát? — Mert valaki telefonált.
   A város épületei a háború alatt ＿＿＿＿＿mentek.
   Ha 3-at és 4-et ＿＿＿＿＿adunk, 7-et kapunk.
   Sokan ＿＿＿＿＿szóltak az előadáshoz.
   Budát és Pestet régi hidak kötik ＿＿＿＿＿.
   ＿＿＿＿＿kentem a vajat a kenyérre.
   Ha nem mondod el pontosan, mi történt veled, ＿＿＿＿＿értenek téged.
   Annyira mérges voltam rád, hogy majdnem ＿＿＿＿＿ akartalak verni.
   A felesége nagyon mérges volt, és ＿＿＿＿＿dobálta a tányérokat.
   Sokáig nem csinált semmit, de végre ＿＿＿＿＿kezdett a munkának.

3. 本文の内容について答えましょう。
   Hogy sikerült a vizsga Nanáéknak?
   Mit terveznek a diákok a vizsga után?
   Nana miért nem este, hanem már délután megy el Andreához?
   Mi kell a pogácsához?
   Te már ettél pogácsát? Ha igen, hogy ízlett?
   Milyen süteményt tudsz készíteni? Meg tudod mondani, hogy kell?

4. 作文をしましょう。
   彼に本当のことを言いましょうか？
   買い物に行って，小麦粉とたまごを買いましょう。
   勉強を途中でやめないようにしよう。
   何も買わずに，そのお金をとっておきなさい。
   誤解しないでください。彼はとてもいい人です。
   彼は飲みすぎて，人生をだめにした。

コラム20　大人も子どもも大好き　ポガーチャの作り方

　ポガーチャ（pogácsa）はハンガリーでは日常的な焼き菓子です。街角のパン屋さんやスーパーに売っています。大きめのものは1個いくらで，小さめのものは計り売りです。チーズ味の sajtos pogácsa が代表的ですが，カテージチーズ入りの túrós pogácsa や塩辛いベーコン脂の刻んだものを入れた tepertős pogácsa などもあります。大人はビールやワインのおつまみに，子どもはおやつにと，みんな大好きです。家でも手軽に作ることができます。家庭によってレシピはさまざまですが，以下にその一例を紹介します。作り方はとっても簡単ですので，ぜひチャレンジしてみてください。

材料

薄力粉　320g

バターまたはマーガリン　200g

ドライイースト　20g

塩　小さじ2

おろしチーズ　80g
（かためのナチュラルチーズがいいですが，なければ細切りのピザ用チーズでも可）

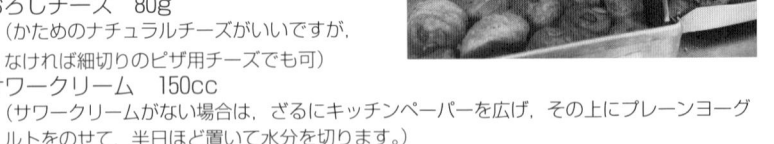

サワークリーム　150cc
（サワークリームがない場合は，ざるにキッチンペーパーを広げ，その上にプレーンヨーグルトをのせて，半日ほど置いて水分を切ります。）

作り方

① バターは室温に戻しておきます。ただし，溶けないように気をつけて。

② 大きめのボールに材料すべてを入れ，指先でばらばらにほぐすようにまぜます。無塩バターを使用する場合は，塩をやや多めにします。塩辛いのがハンガリー風！

③ 生地がまとまってきたら，温かい場所に30分ほどねかせます。

④ 生地を1センチ厚さにのばし，丸い型で抜きます。溶いた卵黄を塗り，好みでおろしチーズ少々をかけます。

⑤ 200度のオーブンで約20分焼きます。表面が焦げ過ぎないように，ときどき様子を見ます。

⑥ 焼けたら，新聞紙の上に広げて冷まします。

（岡本真理）

なぞなぞを解いてみよう！さあ，わかるかな？

1. Éjjel-nappal mindig jár, mégis egy helyben áll.
   明けても暮れても進むのに，ずっと同じ場所にいるもの，なーんだ？

2. Ha feldobom fehér, ha leesik sárga. Mi az?
   上に投げると白くて，落ちると黄色いもの，なーんだ？

3. Csak a tied, mégis mások használják többet. Mi az?
   自分のものなのに，他人のほうがよく使うもの，なーんだ？

4. Melyik ló tud szállni?
   馬は馬でも，飛べる馬（ló）は？

5. Melyik disznó nem volt soha malac?
   小さいとき子豚じゃなかった豚はどんな豚（disznó）？

6. Melyik ember viszi iskolába a gyerekeket?
   子どもたちを学校に連れて行く人はどの人（ember）？

正解　1. óra（時計）
2. tojás（たまご）
3. neved（自分の名前）
4. holló（カラス）
5. sündisznó（はりねずみ）
6. szeptember（9月）※９月にー学期が始まります。

22 夏の予定ができたわ
Megvan a nyári programunk

Buliznak a fiatalok. Andrea lakása a külvárosban van, és sokkal nagyobb, mint Nanáé. Andrea és Nana rengeteg pogácsát sütött, így mindenki nyugodtan vehet belőle akármennyit.① Andrea azt kérte Roberttől, hogy mondjon pohárköszöntőt. Robert feláll:

Robert: Először is gratulálok mindenkinek, hogy átment a vizsgán. Most már szabadok vagyunk. Rabok tovább nem leszünk, ahogy Petőfi mondja. Egészségünkre!

Pekka: Nana, kérsz bort? Melyiket szereted jobban, a fehéret vagy a vöröset?

Nana: Fehéret kérek. Köszönöm! Egyébként mi legyen a nyári tervünkkel?② Beszéljük meg most részletesen!

Andrea: Viki azt ajánlotta, hogy menjünk le a Balatonra, ha fürödni akarunk.

Nana: Nyáron sok különböző fesztivál is lesz a Balaton környékén. Ott lehetőségünk lesz arra, hogy sokféle programot csináljunk.

Robert: Igen. Talán az a legjobb, ha bérelünk egy autót.

Pekka: De kinek van jogosítványa? Én sajnos nem tudok vezetni.

Andrea: Ne ijedj meg! Rajtad kívül mindenkinek van jogosítványa.③ Azért megyünk autóval, hogy útközben több helyen tudjunk megállni.

Nana: Én azt javaslom, hogy menjünk végig a Balaton északi partján. Ott van a Tihanyi-félsziget, onnan esetleg átmehetünk a déli partra is. Badacsonyban pedig meglátogathatjuk Balázsékat, aztán menjünk el Keszthelyre is!

Andrea: Tök jó!④ Megvan a nyári programunk!

① akármennyi　どれだけでも
　　疑問詞の前に akár- がつくと「どんな〜も」の意味になる。
　　akármi「何でも」，akárki「誰でも」，akárhol「どこでも」，akármikor「いつでも」，akármilyen「どんなものも」，akárhogy「どういうふうにしても」
　　同じ意味を作る接頭辞に bár- がある。
　　bármi, bárki, bárhol, bármikor, bármilyen, bárhogy など。

② mi van　〜vel　〜はどうしたの？
　　人やものごとの状況をたずねる表現。

③ vmin / vkin kívül　〜以外に（→ 24.3 参照）

④ 「いいね！」の表現
　　tök は tökéletes「完璧な」の略語で，会話でよく使われる。Tök jó!「すっごくいいね。」Tök mindegy.「まったくどうでもいい。」など。
　　他に「いいね！」をあらわす表現には次のようなものがある。
　　Nagyon jó! Nagyszerű! Fantasztikus!
　　（以下はかなりくだけた表現）Szuper! Klassz! Marha jó! Állati! など。

22.1　命令形を使った文：複文

　複文で，hogy に導かれる従属節の内容が①命令，依頼，願望，推奨などをあらわす場合，②許可や禁止をあらわす場合，③目的をあらわす場合，従属節の動詞は命令形を用いる。

① 依頼，願望，推奨，命令などをあらわす複文
　　主節には，kér「頼む」，javasol「提案する」，tanácsol「アドバイスする」，ajánl「勧める」，parancsol「命令する」などの動詞が使われる。主節の動詞は先行詞 azt をともない定活用になる。従属節の動詞は命令形で，接頭辞は分離する。
　　A tanár **azt javasolja, hogy** pályázzunk ösztöndíjra.
　　　先生は奨学金に応募するよう勧めている。
　　Az anyám **azt kérte, hogy** takarítsam ki a szobámat.
　　　母は私に部屋を掃除してと頼んだ。

A gazda **azt ajánlotta, hogy** kóstoljuk meg a házi pálinkát.
　　　主人は自家製のパーリンカを味見するよう私たちに勧めた。

※akar「欲す」や kíván「望む」，vágyik「切望する」（先行詞は arra）の場合，従属節の接頭辞は分離しない。
　　　Nem akarom, hogy a szüleim megtudják ezt.
　　　私は両親にこのことを知られたくない。
　　　Arra vágyik, hogy mihamarabb viszontlássa a barátját.
　　　彼女はなるべく早く恋人に再会したいと切望している。

② 許可・禁止をあらわす複文
　　　Az orvos **megengedte, hogy** igyak egy pohár sört, de **megtiltotta, hogy** dohányozzak.
　　　医者は私にコップ1杯のビールを許可したが，煙草を吸うのは禁止した。

※mond「言う」などの動詞でも，その内容が①や②にあてはまる場合は命令形を使う。
　　　A tanár azt mondta, hogy okosak vagyunk.　先生は僕らが利口だと言った。
　　　A tanár azt mondta, hogy **legyünk** okosak.　先生は僕らに利口になれと言った。

③ 目的をあらわす複文
　先行詞は azért「そのために」を使う。主節では先行詞が強調されるため，その直後に動詞が続き，接頭辞は分離する。従属節中には命令形を用いるが，接頭辞は分離しない。
　　　Azért tanulok, **hogy** okos legyek.　かしこくなるために勉強する。
　　　Azért mentek el a főnökükhöz, **hogy** megbeszéljék vele a problémát.
　　　彼らは問題を話し合うため，上司のところへ行った。

※理由をあらわす複文は，**Azért ～ , mert ～** になる。この場合，従属節の動詞は命令形にならない。
　　　Azért mentek el a főnökükhöz, **mert** meg akarták beszélni vele a problémát.
　　　彼らはその問題を話し合いたかったので，上司のところへ行った。

④ その他の命令形を用いる構文
fontos, hogy ～　～するのは重要だ
Fontos, hogy a fiatalok elmenjenek szavazni.　若者が投票に行くのは重要だ。
szükség van arra, hogy ～　～する必要がある
Szükségem van arra, hogy spóroljak, mert kevés a fizetésem.
　私は給料が少ないので，節約しなければならない。
lehetőség van arra, hogy ～　～する可能性がある
Nálunk a faluban nincs lehetőségünk arra, hogy új üzletet indítsunk.
　私たちの村では新しいビジネスを始める可能性はない。

※この他，**alkalom van arra, hogy ～**　～する機会がある
　　　　　idő van arra, hogy ～　～する時間がある
などがある。

22.2　比較級と最上級

比較級では，形容詞に接尾辞 **-bb** がつく。母音でおわる語には -bb がつくが，さいごの a, e は長母音 á, é になる。a, u, o でおわる語には -abb, i, e や ü, ö でおわる語には -ebb がそれぞれつく。

　　母音でおわる語　　lusta　怠惰な　→　lustább　より怠惰な
　　a, u, o でおわる語　gyors　速い　→　gyorsabb　より速い
　　i, e でおわる語　　kedves　親切な　→　kedvesebb　より親切な

形容詞で -ú, -ű でおわる語のうちいくつかは，-úbb, -űbb でなく -abb, -ebb になる。

　　hosszú　長い　→　hosszabb　　lassú　ゆっくりとした　→　lassabb
　　könnyű　軽い，簡単な　→　könnyebb

※次の単語の比較級は，例外的な形になるので注意しよう。
　　jó　よい　→　jobb　　　　　　szép　美しい　→　szebb
　　nagy　大きな　→　nagyobb　　kicsi　小さな　→　kisebb [kissebb]
　　sok　多い　→　több　　　　　kevés　少ない　→　kevesebb
　　bátor　勇敢な　→　bátrabb　　nehéz　重い，難しい　→　nehezebb

bő　豊かな　→　bővebb

最上級は，比較級の形に接頭辞 **leg-** をつける。
　jó　よい　→　jobb　よりよい　→　legjobb　一番よい
　sok　多い　→　több　より多い　→　legtöbb　一番多い

比較級・最上級の副詞形は，-bb のうしろにそれぞれの語がとる副詞の接尾辞（-an, -en または -ul, -ül）をつける。
　szép（形）　→　szépen（副）　szebb　→　szebb**en**　→　legszebb**en**
　rossz（形）　→　rossz**ul**（副）　rosszabb　→　rosszabb**ul**　→　legrosszabb**ul**
※ただし，jól は例外で，jól　→　jobban　→　legjobban になる。

22.3　比較級と最上級の文

「A は B より～である」という比較の文では，① **mint** を使う場合と，②接尾辞 **-nál, -nél** を使う場合がある。どちらも意味の差はない。
　Judit **magasabb, mint** Anita. = Judit **magasabb** Anitá**nál**.
　　ユディットはアニタより背が高い。
　Peti **jobban** tud futballozni, **mint** Karcsi.
　　= Peti **jobban** tud futballozni Karcsi**nál**.
　　ペティはカルチよりサッカーが上手い。

「～のうちで一番」という場合，後置詞 közül を用いる。
　Peti játszik a legjobban **a fiúk közül**.　ペティが少年らの中で一番上手だ。

比較の文で，両者の間の差をあらわす語には，接尾辞 **-val, -vel** がつく。
　Judit **két évvel** idősebb, mint Anita.　ユディットはアニタより2つ年上だ。
　Peti **sokkal** jobban játszik, mint Karcsi.
　　ペティのほうがカルチよりずっと上手だ。

「～すればするほど～」の表現には，minél -bb, annál -bb を用いる。
　Minél hamarabb, annál jobb.　早ければ早いほどよい。
　Minél gyorsabban eszel, **annál kövérebb** leszel!
　　　　　　　　　　　　　　　早食いをすればするほど，太るよ。

美しいカロタセグ地方の民族衣装（トランシルヴァニア）

花嫁のための刺繍がいっぱいの部屋

練習問題

1. 文を書き変えましょう。

    例)「Pihenj egy kicsit!」(a tanár, nekem)
    ⇒ A tanár azt mondta nekem, hogy pihenjek egy kicsit.
    「Vidd el ezt a csomagot Józsi bácsihoz!」(az anyám, nekem) ⇒
    「Mosd meg a fogad, és menj aludni!」(Kati, a lányának) ⇒
    「Ne egyen túl sokat, és mozogjon egy kicsit!」(az orvos, neked) ⇒
    「Ha valamit nem értetek, mindig kérdezzetek!」(a tanár, nekünk) ⇒

2. 次の文を azért ～ , hogy ～ の目的をあらわす構文で書き変えましょう。

    Magyarországra megyünk. / Jól megtanulunk magyarul. ⇒
    János vett egy fagyit a lányának. / Nem sír. ⇒
    Flóráék hazamennek. / Megünnepelik a karácsonyt a családjukkal. ⇒
    Megmagyarázom ezt neked. / Nem érted félre a dolgot. ⇒
    A diákok minden ennivalót magukkal vittek. / Nem kerül sokba az utazás. ⇒

3. 比較級または最上級にしましょう。形容詞か副詞かにも注意しましょう。

    kicsi: A gyerekek közül Peti a _____.
    idős: István hat évvel _____, mint Mónika.
    drága: Mennyivel _____ ez az autó, mint a másik?
    lassú: A személyvonat _____ megy, mint a gyorsvonat.
    szép: A város a háború után sokkal _____ lett.
    sokat: Pekka tanul a _____ az osztályban.
    jól: _____ tudok magyarul, mint angolul.
    rosszul: Sajnos ma _____ vagyok, mint tegnap.

4. 作文をしましょう。

    私は航空券の支払いをするために、ここへ来ました。
    私はもっと安く野菜を買うために市場へ行きます。
    ロバートは友人たちに、車を借りることを提案しました。
    ペッカはアンディにポガーチャをたくさん焼いてと頼みました。
    ナナはアンディの手伝いをするために、早めに彼女の家に行きます。
    留学生たちは、たくさん泳ぐためにバラトン湖に行きます。

コラム21　ハンガリー人のバカンスの過ごし方

　夏になると、「どこに行こう」「何をしよう」と胸をわくわくさせるのは、いずこも同じです。しかし、私たち日本人は、短いお盆休暇を乗車率200％の新幹線に揺られて大急ぎの帰省をし、戻ってきたら、かえって疲労を溜めてしまった...なんていうこともよくありますね。日本では「仕事がたまって」または「上司や同僚に遠慮して」有給を完全消化する率は国際比較でも最低ですが、ヨーロッパでは夏期休暇が長く、また有給休暇の消化率が非常に高いことでも知られています。

　ハンガリーでも、多くの人は夏になると3週間、長ければ1カ月の休みをとります。行き先はバラトン湖や外国では比較的近いアドリア海などが人気です。日がな一日水着でのんびり過ごし、家族や友人と食事をしておしゃべりする、というのが何よりの楽しみです。お金を使わない楽しみ方は、今のように物資の豊かでなかった社会主義時代からほとんど変わっていません。

　子どもたちの学校や幼稚園の夏休みは大人以上に長く、6月後半に早々に終業し、まる2カ月もあります。猛暑の中、40日しか休めない日本の生徒たちから見ると、羨ましい限りですが、親にとっては悩みもあります。市場経済化により、近年はハンガリーでも外国企業で働く人などは1週間しか休暇がとれない場合も多く、学校が休みに入ると、子どもたちをどうするかで親は頭をひねることになります。そこで登場するのが、「ターボル」と呼ばれるキャンプ。7月から8月にかけてハンガリー全国でさまざまな「ターボル」が企画され、月曜日から金曜日までの4泊5日で子どもたちは泊まりがけで参加します。内容は、ハイキングなど野外活動、ダンスやカヌー、乗馬や民族楽器を習ったり、英語やドイツ語会話を集中的に学べる、など、ありとあらゆるものから選べます。子どもたちにとってはイベント盛りだくさんで刺激的な夏休みですが、1つの「ターボル」の参加費は宿泊や食事が込みで数万フォリント、親にとってはこれもまた痛い出費でもあるようです。

（岡本真理）

23　運転する人は飲んではだめ
Aki vezet, az nem ihat

Huong múlt héten családostul hazautazott Vietnamba, és ott tölti a nyarat.① A többiek viszont Magyarországon maradnak, és most indulnak a Balatonra.

Pekka: Már olyan éhes vagyok! Hol van az a rengeteg szendvics, amit hoztunk?

Andrea: Abban a nagy táskában van, amelyiket a csomagtartóba tettük. De ne legyél olyan türelmetlen! Mindjárt megállunk valahol és eszünk.

Nana: Az ásványvíz viszont ebben a szatyorban van. Egyelőre igyál ebből, Pekka!

Pekka: Hát ettől nem lakom jól, sajnos...

Robert: Fiúk! Mindjárt ott leszünk Tihanyban! Csak attól félek, hogy nagy dugó lesz Badacsony felé.

Nana: Balázs barátom csak estére vár minket Badacsonyban. Addig bőven van időnk. Keressünk itt valahol egy kávézót!

Robert: Abba a csárdába menjünk, amelyiknek nádteteje van.

Pekka: Jól néz ki!② De aki vezet, az nem ihat. Be kell tartani a törvényt.

Robert: Végül is én fogok egyedül végig vezetni? Hát erre nem számítottam.

Andrea: De hát mit csináljunk? Ugyanis kiderült, hogy nekünk van jogosítványunk, de nincs tapasztalatunk, te pedig nagyon jó sofőr vagy.

Nana: Nyugi!③ Majd ha este megérkeztünk Balázsékhoz, kapsz jutalomképpen egy pohár szürkebarátot, Robert.④

① 「～と一緒に」をあらわす接尾辞　-stul, -stül, -ostul, -estül, -östül
　「～ごと全部一緒に」という意味になる。
　　családostul「家族みんなで」，csoportostul「グループみんなで」，
　　gyerekestül「子どもも一緒に」

② 「～のように見える，思える」の表現
　　動詞 kinéz「見える」を使う場合，"どう見えるか"の部分が強調されるため，接頭辞 ki- は分離する。
　　Úgy néz ki, hogy kint esik az eső.　外は雨が降っているようだ。
　　Jól néz ki.　　　　　　　　　　　　よさそうだ。
　　名詞や形容詞には与格の接尾辞 -nak, -nek をつけて，vminek néz ki であらわす。
　　Finomnak néz ki.　おいしそうに見える。

③ Nyugi!「安心して！」は，Nyugodj meg!（megnyugszik「安心する」）の会話表現。

④ 「～として」をあらわす接尾辞　-képpen
　　名詞について，「～として」を意味する。母音調和はしない。
　　ajándékképpen「プレゼントとして」，desszertképpen「デザートとして」
　　その他の表現に次のようなものがある。
　　mindenképpen「とにかく」，másképpen「ほかのやり方で」，
　　semmiképpen「絶対に／どうしても～でない」

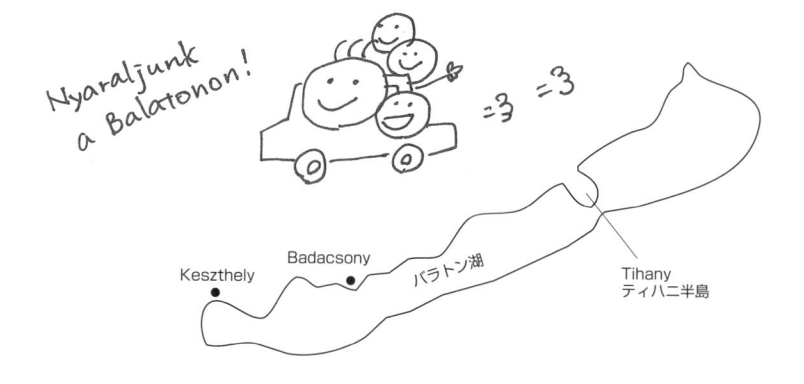

23.1　指示代名詞 ez, az の変化形

指示代名詞 ez, az のついた名詞類にさまざま接尾辞がつく場合，指示代名詞にも同じ接尾辞がつく。

  ez az asztal + -on　→　ez**en** az asztal**on**　　この机の上に
  az a szék + -en　→　az**on** a szék**en**　　あの椅子の上に

その他の接尾辞がつくと，指示代名詞の末尾の -z が接尾辞に同化して，以下のように変化する。

	ez	az
-ban, -ben	ebben	abban
-ba, -be	ebbe	abba
-ból, -ből	ebből	abból
-n, -on, -en, -ön	ezen	azon
-ra, -re	erre	arra
-ról, -ről	erről	arról

	ez	az
-nál, -nél	ennél	annál
-hoz, -hez, -höz	ehhez	ahhoz
-tól, -től	ettől	attól
-nak, -nek	ennek	annak
-val, -vel	ezzel	azzal
-ig	eddig	addig
-kor	ekkor	akkor

  Ebben az épületben irodák vannak.　このビルにはオフィスが入っている。
  Olvastam egy regényt **erről a várról**.　この城について小説を読んだ。

名詞が複数形の場合は，複数接尾辞 -k の後に格接尾辞がつく。
  ez a táska → ezek a táskák + -ban → ezek**ben** a táskák**ban**
   これらのカバンの中に
  az az orvos → azok az orvosok + -hoz → azok**hoz** az orvosok**hoz**
   あの医者たちのところへ

23.2　関係代名詞 aki, ami, amely, amelyik

先行詞が人の場合は，関係代名詞 **aki** が，ものの場合は **ami, amely, amelyik** のいずれかが用いられる。一般に，会話では ami を使うことが多い。書きことばで

は，ふつう amely を，前述したことがら全体をさす場合は ami を使う。いくつかあるうちのどれかをさす場合は amelyik が用いられる。また，先行詞（文中の下線部分）には多くの場合，指示代名詞 az がつく。

   Az a fiú, **aki** ott a tanárral beszél, Rita bátyja.
     あそこで先生と話しているのは，リタの兄さんだ。
   Az a cipő, **amelyik** az ajtónál van, Zolié.　ドアのそばにある靴はゾリのだ。

※関係代名詞の複数形はそれぞれ次のようになる。

aki	→	akik
ami	→	amik
amely	→	amelyek
amelyik	→	amelyek

　関係代名詞は他の名詞類と同様，文中の文法的役割にしたがってさまざまな接尾辞をとる。接尾辞はすべて前舌母音になることに注意しよう（例：aminek, akivel, amire, akihez）。また，先行詞につく指示代名詞 az は，先行詞につく接尾辞にしたがって変化する。

   Ismered azt a lányt, **akiről** a diákok beszélnek?
     学生たちがうわさをしている少女を知っていますか？
   Telefonáltam annak a fiúnak, **akitől** virágot kaptam.
     花をもらった男の子に電話をした。
   Nem szeretem azokat a gyümölcsöket, **amelyekben** mag van.
     種の入ったくだものは好きじゃない。

　関係代名詞が従属節中の目的語である場合，従属節の動詞は不定活用になる。ただし，**amelyiket** の場合のみ定活用になる。

   Az a színész, **akit** a repülőtéren **láttál**, nagyon híres.（**不定活用**）
     君が空港で見た俳優はとても有名だ。
   Itt van az a CD（cédé）, **amelyiket kölcsönkérted**.（**定活用**）
     はい，君が借りようとしていた CD だよ。

　関係代名詞が先行詞より先に出たり，先行詞をもたない表現もある。
   Aki vezet, az nem ihat.　運転をする人は飲めません。
   Vannak, **akik** nem reggeliznek.　朝ごはんを食べない人もいます。

練習問題

1. 形を変えて文に入れましょう。
   - ez a lány: Szeretnék beszélni _____.
   - az a fiú: Anna ajándékot adott _____.
   - ez az orvos: Kérdezd meg _____!
   - az az asztal: A szótár _____ van.
   - ez a vonat: _____ szállunk fel?
   - az a ház: Szabóék _____ laknak.
   - ez az étterem: _____ megyünk be?
   - az a város: Az ismerőseim már elköltöztek _____.

2. 2つの文を関係詞でつなぎましょう。
   例) Kati a fiúnak telefonált. A fiú tegnap a buliban volt.
   　　⇒ Kati annak a fiúnak telefonált, aki tegnap a buliban volt.
   A tanár felhívta a diákot. A diák már sokszor hiányzott az óráról. ⇒
   Ritának nagyon tetszik a táska. A táskát az üzlet kirakatában látta. ⇒
   Megkérdeztük a rendőrtől. A rendőr a sarokban állt. ⇒
   Anna pénzt küldött a testvérének. A testvérének régóta nincs munkája. ⇒
   A lányokkal találkoztunk. A lányokkal a Balatonon ismerkedtünk meg. ⇒
   A könyv a legendáról szól. A legenda szerint ebben a városban rómaiak laktak.
   　　⇒

3. 作文をしましょう。
   私は先週，君が話していた映画を見たよ。

   ショーウィンドーで見た靴を履いてみたいのですが。

   たっぷり時間のある観光客たちは，田舎にも行く。

   試験に合格した人たちは，パーティーに行ってもかまいません。

   彼らはブダペストでレンタルした車でバラトン湖に行く。

   アンディは家で作ったサンドイッチを車のトランクに入れた。

コラム22 ハンガリーのワインにまつわるエピソード

　ハンガリーには20を超えるワインの産地があり，赤，白のいずれも，さまざまな銘柄のものが生産されています。産地は主に，バラトン湖周辺や，セクサールド Szekszárd，ヴィッラーニ Villány など，南西部に集中しています。一方，世界的に知られるハンガリーの二大ワインは tokaji aszú と egri bikavér で，これらの産地であるトカイ Tokaj とエゲル Eger はいずれもハンガリーの北東部に位置します。

　まず，tokaji aszú は世界三大貴腐ワインの一つに数えられるもので，「王様のワイン，ワインの王様（Királyok bora, a borok királya）」として世界中でその名が知られています。18世紀初頭にロシアのピョートルⅠ世に贈られたことに始まり，ヨーロッパ中の王侯貴族に愛され，そのように呼ばれるようになったという逸話が残っています。普通の白ワインとは異なり，とろっとした舌触りで，甘く芳醇な風味の貴腐ワイン。そのベースとなるブドウは，枝付きのまま干しブドウの状態になるまで収穫せず，カビを付着させることによってブドウの実を変質させます。これが「貴腐ブドウ」です。その貴腐ブドウを普通の白ワインに混ぜて熟成させて作られるのですが，一つの樽に何杯分の桶（puttony）の貴腐ブドウが使われているのか，というのが，ボトルのラベルに記してある3〜6の数字の意味です。数字が大きい物ほど多くの貴腐ブドウが用いられており，より濃厚な味がします。

　次いで有名なワインは「雄牛の血」の名を冠した，エゲル地方で作られる赤ワインです。その名は16世紀，オスマン・トルコとの戦いで，トルコ兵士たちが，このワインを飲むハンガリー兵士たちを見て，雄牛の血を飲んでいると勘違いをし，恐れをなした，というエピソードに由来します。実際には，赤ワインの中ではさほど濃厚な物ではなく，ハンガリー国内ではワイン自体に対する評価も格別ではありません。エピソード勝ち，といったところでしょうか。　　（江口清子）

24 モルナール先生への手紙
Levél Molnár tanárnőnek

Kedves Viki! ①

Hogy vagy? Hogy telnek a napjaid?

Én szerencsére jól vagyok és nagyon jól éreztem magam a nyári szünet alatt. Tudod, hogy a Balatonon voltunk. Minden érdekes volt számunkra, amit láttunk. Annak ellenére, hogy végig nagyon meleg volt, nem volt olyan párás a levegő, mint nálunk Japánban. Nappal sokat fürödtünk és kirándultunk. Este pedig mindig volt valamilyen rendezvény, pl. jazzkoncert meg borfesztivál, ahova Balázs is eljött a kedvünkért. Képzeld egyszer Pekka nagyon berúgott, és azt mondta Andinak, hogy nélküle olyan sötét a világ, és hogy rajta kívül senki sem érdekli, és megkérte a kezét! ② Andi pedig felpofozta. Szerinte nem szép így berúgni. De valójában nem tűnt igazán mérgesnek. Ezt csak neked mondom. Pekka pedig másnapos lett, és már nem emlékezett, mit is csinált aznap este.

Balázs olyan kedves volt, hogy elkísért minket Keszthelyig. Azt mondta, hogy legközelebb kettesben szeretne nyaralni velem! Nagyon meglepődtem, és hirtelen nem tudtam, mit mondjak neki.

Remélem, te is jól érezted magad a családodnál. Mikor jössz vissza Pestre? Addig is minden jót! Üdvözlöm a szüleidet és a testvéreidet!

Üdv:
Nana

①手紙の書き方
　　親しい相手に書く場合，名前には Kedves または Drága をつける。
　　Kedves János! Drága Mari!
　　あらたまった相手に対しては Tisztelt がもっともよく使われる。
　　Tisztelt szülők!　保護者の皆さま
　　手紙の末尾には，自分の名前の前に，あいさつとして，Szeretettel, Üdv, Puszi, Sok puszi（親しい相手に），Tisztelettel, Üdvözlettel（あらたまった相手に）などを添える。

②プロポーズや結婚にかんする表現
　　udvarol vkinek　　　　　　求愛する（男性が女性に）
　　megkéri a kezét（vkinek）　プロポーズする（男性が女性に）
　　feleségül vesz vkit　　　　　～と結婚する（男性）
　　férjhez megy（vkihez）　　 ～のところへ嫁に行く（女性）
　　megházasodik　　　　　　 結婚する（男女とも）

24.1　後置詞の人称形

　後置詞は名詞の後ろにつけて「～の横に」などをあらわすが，人称接尾辞をつけることによって，「私の横に」「君の横に」という意味をあらわす。場所をあらわす後置詞の人称形は以下のようになる。

	alatt ～の下に	fölött ～の上に	előtt ～の前に	mögött ～の後ろに	mellett ～の横に	között ～のあいだに
én	alatt**am**	fölött**em**	előtt**em**	mögött**em**	mellett**em**	
te	alatt**ad**	fölött**ed**	előtt**ed**	mögött**ed**	mellett**ed**	
ő	alatt**a**	fölött**e**	előtt**e**	mögött**e**	mellett**e**	
mi	alatt**unk**	fölött**ünk**	előtt**ünk**	mögött**ünk**	mellett**ünk**	között**ünk**
ti	alatt**atok**	fölött**etek**	előtt**etek**	mögött**etek**	mellett**etek**	között**etek**
ők	alatt**uk**	fölött**ük**	előtt**ük**	mögött**ük**	mellett**ük**	között**ük**

　Mögöttünk jött valaki.　私たちの後ろから誰かが来た。
　Mindig **melletted** vagyok.　いつも君の横にいるよ／君の味方だよ。

また，これらの後置詞には，それぞれ2方向の移動をあらわす後置詞が対応する。

そこに静止している場合	alatt	fölött	előtt	mögött	mellett	között
そこへ向かっていく場合（〜へ）	alá	fölé	elé	mögé	mellé	közé
そこから離れていく場合（〜から）	alól	fölül	elől	mögül	mellől	közül

A cica az ágy **alá** bújt.　子猫はベッドの下へもぐり込んだ。
Az elsőévesek **közül** néhányan részt vettek a kiránduláson.
　1年生のうち何人かが遠足に参加した。

これらすべての後置詞に人称接尾辞をつけることができる。
　　Ülj le **mellém**!　　私の横にお座り。
　　Ki lett az első a futásban **közületek**?
　　　君たちのうち，走りで一番になったのは誰？

24.2　指示代名詞とともに後置詞を用いる場合

「この木の下で」「あの建物の後ろで」など，指示代名詞 ez, az とともに後置詞を用いる場合，指示代名詞と名詞の両方に後置詞がつく。
　　ez a fa　　　この木　→　**ez alatt a fa alatt**　　この木の下で
　　az az autó　あの車　→　**az előtt az autó előtt**　　あの車の前で

指示代名詞に子音ではじまる後置詞がつく場合，ez, az の子音 z が脱落し，e, a になる。
　　ez a ház　　　この家　→　**e mellett a ház mellett**　　この家の隣に
　　az az épület　あの建物　→　**a mögött az épület mögött**　　あの建物の後ろで

24.3　さまざまな後置詞

ここでは場所以外のさまざまな意味をもつ後置詞を学ぶ。

```
után　〜のあとに，szerint　〜によると，miatt　〜のせいで，
nélkül　〜なしで，helyett　〜の代りに，ellen　〜に反対して　など
```

Időjárás-jelentés **szerint** holnap eső lesz.　天気予報によると，明日は雨だ。
Baleset **miatt** késett a busz.　事故のせいでバスが遅れた。

上記の後置詞にも人称接尾辞がついて，「私の〜」「君の〜」と表現することができる。

Szerintem ez túl drága.　これは高すぎると思う。
Gyere **utánam**!　私についておいで。
Miattad késtünk el az óráról.　君のせいで授業に遅れたんだよ。

また，次の後置詞がつく場合，先行する名詞類にはそれぞれ決まった接尾辞がつく。

> vmivel szemben　〜に対して，〜の向かいに，vmivel együtt　〜と一緒に
> vmin kívül　〜以外，vmin belül　〜以内，vmin át / vmin keresztül　〜を通って，vminek ellenére　〜に反して，vmitől kezdve　〜に始まって　など

A bolt a kórház**zal szemben** van.　その店は病院の向かいにある。
Egy héten belül megcsinálta a feladatot.　一週間以内に課題をやりとげた。

代名詞をともなう時は，接尾辞の人称形を使う。
Veletek együtt megyek.　君たちと一緒に行くよ。
Rajta kívül senki nem jött.　彼以外誰も来なかった。

先行詞 az に接尾辞をつけ，hogy を使った複文で表現することもできる。
Annak ellenére, hogy nem tanult sokat, átment a vizsgán.
　あまり勉強しなかったのに，試験に合格した。
Attól kezdve, hogy Akutagawa-díjat nyert, minden műve nagyon sikeres.
　芥川賞の受賞に始まって，彼の作品すべてが大成功だ。

以下の後置詞は，所有人称接尾辞を含み，人称によって変化する。

> vki számára　〜にとって，vki részére　〜のために　など

Ez nagy segítség **számomra**.　私にとってはこれは大きな助けだ。

Kérem, küldje el **részünkre** az önéletrajzát! 　当社へ履歴書をお送り下さい。

美しいバラトン湖の夕暮れ

練 習 問 題

1. 後置詞を入れましょう。

    én: Ülj le ＿＿＿＿＿＿！（の横に）
    ＿＿＿＿＿＿＿＿＿＿＿＿＿（によると）ez nem túl jó.
    te: Ki ül ＿＿＿＿＿＿ az osztályban?（の前に）
    ＿＿＿＿＿＿＿＿＿＿＿＿ ki jön még?（以外に）
    ő: ＿＿＿＿＿＿＿＿ nem tudtuk elérni a vonatot.（のせいで）
    ＿＿＿＿＿＿＿＿ nehéz ezt megcsinálni.（なしで）
    mi: ＿＿＿＿＿＿＿＿ nincs semmi titok.（の間に）
    ＿＿＿＿＿＿＿＿ Kati a legfiatalabb.（の間で）
    ti: Csak menjetek tovább! Jövünk ＿＿＿＿＿＿＿.（の後ろに）
    Ki jön segíteni ＿＿＿＿＿＿＿＿?（のかわりに）
    ők: Mi ＿＿＿＿＿＿＿＿＿＿＿＿ ültünk.（に向かい合って）
    ＿＿＿＿＿＿＿＿ ez unalmas munka.（にとって）

2. 本文の内容について答えましょう。

    Kinek ír levelet Nana? Miről?
    Milyen az időjárás nyáron Magyarországon?
    Hol voltak és mit csináltak Nanáék a nyári szünet alatt?
    Milyen rendezvények vannak nyáron a Balatonon?
    Szerinted ki kibe szerelmes?
    Mit szeretnél csinálni, ha lemész a Balatonra?

3. 作文をしましょう。

    この大きな木の下でまた会いましょう。
    警官たちは，あの家の前に立っていた。
    君たちの間では何が問題なの？
    ずっといい天気だったにもかかわらず，あまり暑くなかった。
    お祭りには，私たち以外にたくさんの外国人観光客がいた。
    ペッカはすごく酔っ払ったので，彼の代りに私たちが支払いをした。

コラム23

翻訳家を応援！

　ハンガリー文学は日本ではあまり知られてはいませんが，大変興味深く，おもしろい作品がたくさんあります。そして，そんな作品と世界の読者を結ぶ翻訳家たちを，ハンガリーは応援してくれています。

　ブダペストのバラッシ語学学校（Balassi Intézet）には翻訳コースという専門のコースがあり，世界中から集まった翻訳家を志す学生たちをハンガリー政府の奨学生として受け入れています。20世紀以降の作品を中心に，翻訳実習の授業のほか，小説，演劇の脚本，詩の講義がそれぞれ行われます。毎週ことなる作家の作品を読み，発表したり，議論したりします。読む量が膨大で，ハードなコースではありますが，一年後には確実に自分の力となっているのです。学生たちの共通語はハンガリー語，授業もハンガリー語ですが，翻訳するのは学生それぞれの母語になりますので，学生一人一人を母語話者の翻訳家が指導してくれます。母語は違えど，学生同士で翻訳の問題点や解決方法を話し合うことも貴重な機会となります。

　バラトン湖岸の町，バラトンフュレドには「翻訳家の家」という施設があります。さまざまな国からやって来るハンガリー文学の翻訳家に数日〜数週間，集中して翻訳活動に取り組む空間を提供してくれます。1880年代に建てられ，「リプタークの家」と呼ばれていたこの雰囲気のある二階建ての一軒家は，1940年代末から約40年間，文学サロンが開かれていたという，まさに翻訳家の家にふさわしい家なのです。各国の翻訳家が企画する翻訳セミナーの会場にもなっており，2012年には第一回日本語翻訳セミナーも開かれました。一人一部屋，それぞれにバス・トイレ付，充実した図書コーナーもあります。静かで，何にも邪魔されることなく，作品と向き合えるのです。

　日本ではなじみのないハンガリー文学ですが，ハンガリーでは世界中にその面白さを伝えようと，翻訳家応援体制がしかれているのです。
　　　　　　　　（簗瀬さやか）

リプターク記念室
翻訳家が滞在する部屋でもあるのが驚きだ

ケストヘイのフェシュテティチ宮殿

啓蒙貴族フェシュテティチの図書館

25. 秋学期がはじまる
Kezdődik az őszi szemeszter

Ősz van, és mindenki újra tanul az egyetemen. Nanáék most már haladó csoportban tanulnak. A csoport ugyanaz maradt, mint az előző szemeszterben, és a tanáruk is ugyanaz, azaz Molnár Viki. A diákok boldogok, hogy továbbra is együtt tanulhatnak.

Andi és Pekka hamarabb szokott bejönni az órára, mert Andinak nehezen megy a nyelvtan, és Pekka segíteni szokott neki. Persze már tudjuk, hogy nem csak emiatt töltenek több időt együtt. Huong is újra itt van. De ő nagyon elfoglalt, mert a férjének nagyon jól megy az étterme, és jövőre egy újabb éttermet fognak nyitni Pesten.

Nana most már nemcsak nyelvórákra jár, hanem történelmi előadásokra is. Érdeklődik a magyar történelem iránt. Azon gondolkozik, hogy Erdély történelméről fogja írni a szakdolgozatát. Mivel Robertet is érdekli a történelem, együtt szokták hallgatni az előadásokat.

Nana: Nem könnyű magyarul hallgatni egy előadást. Annyi szakszó és kifejezés. Alapismeret is kell a történelemről.

Robert: Valóban szorgalmas vagy. Tulajdonképpen nem is vagy magyar származású. Hogy jutott eszedbe, hogy magyarul tanulj?

Nana: Mindig az angol volt a kedvenc tantárgyam. Elhatároztam, hogy az egyetemen egy újabb idegen nyelvet fogok tanulni. De az az igazság, hogy a magyar szakra teljesen véletlenül kerültem.[1]

① Az az igazság, hogy...　本当のことをいうと

25.1　未来をあらわす fog

現在形でも未来に起こることをあらわすことができるが、動詞 fog に不定形を組み合わせて未来のことをいうこともできる。動詞 fog が人称変化する。

  Holnap gulyást főzünk.　→　Holnap gulyást **fogunk főzni**.
            明日グヤーシュを作ります。
  Itt várlak.　→　Itt **foglak várni**.　ここで（君を）待つよ。

※ fog を使った文における語順は、akar, tud, kell などの場合と同じようになる。動詞接頭辞のある文では、基本の語順では、接頭辞と動詞のあいだに fog が入る。

  Hétvégén el fogom olvasni ezt a könyvet.　週末にこの本を読み終えます。

否定詞、疑問詞、強調要素がある文では、それぞれの要素の直後に fog が続く。接頭辞は動詞の前に戻る。

  Hétvégén **nem** fogom elolvasni ezt a könyvet.　週末はこの本を読み終えない。
  Mikor fogod elolvasni ezt a könyvet?　いつこの本を読んでしまうの？
  Hétvégén fogom elolvasni ezt a könyvet.
   週末にこの本を読み終えます。（下線部を強調）

25.2　動詞 van の未来形 lesz

人称変化は次のようになる。

	単数		複数	
1人称	én	leszek	mi	leszünk
2人称	te	leszel	ti	lesztek
3人称	ő	lesz	ők	lesznek
敬称	ön, maga	lesz	önök, maguk	lesznek

Holnap reggel nyolckor már kint **leszek** a reptéren.
明日の朝8時には空港に行っています。
Ma **nincs** hideg. → Holnap **nem lesz** hideg. 明日は寒くならないだろう。

25.3 習慣をあらわす szokott -ni

「いつも～する」という習慣をあらわすには，動詞 szokik「慣れる」の過去形 **szokott** に不定形を組みあわせて表現する。主語にあわせて **szokott** は人称変化し，また目的語の種類によって不定または定活用になる。

Mit **szoktál** enni reggelire? 朝ごはんにいつも何を食べますか。
Ezt a fajta kávét **szoktad** venni? 普段この種類のコーヒーを買っているの？

接頭辞のある動詞とともに用いる時，語順は kell, fog などと同様のルールに従う。

Este <u>fel szoktam hívni</u> az anyámat, aki egyedül lakik vidéken. [基本の語順]
晩にいつも田舎で一人暮らしの母に電話している。
Vasárnap **<u>csak délben</u>** szoktunk felkelni. [強調文]（太字部分が強調）
日曜日はいつも昼にようやく起きます。

25.4 その他の接尾辞

母音調和しない接尾辞　-ig, -ék, -ért, -ként
母音 a, e でおわる語につくと長母音 á, é になるが，-ként のみ長母音化しない。
-ig　～まで　　Mindennap este tíz**ig** dolgozom. 毎日夜10時まで働いている。
-ék　～たち　　Bartá**ék** a szomszédunkban laknak.
　　　　　　　　バルター家はお隣に住んでいる。
※-ék がつくと複数になる。家族に限らず，語が指す人を含む複数の人をさす。
　　Laci**ék**　ラツィたち　　a barátom**ék**　私の友人たち
-ért　～のために　　A béké**ért** harcoltak. 彼らは平和のために戦った。
-ként　～として　　Az apám sokáig dolgozott a gyermekkórház orvosa**ként**.
　　　　　　　　　　父は子ども病院の医者として長年働いた。

母音調和する接尾辞　-nként, -nta/-nte

-nként　〜毎に　　　Innen **óránként** indul a busz az állomásra.
　　　　　　　　　　ここから駅へは毎時間バスが出る。

percenként　毎分，egyenként　１つ・ひとりずつ

-nta/-nte　〜毎に

Naponta találkozom vele.　彼には毎日会う。
hetente　毎週，havonta　毎月，évente　毎年

練習問題

1．未来形にしましょう。

  Autót bérelünk. ⇒

  Reggeli előtt elolvasom az újságot. ⇒

  Kit hívsz meg a születésnapodra? ⇒

  Ötkor jövünk vissza az irodába. ⇒

  Szép idő van. Jó kicsit sétálni a parkban. ⇒

  Elkísérlek az állomásra. ⇒

2．次の文を szokott を使って「ふだん〜する」に変えましょう。

  Hol vacsorázol? ⇒

  Este felhívjátok a nagymamátokat? ⇒

  Kivel mész bevásárolni? ⇒

  Önök a munka után úsznak? ⇒

  Péter péntek este utazik haza Szegedre. ⇒

  Itt nincs friss kenyér. ⇒

3．本文の内容について答えましょう。

  Kik vannak a csoportban ebben a szemeszterben és ki a tanáruk?

  Miért jön hamar a tanterembe Andi és Pekka?

  Mi érdekli Nanát?

  Mi a nehéz Nanának, amikor magyarul hallgat előadást?

  Te mit szeretnél tanulni, ha Magyarországra mész? Mi érdekel?

4．作文をしましょう。

  明日いい天気になれば、遠出するつもりだ。

  君は大きくなったら何になるの？

  私たちはいつもデザートとしてくだものを食べる。

  日本では６月に普通たくさん雨が降る。

  アンディはポガーチャだけでなく、パラチンタもよく焼く。

  ナナたちは、いつもハンガリー語で歴史の講義を聴く。

コラム24 フォークロアの宝庫，カロタセグ地方

　カロタセグ地方は，19世紀末にフォークアートの研究で一躍注目を集めた。ジャルマティ婦人は，「カロタセグの偉大な夫人」と讃えられる人物で，国内外のさまざまな博覧会を主催し，カロタセグの手芸を有名にした。その後も彼女の意思をうけついだ女性たちがいたが，シンコー・カタリンもそのひとりである。イーラーショシュという刺繍の収集をはじめ，80年には大きな図案集を刊行した。

　「イール」，つまり描くことが語源となっているこの刺繍は，図案を描く作業が大切となる。今でも，村ではイーラーショシュの刺しゅうの図案を描き，刺繍をして暮らしている人々がいる。一本の線だけで図案が描かれていることに対して，彼女はこう言う。「それが肝心なのよ。一本線であることで，作り手に自由が与えられる。それが，作り手の創作性を生むのだから。手芸は，工業生産じゃない。その自由がなかったら，それはもはや農村手芸ではないわ。」彼女がこれまで向かい合ってきた，農村の手芸が何であるのかが重みとともに伝わってくる。「村の牧師がこう話したわ。『あなたたちは，自分たちが衣装を保存しているから伝統を守っていると思っているだろうが，実は衣装があなたたちを守っているのだ。』ってね。」村では大切に衣装や手芸品が守られているが，一部の人はすでに手放してしまっている。そして一度なくした遺産は，もう帰ってはこない。この村のルーマニア人も20世紀の半ばごろに，ハンガリー人の衣装や手芸を取り入れるようになったそうだ。村のあるルーマニア人のおばあさんが，見事なイーラーショシュの枕カバーが積み上げられた飾りベッドを見せてくれたことがあった。

　一つの文化の担い手が，必ずしもひとつの民族というわけではない。彼らがルーマニア語を話し，時にハンガリー語をも話すように，いくつもの文化を同時に持つことだってできる。その混ざり合いこそが，何百年もかかってトランシルヴァニアの文化を美しく独自のものにしてきたのに違いない。（谷崎聖子）

26 最後がどうなるのか楽しみだわ

Kíváncsi vagyok, hogy mi lesz a vége

Európában gyorsan elmegy az ősz. Egyre rövidebbek lesznek a napok, és egyre hamarabb sötétedik be. Gyakran ronda az idő. Sokat esik az eső. Az emberek vastag kabátban sietnek az utcán. Hosszúak az esték, de ez nem mindig rossz, ugyanis a város tele van koncertekkel, opera- és színházi előadásokkal. Egy szombat estére Balázs két színházjegyet vett, és meghívta Nanát. Az Operettszínház előtt találkoznak. Belépnek, leveszik a kabátjukat és beteszik a ruhatárba.

Balázs: Új frizurád van? De klassz! Nagyon csinos vagy, Nana.
Nana: Ó, köszönöm. Neked is nagyon jól áll ez a nyakkendő. ①
Balázs: Ha tudtam volna, hogy ilyen bájos lány mellett leszek, csokornyakkendőt és szmokingot vettem volna fel.
Nana: Ugyan már! Mondd meg inkább, mi a mai műsor!
Balázs: Jó. Tehát ez a Csárdáskirálynő, egy világhírű operett. Tele van vidám, szórakoztató zenével és tánccal. Te is élvezni fogod.
Nana: Elmondanád röviden a történetét? Miről szól? ②
Balázs: Arról szól, hogy egy énekesnő és egy herceg beleesik egymásba. De a herceg szülei akadályozzák a házasságukat.
Nana: Ha nem lenne nagy különbség közöttük, akkor könnyebb lenne.
Balázs: Bizony. De az ember mindent megtesz a szerelemért. Ha én lennék a helyében, én is így tennék. ③
Nana: Romantikus vagy. Kíváncsi vagyok, hogy mi lesz a vége!

① jól áll vkinek　似合う

② Miről szól?「どんな内容なの？」
　　動詞 szól にはいろんな意味がある。「話す」「声をかける」「音が鳴る」などとともに，本や映画などが「〜の内容である」という意味がある。接尾辞 -ról, -ről とともに用いる。
　　Ez a könyv Japán történelméről szól.
　　　この本は日本の歴史について書いてある。

③「わたしがその立場だったら…」
　　ここでは hely は「場所」というより「立場」の意味になる。
　　A helyedben nem mentem volna hozzá.
　　　私があなたの立場だったら，彼とは結婚していない。

26.1　動詞の仮定形

　仮定形は動詞の語幹に仮定形の接尾辞 **-n-** をつけ，それに続いて人称接尾辞がつく。1人称単数（én）では，不定活用の接尾辞が，母音の種類に関係なく必ず **-nék** になるので注意しよう。

		a, u, o の音を含む語		i,e / ü, ö の音を含む語	
		vár（待つ）		**szeret**（好む）	
		不定活用	定活用	不定活用	定活用
単数	1人称（én）	vár**nék**	vár**nám**	szeret**nék**	szeret**ném**
単数	2人称（te）	vár**nál**	vár**nád**	szeret**nél**	szeret**néd**
単数	3人称（ő）	vár**na**	vár**ná**	szeret**ne**	szeret**né**
複数	1人称（mi）	vár**nánk**		szeret**nénk**	
複数	2人称（ti）	vár**nátok**		szeret**nétek**	
複数	3人称（ők）	vár**nának**	vár**nák**	szeret**nének**	szeret**nék**

※主語が1人称単数（én「私は」），目的語が2人称（téged「君を」または titeket, benneteket「君たちを」）の場合，**-nálak, -nélek** がつく。

※以下の動詞は語幹が変わるので注意しよう。

megy	行く	→	men-	(én) mennék, (te) mennél, (ő) menne...
jön	来る	→	jön-	(én) jönnék, (te) jönnél, (ő) jönne...
van	ある，いる	→	len-	(én) lennék, (te) lennél, (ő) lenne...
vesz	とる，買う	→	ven-	visz 持っていく → vin-
tesz	する，置く	→	ten-	hisz 信じる → hin-
eszik	食べる	→	en-	(én) ennék, (te) ennél, (ő) enne...
iszik	飲む	→	in-	(én) innék, (te) innál, (ő) inna...
alszik	眠る	→	alud-	(én) aludnék, (te) aludnál, (ő) aludna...
fekszik	横になる	→	feküd-	(én) feküdnék, (te) feküdnél, (ő) feküdne...

※また，kell「しなければならない」, lehet「することができる」は，それぞれ仮定形は **kellene**（口語ではしばしば **kéne**），**lehetne** になる。

(26.2) 仮定形を使った文　その1：等位文

(1) **ha... , ...** もし〜なら，〜だろう

　　Ha tudnék angolul, jobb munkát kapnék.
　　　もし英語ができたら，もっといい仕事につけるのに。
　　Jó lenne, ha segítenél a költözésben.
　　　引越しを手伝ってくれるといいのですが。

(2) 丁寧な依頼をあらわす

　　Tudnál segíteni?　手伝ってもらえる？
　　Megmondaná, hol van a mosdó?　お手洗いはどちらでしょうか？

(3) 「〜したい」という願望をあらわす

　　Nagyon szereti a sakkot. Akár egész nap is játszana.
　　　彼はチェスが大好きで，一日中でもやりたいと思っている。
　　Szívesen meglátogatnálak téged.　ぜひ君に会いに行きたいです。

(4) 「〜できる」-hat, -het と組み合わせる

　　1人称の疑問文で，「〜してもいいですか？」という，相手に許可を得る丁寧

な表現になる。
　　Este telefonálhatnék?　晩にお電話してよろしいですか？
　　Megkérdezhetnék valamit?　ちょっとおたずねしてよろしいですか？

26.3　仮定法過去

すでに起こってしまったことについて，「もし〜だったら，〜だったのに」という仮定をあらわす場合，動詞の過去形に **volna** をつける。volna は van のもう一つの仮定形で，動詞の直後につく。
　　Ha **tudtam volna**, hogy jössz, itthon **maradtam volna**.
　　　君が来るとわかっていれば，家にいたのだが。

動詞に接頭辞がある場合，否定文でも volna は動詞の直後に固定したままとなり，分離した接頭辞はその後ろにくる。
　　Ha **nem mentünk volna be** a vízbe, **nem fáztunk volna meg**.
　　　もし水に入らなければ，風邪をひかなかっただろうに。

「〜できる」をあらわす **-hat, -het** と組み合わせると，しなかったことを悔やんだり，遠回しにとがめる言い方になる。
　　Megkérdezhettem volna a tanárt.　先生にたずねればよかった。
　　Kitakaríthattál volna.　掃除してくれたらよかったのに。
　　Ezt megmondhattad volna.　それを言ってくれればよかったのに。

動詞 van を仮定法過去にする時は，lesz の過去形 lett を使い，**lett volna** となる（volt volna にはならない）。
　　Jó lett volna, ha orvos lettem volna.　医者になればよかった。

また，volna は現在時制で lenne の代わりに用い，より婉曲な表現にする。
　　Volna kedve（= lenne kedve）eljönni hozzánk?
　　　うちにいらっしゃいませんか？

練習問題

1．人称と活用の種類に気をつけて，仮定形にしましょう。

tudok	írom	segítek	alszom	megyek
iszol	jössz	kéred	érted	dolgozol
fekszik	felhív	eszik	megmondja	játszik
megfázunk	teszünk	megyünk	elhisszük	iszunk
tudjátok	beszéltek	eszitek	vagytok	süttök
főznek	megisszák	írnak	tanítják	vannak

2．仮定形にしましょう。

 én: Szeret_____ enni valamit. Szívesen meghív_____（téged）egy kávéra.
 te: Kitakarít_____ a nappalit? Megmond_____, hol vetted ezt a jegyet?
 ő: Ha _____ ideje, szívesen _____（kivesz）szabadságot és _____（elmegy）valahova.
 mi: Ha nem _____（öltözik）melegen, _____（megfázik）.
 ti: Segít_____ egy kicsit? Felkapcsol_____ a villanyt?
 ők: Ha meleg _____, _____（fürdik）a tengerparton.

3．volna を使って，「～だったら～だっただろう」という内容に変えましょう。

 Nem volt sok pénzünk. Nem mentünk el étterembe. ⇒
 Nem tudtuk, hogy hamis ez a pénz. Elfogadtuk. ⇒
 A tanár nem mondta, hogy van házifeladat. Nem csináltuk meg. ⇒
 Múlt héten nem voltál itt. Nem tudtalak meghívni a buliba. ⇒

4．作文をしましょう。

 君も来てくれたらいいのだけれど。
 もしたくさんお金があれば，いっぱい旅行するのだけど。
 君は試験の前に，もっとたくさん勉強したらよかったのに。
 もう一杯水をもらってもいいでしょうか？
 もしモルナール先生がいなかったら，彼らはこんなにハンガリー語を習得できなかったでしょう。
 ナナが今日のプログラムを気に入ってくれたら，僕はとてもうれしいのだけれど。

コラム25 ハンガリーアニメーション上映会

みなさんがハンガリー語を選んだきっかけは何ですか。何もわからないまま飛び込んだという方もいるかもしれません。私もハンガリー語を学ぶ前は，ただのアニメーション好きな高校生でした。でも，ハンガリーアニメーションってどんなの？この小さな疑問が，やがて上映会という大きな夢につながったのです。

ハンガリーアニメーションを知るきっかけとなったのは『ハンガリアンフォークテイルズ（Magyar népmesék）』という民話アニメーションでした。民族衣装や昔話で使われる古道具など歴史や文化に密着したテーマを描いたテレビシリーズです。レトロでポップ，鮮やかな色彩構成が目を惹きます。油彩や水彩などで大胆に描かれる世界は，どこかハンガリーの伝統的な刺繍模様を思わせ，素材のぬくもりと作者のあふれる愛情が伝わってきます。

民話や神話をモチーフにした作品など，自国の伝統を語り継ぐ「伝承者」としての役割を担ってきたハンガリーアニメーション。70年代に入ると，吟遊詩人的な役割から「時代の証人」としてドキュメンタリー性の高い作品も盛んに制作されました。やがて1989年の体制転換を迎え，新たな社会を確立する現代。理不尽な現実と空想の中で葛藤する若者たちの心の叫びが作品の中に見てとれます。日本の若者にも感じられるような社会に対する不安。それを代弁してくれる「もうひとりの自分」としてハンガリーアニメーションも生まれ変わりつつあります。

今回の上映作品『ぼくはシモン（Simon vagyok）』では，頽廃した大都会に生きる「ぼく」という「犬」が描かれています。主人公が持つ「少年」の心と冷静に社会を見つめる「大人」な目線。どちらも揺れ動く様が，「思春期」のアンバランスさを表現しているようです。

ハンガリーにはまだまだ素晴らしい作品がたくさん眠っています。それを日本で紹介するのが私の目標であり生涯の楽しみです。みなさんもハンガリー語学習を通して，目標に向かって続ける楽しさを経験してほしいと思います。

（板橋晴子）

27 トランシルヴァニアのクリスマス
Karácsony Erdélyben

Drága Balázs!

Talán meglepetést okozok ezzel a levéllel, hiszen ezt Erdélyből küldöm neked. Itt vagyok Erdélyben a karácsonyi szünetben. Mindenképpen el akartam jönni megnézni azokat a falvakat, ahol az emberek hagyományos életmódot folytatnak. Itt lovas kocsin viszik a szénát, az idősek régi fatemplomba mennek imádkozni. Juhok és libák ballagnak az utcán. Úgy érzem, mintha egy álomban lennék! Annyi fotót készítek, amennyit csak tudok: parasztházakról, falusi asszonyokról és a gyerekekről.

Az egyik faluban, miközben egy kaput fényképeztem, kijött egy asszony. Anélkül, hogy bemutatkoztam volna, ő máris bevitt a házba. A nappaliban akkora karácsonyfa állt, amekkorát még sose láttam. Mivel éppen ebédidő volt, azt mondták, hogy én is üljek le, és egyek velük. Persze nagyon örültem neki. Minden nagyon ízlett. Az a töltött káposzta meg az a bejgli! A kisfiúkat origamizni tanítottam, aminek nagyon örültek.① Végül úgy megbarátkoztam velük, hogy azt kérték, hogy maradjak ott éjszakára. Képzeld, azóta egy hete itt vagyok náluk.

Holnap indulok vissza Pestre. Hamarosan találkozunk. Addig is minden jót és kellemes karácsonyi ünnepeket neked és az egész családodnak!

Puszi:
Nana

U.i.:② Mellékelten küldök egy fényképet egy székelykapuról*. Ugye milyen szép? Remélem, tetszeni fog!

① 「～する」 -zik でいろんなものが動詞になる！
　　名詞に派生辞 -zik がついて動詞になるケースは多い。外来語もこの方法でかんたんに「～する」という動詞を作ることができる。
　　origamizik「折り紙をする」, karatézik「空手をする」, dzsúdózik「柔道をする」, pingpongozik「卓球をする」

② U.i.: (utóirat)　追伸

*székelykapu　セーケイ門：ルーマニア・トランシルヴァニアのセーケイ地方で見られる独特の木でできた門。

27.1　仮定法を使った文　その２：従属文

次のような表現では，従属節で仮定法を用いる。
　ahelyett, hogy ～　　～する代りに
　anélkül, hogy ～　　～することなしに
　mintha ～　　　　　まるで～するかのよう

Ahelyett, hogy dolgozna, egész nap csak iszik.
　彼は仕事をする代りに，一日中飲んでばかりいる。
Egyedül megcsináltam a munkát **anélkül, hogy** segítséget kértem volna valakitől.
　だれかに助けを求めることなしに，一人で仕事をやり遂げた。

mintha は，<u>**olyan** 形容詞</u>, <u>**mintha**</u> ～, または <u>**úgy** 動詞</u>, <u>**mintha**</u> ～ のセットで使われることが多い。
　Szilvia **olyan** csinos, **mintha** színésznő lenne.
　　シルヴィアはまるで女優のようにきれいだ。
　A bátyám **úgy** viselkedik, **mintha** ő lenne a világ közepe.
　　兄はまるで自分が世界の中心かのようにふるまっている。

27.2　関係形容詞と関係副詞を使った複文

関係形容詞を使った文

【状　態】	olyan 〜, amilyen 〜	〜のような〜
【数】	annyi 〜, ahány 〜	〜くらいの数の〜
【量】	annyi 〜, amennyi 〜	〜くらいの量の〜
【大きさ】	akkora 〜, amekkora 〜	〜ほどの大きさの〜

Olyan frizurát szeretnék, **amilyen** neked van.　あなたのような髪型にしたいわ。
Ahány ház, **annyi** szokás.　家の数だけ習慣がある。(ことわざ)
Annyit vehetsz a sütiből, **amennyit** akarsz.　お菓子を好きなだけとっていいよ。
Akkora volt a cápa, **amekkorát** sose láttam.
そのサメは見たこともないほどの大きさだった。

※ただし、上記の指示詞は hogy とともに用いることも多く、その場合、「あまりに〜なので〜」の意味になる。

Olyan rendetlen a szobája, **hogy** be sem akarok lépni.
彼の部屋はあまりに散らかっているので、足も踏み入れたくない。
Annyit ettünk, **hogy** már mozogni sem tudunk.
あまりにたくさん食べて、もう動くこともできない。

関係副詞を使った文

【状　態】	úgy 〜, ahogy 〜	〜のように〜する
【時】	akkor 〜, amikor 〜	〜する時に〜する
	mióta	〜して以来
	mielőtt	〜する前に
	miután	〜したのち
	miközben	〜しているあいだ
【場　所】	ott /oda /onnan 〜, ahol / ahova / ahonnan 〜	

Úgy csináld, **ahogy** akarod.　好きなようにやりなさい。
　※ úgy 〜, hogy 〜で、「あまりに〜なので〜だ」の意味になる。
　　Úgy vártuk a nyári szünetet, **hogy** csak arra gondoltunk.
　　夏休みがあまりに楽しみで、そのことばかり考えていた。

Akkor mondta meg az igazat, **amikor** sírva fakadtam.
私がわっと泣き出した時，彼は本当のことを言った。
Mióta kijött a kórházból, nincs semmi baja.
彼は退院して以来，何にも悪いところがない。
Mielőtt beszélni kezdett, röviden bemutatkozott.
話し始める前に，短く自己紹介した。
Miután aláírták az új szerződést, koccintottak egy kis borral.
彼らは新しい契約にサインした後，ワインで乾杯した。
Miközben a két szülő vitatkozott, a gyerekek hülyéskedtek.
2人の親が言い合いをしているあいだ，子どもたちはふざけていた。
Az öcsém **ott** dolgozik, **ahol** a nagybátyám.
弟はおじと同じ所で働いている。
A mentők **oda** siettek, **ahol** a sérültek feküdtek.
救急隊員はけが人が横たわっているところへ急いだ。
Az éjszakai busz **onnan** indul, **ahova** az utasok mennek.
夜行バスはあの乗客たちが向かっている所から出発する。

信仰告白式の若者たち（トランシルヴァニア地方）

練習問題

1. **ahelyett, anélkül, mintha** のいずれかを使い，文の空白を埋めましょう。

   Imre egész nap csak tévét nézett, _____, hogy segített volna a feleségének.

   _____, hogy hívtuk volna a tűzoltókat, magunk menekültünk ki az épületből.

   Olyan nagy és gyönyörű a házuk, _____ egy kastély lenne.

2. 適当な関係詞を入れて，意味を考えましょう。

   Kezet kell mosni, _____ eszünk.

   Nem szeretnénk oda utazni, _____ sok turista megy.

   Annyi palacsintát sütöttem, _____ nem tudnánk ma megenni.

   Akkorára nőtt a kutyánk, _____ nem tudnánk a házban tartani.

   Úgy csináld, _____ akarod.

   Akkor kezdett esni, _____ indultunk.

   Ma este ott vacsorázunk, _____ múltkor Laciékkal voltunk.

   Olyan szép a nappalijuk, _____ a kertjük.

   _____ gyerek született, annyi fát ültettünk a kertünkben.

3. 作文をしましょう。

   私たちは家で料理するかわりに，毎日レストランに行っている。

   試験前，学生たちはできるだけたくさん勉強した。(annyi..., amennyi)

   彼の子どもたちはあまりに小さかったので，そのことを理解できなかった。(olyan..., hogy...)

   私はあまりにびっくりして，何も言えなかった。(úgy..., hogy...)

   私はロールキャベツを食べ終わった後，リビングで子どもたちと遊んだ。

   彼らと仲良しになって以来，私は毎年彼らのところに遊びに行く。

コラム26 トランシルヴァニアのクリスマス

　アドベントのリースにろうそくの火をともし，クリスマスのコンサートに耳をかたむけ，町のイルミネーションを見て胸をおどらせ，オーブンからただよう焼き菓子の匂いがいっぱいに満ちて…。

　12月はあっという間に過ぎて，クリスマスがやってくる。トランシルヴァニアには，伝統のお菓子が数多くある。ベイグリは，こんがりと香ばしい生地にクルミやけしの実が練りこまれた焼き菓子。クルトゥーシュ・カラーチは，木の棒にイースト生地を薄くのばして炭火で焼き，砂糖をからめて表面をコーティングさせたもの。ハバシュ・キフリは，ほろりとくずれるクッキー生地の小さなロールパン型のお菓子。上から粉砂糖を粉雪のように降りかける。蜂蜜に丁子，シナモンなどのスパイスを入れて焼いた，メーゼシュ・カラーチというクッキー。ハート型にアイシングの飾り，小さな鏡がはめ込まれた蜂蜜クッキーは，昔からお祭りのおみやげ物として尊ばれてきた。

　クリスマスの大切なシンボルは，モミの緑である。町の市場では，森から運ばれてきたモミの木がいっぱいに置かれて売られる。しばらく目にすることのなかった緑色が，目に鮮やかに飛び込んでくる。そして，その爽やかな香りがツンと鼻をつく。クリスマス・イブに教会のミサへ出かけ，家でクリスマスのご馳走を食べたあと，子どもたちが眠りにつくのを確認してから，大人の仕事がはじまる。隠しておいたモミの木を部屋に運んで，その枝にひとつひとつ，色とりどりの飾りをつけていく。目覚めて一番，子どもたちの目に映るのは，豪華な飾りでいっぱいの巨大なモミの木と，木の下のたくさんのプレゼント。クリスマスの魔法にかけられた子どもたちは，優しい天使に感謝して年末を幸せに過ごすことになる。

　まるで町中が眠ってしまったかのような静かさ。そう，クリスマスの特徴はこの沈黙にもある。一年で一番夜が長いこの時期，私たちは家族のかけがえのなさ，そして寒い冬のなかの家のあたたかさに感謝するのだ。

（谷崎聖子）

28　日本昔話のハンガリー語訳
Japán népmese magyarul

Nana az egyetemi büfében ül. Előveszi a füzetet, és elkezd írni. Megáll, aztán újra írni kezd. Valami nehéz feladatot csinál. Sóhajt, végül előveszi a mobilját, és felhívja Balázst.

Balázs: Szia, Nana! Mi újság?
Nana: Itt vagyok a büfében. Holnapra meg kell írnom egy mesét magyarul, de nem megy. Nagyon nehéz.
Balázs: Szívesen segítek. Mindjárt jövök.

Nana elolvasott egy japán népmesekönyvet, és az Urasima Tarót választotta. Balázs segítségével végül sikerült lefordítania.

Hol volt, hol nem volt, volt egyszer egy fiatal legény egy kis tengerparti faluban. Urasima Tarónak hívták. Egyszer a tengerparton a gyerekek bántottak egy teknőst. Taró odafutott és megmentette a teknőst. A megszabadított teknős azt mondta, hogy elviszi Tarót a tenger alatti palotába. Taró felült a teknős hátára és elindultak. A pompás tengeralatti palotába érkező Tarót egy gyönyörű királykisasszony fogadta. Ételekkel, italokkal kínálta és szép táncokat táncoltak neki.

Néhány nap múlva, amikor Taró el akart búcsúzni, adtak neki egy ékszerdobozt. Azt mondták neki, hogy ezt nem szabad kinyitnia. Taró visszaérkezett a faluba, de egy ismerőst sem talált. A kinyitott dobozból fehér füst jött ki. Taró pillanatok alatt öregemberré változott.

Nana: Tehát több száz év telt el, miközben a palotában mulatott.
Balázs: Biztos jól érezte magát ott. De én nem mennék oda, mert akkor soha többé nem látnálak téged.

28.1 不定形の人称形

不定形 -ni については，10課ですでに学んだ。ここでは，kell「〜しなければならない」などとともに用いられる時に，一般的なことがらでなく，主語（誰が）を明確にする場合，不定形が人称変化することを学ぶ。

Tanulnom kell.　私は勉強しないといけない。
Dolgoznunk kell.　私たちは働かねばならない。
Nagyon beteg. Nem szabad **mozognia**.
　彼はとても具合が悪く，動いてはいけない。

不定形の人称形は，動詞の語幹に以下の人称接尾辞がついた形となる。不定活用と定活用の区別はなく，én が主語で téged, titeket が目的語の場合の -lak, -lek の接尾辞も存在しない。

		a, u, o の音を含む語	i, e の音を含む語	ü, ö の音を含む語
単数	1人称（én）	-nom	-nem	-nöm
	2人称（te）	-nod	-ned	-nöd
	3人称（ő）	-nia	-nie	
複数	1人称（mi）	-nunk	-nünk	
	2人称（ti）	-notok	-netek	-nötök
	3人称（ők）	-niuk	-niük	

ik 動詞は -ik を除いた語幹に人称接尾辞がつく。つなぎ母音が入る動詞，その他の特殊な語幹の動詞などについては，不定形 -ni の場合と同様になる（→ 10.1 参照）。

動作主を示す場合は，動作主をあらわす語に与格接尾辞 -nak, -nek がつく。

Sándornak napi nyolc órát kell dolgoznia.
　シャーンドルは1日8時間働かないといけない。
Nekem lassan mennem kell.　私はそろそろ行かなきゃ。

次のような不定形を用いた表現にも，人称形を使うことができる。
fontos　重要な
　　Ezt fontos megbeszélnünk.

われわれがこのことを話し合うのは重要だ。
érdemes 〜する価値がある
Ezt érdemes egyszer megpróbálnod.
君は一度これをやってみる価値があるよ。
illik 〜するのがふさわしい
Vendégségben nem illik így viselkedned.
お客に呼ばれてそのような態度をとるのはふさわしくないよ。

28.2 現在分詞，過去分詞，未来分詞

それぞれ名詞を修飾して，現在分詞は進行中の動作（「〜している」），過去分詞は受身の動作（「〜された」）または完了した動作（「〜した」），未来分詞は未来に予測される動作（「〜するべき」）をあらわす。

(1) 現在分詞 **-ó, -ő**

動詞の語幹に -ó, -ő をつけて進行中または習慣の行為をあらわす。
 a szobában tanuló diák　部屋で勉強をしている学生
 a rizst termesztő parasztok　米を生産する農民たち

次の動詞の現在分詞は特殊な形になるので注意しよう。
 megy 行く → **menő**　　jön 来る → **jövő**　　van ある，いる → **levő**
 vesz とる,買う → **vevő**　tesz 置く,する → **tevő**　visz 持っていく → **vivő**
 hisz 信じる → **hívő**　　eszik 食べる → **evő**　　iszik 飲む → **ivó**
 alszik 眠る → **alvó**　　fekszik 横になる → **fekvő**　sző 織る → **szövő**　　lő 撃つ → **lövő**

現在分詞はそのまま名詞として，その行為をする人，場所，道具をあらわすものが多い。
  行為をする人：dolgozó　勤労者, néző　観客, író　作家, vevő　購買者
    場所：kávézó　コーヒーショップ, megálló　停留所, nemdohányzó
      禁煙車
    道具：sütő　オーブン, nyitó　栓抜き

現在分詞と名詞で作られる複合語も多い。

váróterem　待合室, ivóvíz　飲み水, mosógép　洗濯機
kávéfőző　コーヒーメーカー, villanykapcsoló　電気スイッチ

(2) 過去分詞 **-t, -ott, -ett, -ött**

過去分詞は動詞の過去形の3人称単数不定活用の形と同じ形になる。「～された」という受身の意味，または自動詞の場合，「～してしまった」という完了の意味をもつ。

az eső miatt elhalasztott koncert　雨のため延期されたコンサート（受身）
az eltűnt pénz　消えたお金（完了）

ただし，いくつかの短音節の動詞では，不定活用で -t でも，過去分詞が -ott, -ett, -ött になることがある。

ír　→　írott　書かれた　　（meg)hal　→　halott　死んだ

動詞の行為者をあらわす場合，後置詞 **által**「～によって」を用いる。

a bizottság által ajánlott terv　委員会によって推薦された計画
az általuk választott elnök　彼らによって選ばれた会長

過去分詞形も，現在分詞のように，名詞の役割をするものがある。

alkalmazott　従業員　　sérült　けが人　　halott　死人

(3) 未来分詞 **-andó, -endő**

未来分詞はこれから起こること，するべきことをあらわす。文語調で，使用はかなり限定されている。

megír　→　a megírandó házi dolgozat　書かなければならないレポート
születik　→　a születendő gyerek　将来生まれる子ども
lesz　→　leendő: a leendő férjem　将来の夫

名詞化したものには次のようなものがある。

tesz　→　teendő　なすべきこと　　jön　→　jövendő　未来

28.3　副詞の役割をする分詞 -va, -ve

動詞の語幹に -va, -ve をつけて，動詞を修飾する副詞句を作る。

(1)「〜しながら（〜する）」という，同時に起こることをあらわす。
 A gyerek **sírva** ment haza. その子は泣きながら家に帰った。
 Tévét **nézve** vacsoráztunk. テレビを見ながら夕食を食べた。

(2)「〜してから（〜する）」のように時間が前後することがらをあらわすこともある。
 Belépve a nappaliba, felgyújtottam a lámpát.
  リビングに入ってから電気をつけた。

(3) 動詞 van とともに用いて，「〜してある状態」をあらわす。接頭辞がある場合，基本の語順では，接頭辞と動詞のあいだに van が入る。「〜していない」という否定文では nincs を用いる。

bezár	閉める	Az üzlet **be van zárva**.	店は閉まっている。
kinyit	開ける	**Ki van nyitva** az ablak.	窓が開いている。
megfázik	風邪をひく	**Meg vagyok fázva**.	私は風邪をひいています。
becsomagol	包む	Ez az ajándék **nincs becsomagolva**.	

    このプレゼントは包装していない。

次の動詞に -va, -ve がつくと，形が不規則になるので気をつけよう。
 megy　行く　→　**menve**
 tesz　置く，する　→　**téve** vesz　とる　→　**véve**
 alszik　眠る　→　**alva** fekszik　横になる　→　**fekve**

28.4　変化をあらわす接尾辞 -vá, -vé

形容詞や名詞について，状態が変化したことをあらわす。変化をあらわす lesz, válik, változik, átalakul, átalakít などの動詞とともに用いられることが多い。
 Ez a popzene a fiatalok között hirtelen népszerű**vé** vált.
  この歌謡曲は若者のあいだで突然人気が出た。

接尾辞の子音 -v- は，接続する語が子音でおわっている場合，その子音に同化する。
 A vér nem válik **vízzé**.　血は水にならない。（ことわざ）
 A régi kastélyt **étteremmé** alakították át.　古い館はレストランに改装された。

練習問題

1. 不定形に人称をつけましょう。

    én: Ki kell fizet_____ a telefonszámlát. Sajnos el kell halaszt_____ az utazásomat.
    te: Meg kell mond_____ neki az igazat. Ma hova kell _____（megy）?
    ő: Sokat kell tanul_____. Influenza miatt egy hétig _____（fekszik）kell.
    mi: Új bútort kell _____（vesz）. Ki kell _____（alszik）magunkat.
    ti: Takarít_____ kell? Mit kell _____（visz）az útra?
    ők: Haza kell _____（megy）. Sokat kell _____（dolgozik）.

2. 現在分詞または過去分詞にしましょう。

    例) A gyerekek a kertben játszanak. ⇒ a kertben játszó gyerekek
    A fiatalok Budapesten dolgoznak. ⇒
    A gyerekeknek adták az ajándékot. ⇒
    A diákok a tanteremben ülnek. ⇒
    Kifizettük a számlát. ⇒
    A vonat reggel megérkezett. ⇒
    Az utasok megsérültek. ⇒
    A kisbaba a szobában alszik. ⇒

3. -va, -ve を使って，状態をあらわす文にしましょう。

    Kinyitották az ajtót. ⇒   Megfáztál? ⇒
    Bezárták az üzletet. ⇒   Nem írták ki az árát. ⇒
    Szépen becsomagolták az ajándékot. ⇒

4. 作文をしましょう。

    私は明日までに宿題をやり終えないといけない。
    わたしは昨夜ラジオを聴きながら勉強した。
    カフェでおしゃべりしている女の子たちは，とても陽気だ。
    君からもらったお金を返します。
    この小説はもうハンガリー語に翻訳されている。
    バラージュはハンガリー語に翻訳された日本の民話を読んだ。

コラム27 ハンガリー語のオノマトペ

　絵本や歌，商品名や広告などに注目してみると，私たちの生活の中にはオノマトペ（擬音語や擬態語）がたくさんあふれていることに気がつきます。例えば，「サッと炒めて，仕上げにごまをパラパラッとふりかけて…さぁアツアツのうちに召し上がれ！」こういった，料理番組で耳にするフレーズにもたくさんのオノマトペが登場していますよね。

　実はハンガリー語にもオノマトペがたくさんあります。そこでこのコラムでは動物の鳴き声を少し紹介したいと思います。

　　　　犬　vau-vau（ヴァウヴァウ）
　　　　馬　nyihaha（ニハハ）
　　　　猫　miau（ミァウ）
　　　　豚　röf-röf（ルフルフ）
　　　　山羊　mek-mek（メクメク）
　　　　ニワトリ　kukurikú（ククリクー）
　　　　ヒヨコ　csip-csip（チプチプ）
　　　　カエル　brekeke（ブレケケ）

　どうですか？私がハンガリー人の友達から初めて教えてもらった時，日本語と似ているものもあれば，全く違うものもあって何だか不思議だけど面白い！とワクワクしながら聞いていたことを覚えています。

　ハンガリー語でこの音はどう表現するのだろう？どんな時に使えるのだろう？今まで知らなかった世界に足を踏み入れる時のドキドキ感。同じ内容でもことばが違えば表現も様々で，その発見のたびに心がワクワクしてしまい，もっと知りたい！という気持ちが湧いてくる。それが外国語学習の醍醐味なのかもしれません。今まで知らなかった音の世界をあなたもハンガリー語で学んでみませんか？

（景山靖子）

ハンガリー民謡

Csillagok csillagok
星 よ 星 よ

Csillagok, csillagok szépen ragyogjatok,
A szegénylegénynek utat mutassatok.
Mutassatok utat a szegénylegénynek,
Nem találja házát a szeretőjének.

Liba, liba, liba, apró pici liba,
Minek is mennék már én el a lagziba?
Minek is énnékem olyan lakodalom,
Akibe' a babám maga a menyasszony.

星よ星よ、美しく輝いておくれ
かわいそうな若者に道を示しておくれ
道を示しておくれ、かわいそうな若者に
恋人の家を見失ったのだから

がちょうよ、がちょう、小さながちょう
どうして宴になど出かけるものか？
披露宴に行って何になろう
愛しいあの娘が花嫁だというのに

29 それぞれ将来を語る (1)

Mindenki a jövőjéről beszél (1)

Megint közeledik a szemeszter vége. Molnár tanárnő egyre több feladatot ad a diákoknak. ① Felolvas egy verset, és leíratja a diákokkal. Gyakoroltatja a nyelvtant is, különösen Andival, mert ebben ő a leggyengébb.

Andrea: Jaj, a tanárnő megint csak engem dolgoztat. Ez nem igazságos!

Tanárnő: Ne értsd félre, Andi! Ezt szeretetből teszem, tudod? Szépen meg kell tanulnod a múlt időt, a felszólító módot, az igekötőket...

Andrea: Úristen! Még hallani sem bírom ezeket! Pekka, segíts!!

Tanárnő: Na jó. Mára ennyit a nyelvtanról. Most beszéljünk másról: mit szeretnétek csinálni, ha megtanultatok magyarul? Na?

Pekka: Én már megtanultam magyarul. De még meg fogok tanulni egy-két finnugor nyelvet, hiszen nyelvész szeretnék lenni.

Andrea: Én nem is tudom. Jó lenne egy üzletet nyitni, vagy talán idegenvezető... vagy nyitok egy magyar éttermet Bukarestben.

Pekka: De ha nem pogácsaárus lesz, lehet, hogy utánam jön Finnországba.

Andrea: Ha annyira hiányozni fog neked a pogácsám, meggondolom.

Tanárnő: Huong, te itt maradsz Magyarországon, igaz?

Huong: Igen. Most már két éttermet vezetünk itt. A fiam jövőre magyar iskolába fog beiratkozni. Meg vagyunk elégedve az itteni életünkkel. ②

① egyre -bb（比較級）「どんどん〜」「ますます〜」
　　　egyre nagyobb　　どんどん大きくなる
　　　egyre rosszabb　　どんどん悪くなる
　　ほかに慣用表現で，minél -bb, annál -bb「〜すればするほど〜」がある。
　　　Minél hamarabb, annál jobb.　早ければ早いほどよい。

② meg van elégedve -vel「満足している」
　　動詞 + -va/-ve van の表現で，状態や感情をあらわす表現には次のようなものがある。
　　　Nagyon el vagyok foglalva.　（私は）とても忙しい。
　　　Meg vagyok fázva.　（私は）風邪をひいた。
　　　Kétségbe vagyok esve.　（私は）落ち込んで／がっかりしている。

29.1　動詞の使役形 -tat, -tet

「〜させる」という使役をあらわすには，動詞の語幹に接尾辞 **-tat, -tet** をつけ，その後に人称接尾辞がつく（ik 動詞の場合は -ik をとった語幹につく）。

　　　sétál　　→　　sétáltat-　散歩させる　　　beszél　→　beszéltet-　話させる
　　　dolgozik　→　dolgoztat-　働かせる　　　szokik　→　szoktat-　慣らす

動詞の語幹が単音節の場合は，**-at, -et** がつく。
　　　ír　→　írat-　書かせる　　　vár　→　várat-　待たせる
　　　főz　→　főzet-　料理させる
※ただし，次のような例外がある。
　　　fut　→　futtat-　走らせる　　　süt　→　süttet-　焼かせる
　　　ül　→　ültet-　座らせる，植える

次の動詞は不規則な形となる。
　　　eszik　→　etet-　食べさせる　　　iszik　→　itat-　飲ませる
　　　alszik　→　altat-　寝かせる　　　fekszik　→　fektet-　横にさせる
　　　vesz　→　vetet-　とらせる，買わせる　　visz　→　vitet-　運ばせる
　　　tesz　→　tetet-　置かせる，させる　　　hisz　→　hitet-　信じさせる

29.2 使役の文

使役の文では，行為をさせる人が主語で，それにあわせて使役形が人称変化する。実際の行為者には接尾辞 **-val, -vel** がつく。

A gyerekek felolvasnak egy verset.　子どもたちは詩を朗読する。
A tanár felolvas**tat** egy verset a gyerekek**kel**.
　先生は子どもたちに詩を朗読させる。
Az orvos megnézi a beteg babát.　医者は病気の赤ちゃんを診る。
Az anya az orvos**sal** megnéz**eti** a beteg kisbabáját.
　母親は病気の赤ちゃんを医者に診てもらう。

目的語をもたない自動詞の場合，行為者が目的語になり，-val, -vel でなく **-t** がつく。

Mindig a fiam sétál**tat**ja a kutyánk**at**.　いつも息子がうちの犬を散歩させる。
Ági mege**tet**te és elal**tat**ta a kislányát.
　アーギは幼い娘に食べさせて寝かしつけた。

29.3 動詞を作るさまざまな接尾辞

(1) 形容詞から動詞をつくる

自動詞「〜になる」と他動詞「〜にする」の2つに大きく分かれる。
自動詞の場合は **-ul, -ül** または **-odik, -edik, -ödik**，他動詞の場合は **-ít** がつくことが多い。

szép	美しい	→	szépül	美しくなる	szépít	美しくする
rövid	短い	→	rövidül	短くなる	rövidít	短くする，短縮する
tiszta	清潔な	→	tisztul	きれいになる	tisztít	清掃する
erős	強い	→	erősödik	強くなる	erősít	強化する

(2) 動詞から動詞をつくる

動詞の語幹について動作のしかたの微妙な違いを表現する接尾辞がある。
小さい動作の繰り返しをあらわす：**-gat/-get**
　olvasgat　あれこれ読む　　nézeget　ちらちら見る　　lapozgat　ぱらぱらめくる
動作のひんぱんな繰り返しをあらわす：**-kál/-kél**

szurkál　何度も刺す　　　járkál　歩き回る　　　irkál　書きまくる
長々と継続する動作：**-dogál/-degél/-dögél**
　üldögél　だらだらとくつろぐ　　éldegél　のんびり生きている
再帰動詞をつくる：**-kodik/-kedik/-ködik, -kozik/-kezik/-közik**
　mos　洗う　→　mosakodik　風呂に入る
　ver　殴る　→　verekedik　殴り合う
　törül　ふく　→　törülközik　体をふく
他動詞を自動詞に変える：**-ódik/-ődik**
　meglep　おどろかす　→　meglepődik　おどろく
　megold　（〜を）解決する　→　megoldódik　（〜が）解決する

練習問題

1. 使役の文にしましょう。

    A király egy híres szakács＿＿＿＿ főz＿＿＿＿ a vacsoráját.
    Éva a tengerparton fut＿＿＿＿ a kutyáját.
    Az orvos a gyógyszerrel ＿＿＿＿（elalszik）a beteget.
    A nagyapám mindennap velem olvas＿＿＿＿ az újságot.
    Az új házunkat egy fiatal építész＿＿ épít＿＿＿＿.
    Anna a szobában ＿＿＿＿（lefekszik）a kisbabája＿＿＿.
    Ki＿＿＿ akarod csinál＿＿＿ a menyasszonyi ruhádat?
    A húsz éven aluliakat nem szabad ＿＿＿＿（iszik）!

2. かっこの中の語を主語にして、使役の文にしましょう。

    例）A baba eszik.（én）⇒ Etetem a babát.
    A diákok olvassák a szöveget és írják a leckét.（a tanár）⇒
    A szerelő megjavítja a régi autónkat.（mi）⇒
    A kutya sokat fut, majd kicsit pihen.（mi）⇒
    A gyerekek gyakorolják az olvasást.（az apa）⇒

3. 作文をしましょう。

    私は犬を毎日2回散歩させ、3回食べさせます。

    長い間お待たせしてすみません。

    誰に新しい事務所を設計してもらいますか?

    先生は学生たちにハンガリーの詩を朗読させた。

    コンサートのあと、私たちは町をぶらぶらして、カフェで長々とくつろいだ。

    私はお風呂に入った後、新しいタオルで体をふいた。

コラム28 ハンガリー留学回想記〜ハンガリーは温かい〜

　私とハンガリーの出会いは2006年の夏でした。
　幸運にも交換留学生としてハンガリーに1年間ホームステイをする機会を得た私，当時まだ15歳の高校生でした。漠然とヨーロッパに行きたいと思っていたため，ハンガリーのオペレッタを観たことがあるというよく分からない理由で渡洪を決めてしまいました。
　でもその留学が面白かったこと！毎日が刺激の連続でした。
　ホストファミリーはいつも私を実の家族のように扱ってくれて，特におしゃべり好きなお父さんからはハンガリー語のみで聞く・話す特訓を受け，お陰でハンガリーの文化や歴史にもかなり興味が湧くようになりました。家族には旅行にも多く連れて行ってもらい，その中でも個人的にはヴィシェグラードが大のお気に入りです。空中に浮かぶようなお城のあとと，下を流れるドナウの曲がり角がとてもきれいです。特訓のお陰でハンガリー語が大分できるようになると更に留学は楽しくなり，ハンガリー人の売り子さんと他愛無い会話をするのがとっても好きになっていました。ハンガリーの美味しい家庭料理やお菓子を毎回堪能した結果，私の幸福度と共に体重が着実に増加していました。ハンガリーの高校で出会った友人たちとは今でも大の仲良しです。学校の行事で映画や劇を観に行ったこと，また，修学旅行でハンガリーの伝統あるリゾート地，バラトン湖で泳いだこと，音楽の発表会の際に教会でハンガリーの歌を歌ったことなど全部いい思い出です。
　ハンガリー人の温かさに沢山触れた1年間でした。えいやっと怖れを知らぬ若さで飛び込んだ私をハンガリーがとっても温かく受け入れてくれたお陰で，私は今でもハンガリーの温かさの虜です。今もハンガリーには私の大切な家族，友人が多くいます。皆さんもぜひハンガリーの温かさを現地で実感してみて下さい。

追記：2012年，サマースクールでの語学勉強のため，5年ぶりに再びハンガリーを訪れました。変わらぬ優しい家族，友人の一方で24時間営業の店もでき，グローバル化の影もちらほら。またハンガリーの人の温かさを再確認。互いに温かさを伝えていこうと思わせてくれる夕日に照らされて，ドナウを眺めてみるのも一興です。

（浦田久恵）

修学旅行で友人と

30 それぞれ将来を語る (2)

Mindenki a jövőjéről beszél (2)

Tanárnő: Robert, te itt maradsz, vagy visszamész Kanadába?

Robert: Én még itt maradok, sőt beiratkozom a nemzetközi kapcsolatok szakra. Közép-Európáról szeretnék cikkeket írni kanadai újságokba.

Tanárnő: Nana, neked mi a terved?

Nana: Igazán nehéz megmondani. Olyan rövid volt ez az egy év, mégis annyi mindent tanultam. Mindenből és mindenkitől. Addig nem hagyom abba a tanulást, amíg jól meg nem tanulom a magyar nyelvet.

Tanárnő: Nagyon jó. Otthon is tudod folytatni a tanulást, bár kevesen beszélnek magyarul Japánban, ugye?

Nana: Persze. De nemcsak a nyelvet, hanem történelmet is fogok tanulni, magyar és európai történelmet. Aztán egyszer majd szeretnék visszajönni ide hosszabb időre.

Robert: Nagyszerű! Nana, én várlak vissza Magyarországra. Biztos vagyok benne,① hogy kitűnő történész leszel.

Nana: Hát az túlzás! De igyekszem otthon is sokat tanulni.

Andrea: Csak nem② Robertnek is tetszik Nana? Párbaj lesz Balázzsal... Ajaj!

Pekka: Fiúk, lányok! Bárhol leszünk a világon, mi örökre jó barátok maradunk!

Tanárnő: Most még nem búcsúzunk el. Addig nem engedlek el benneteket, amíg le nem vizsgáztok! Rendben?

① biztos vagyok benne　確信している

② csak nem...　まさか〜じゃないでしょうね

30.1　さまざまな接続詞

語と語，または文と文をつなぐ接続詞には次のようなものがある。

nem 〜, hanem 〜　〜でなく〜
　A gyerekek nem a hintán, hanem a csúszdán játszanak.
　　子どもたちはブランコでなくすべり台で遊んでいる。

nemcsak 〜, hanem 〜 is　〜だけでなく〜も
　Nemcsak a gulyás, hanem a halászlé is ízlett.
　　グヤーシュだけでなくハラースレー（魚のパプリカシチュー）もおいしかった。

〜, 〜 pedig 〜　〜は一方〜
　A lányom a történelmet szereti, a fiam pedig a fizikát.
　　娘は歴史が好きで，息子はというと物理が好きだ。

azonban, viszont　しかしながら
　A diákok az általános iskolában kapnak ebédet, a gimnáziumba azonban/viszont viszik magukkal.
　　小学校では昼食が出るが，高校では自分で持っていく。

ezért, így, tehát　だから，したがって
　A kollégám influenzás lett, ezért/így/tehát ezen a héten nem jön be.
　　同僚はインフルエンザになったので，今週は出勤しない。

azaz, vagyis　すなわち，つまり，言いかえれば
　Április elején, azaz/vagyis a húsvéti ünnepek alatt látogattuk meg a nagyszüleinket.
　　4月初旬，つまりイースターの休みに私たちは祖父母を訪問した。

sőt, ráadásul　しかも，さらに
　Nagyon hideg volt, sőt/ráadásul havazni is kezdett.
　　とても寒かった。しかも雪まで降り始めた。

úgyis【肯定】, úgysem【否定】　どちらにせよ
　Ne kapkodjunk! Úgyis késni fogunk.

あわてないでいこう。どちらにせよ遅れるのだから。
Ne kapkodjunk! Úgysem fogunk időben érkezni.
あわてないでいこう。どちらにせよ間に合わないのだから。

mégis【肯定】, mégsem【否定】 それでもなお
Nagyon fáradt voltam, mégis folytattam a munkámat.
とても疲れていた。それでもなお仕事を続けた。
Nagyon fáradt voltam, mégsem mentem haza.
とても疲れていた。それでもなお帰宅しなかった。

mert, ugyanis, hiszen なぜなら
Holnap is folytatják a tárgyalást, mert/ugyanis/hiszen ma nem volt elég idejük.
今日は時間が足りなかったので，会談は明日も継続する。

mivel 〜なので
Mivel ma nem volt elég idejük, holnap is folytatják a tárgyalást.
今日は時間が足りなかったので，会議は明日も継続する。

bár 〜ではあるが
Bár kevés a jövedelme, boldogan él a feleségével.
彼は収入が少ないけれど，妻と幸せに暮らしている。

(addig 〜,) amíg, míg + nem 〜するまで
Boldogan éltek, amíg meg nem haltak.
彼らは死ぬまで幸せに暮らしましたとさ。(昔話の慣用表現)

se 〜, se 〜 + nem 〜も〜も〜でない
Se a születésnapomra, se karácsonyra nem kaptam ajándékot a szüleimtől.
誕生日にもクリスマスにも両親からプレゼントをもらわなかった。

akár 〜, akár 〜 〜であろうと〜であろうと
Akár tetszik, akár nem, el kell végeznünk ezt a munkát.
好むと好まざるに関係なく，この仕事をやり遂げなければならない。

egyrészt 〜, másrészt 〜 一方では〜，他方では〜
A karácsonyi bevásárlás egyrészt örömet szerez, másrészt nagy kiadást jelent a családnak.
クリスマスの買い物は，家族にとって一方では喜びであり，他方では大きな出費となる。

練習問題

1. 適当な接続詞を入れましょう。

   Hokkaidón már többször voltam, Okinawán _____ még soha.
   Sokat kell dolgoznia, _____ nagy a családja és sok gyereke van.
   Sajnos nem sikerült a vizsgám _____ angolból, _____ történelemből.
   Jánosnak nincs munkája, _____ múlt héten megbetegedett a felesége.
   _____ popzenét, _____ komoly zenét is szoktam hallgatni.
   _____ megoldódott a probléma közöttük, még mindig veszekednek.
   Addig nem engedlek ki a szobából, _____ be nem fejezed a házi feladatot.

2. 本文の内容について答えましょう。

   Mit csinál Pekka, ha hazamegy Finnországba?
   Mi a terve Andreának?
   Miért marad Magyarországon Huong?
   Robert hazautazik Kanadába?
   Mit fog csinálni Nana, ha hazamegy?
   A diákok nagyon szomorúak, hogy elbúcsúznak?
   Te mit szeretnél csinálni, ha megtanultál magyarul? Hol, mit szeretnél tanulni és dolgozni?

3. 作文をしましょう。

   ハンガリーではナイフとフォークで食事をするが、日本では箸で食べる。

   フオンは仕事がたいへんだが、それでもなお大学で勉強したいと思っている。

   アンドレアもペッカも帰国したがらない。一緒にいたいと思っているから。

   ロバートはナナのことがとても気に入った。つまりほとんど彼女に惚れてしまった。

   ナナはハンガリー語をマスターするまで、がんばります。

   この教科書を終えるまで、一生懸命ハンガリー語を勉強しよう!!

コラム29 トランシルヴァニアのイースター

　ハンガリーの人々が春に対して漠然と抱いているのは，水のイメージだろう。春風が雪をとかして水をもたらし，人々の心にも春がやってくるというイメージは，民謡でも歌われている。

　キリスト教のイベントとして知られるイースター。実はその土地土地で祝い方も違い，キリスト教以前の信仰がうまく混ざり合いながら残っているといわれる。ハンガリー人にとって一番大切なイベントは，ロチョラーシュ。すなわち「水かけ」。正装をした男性たちが，女性の知人友人を訪ね歩くという習慣。女の子をお花にたとえて，例えばこんな詩を読む。「朝早くおきてから，何も食べず何も飲んでいません。そこでたくさんのお花を見つけました。赤いタマゴに白いウサギ，お水をかけたら，たくさんのキス。お水をかけてもいいですか。」昔は，バケツいっぱいの水を引っかけていたそうだが，町ではほとんどがアパート暮らしなのでこれでは少し礼儀に反する。ということで，少し上品に香水を振りかけるというのが最近のやり方だ。

　イースターの赤い卵は，生命の象徴としてこの祝日には欠かせないもの。女性は美しく絵つけした赤卵を，訪ねてきた男性にプレゼントする。20世紀はじめにマロニャイ・デジューが編集した，「ハンガリーのフォークアート」という本がある。100年前はここトランシルヴァニアでも，さまざまな種類のモチーフが収集されたのだが，その習慣はもう廃れてしまった。洗練された植物文様もあれば，生命そのものを表現するような不思議な幾何学模様も見られる。農耕具やカエル，水，魚などを描く地方もあるという。

　イースターは今日では，ご無沙汰していた人たちを訪ね，ふたたび友好を深めるという役割もあるようだ。夜になると例のように，各家庭で勧められたパーリンカ（蒸留酒）のせいで千鳥足で家路に着く男性諸君を見かけることがある。　　　（谷崎聖子）

付録1．分野別用語集

代名詞・疑問詞

(1) 代名詞

これは	ez
あれは	az
私は	én
君は（親称）	te
彼・彼女は	ő
あなたは（敬称）	ön, maga
私たちは	mi
君たちは（親称）	ti
彼らは	ők
あなた方は（敬称）	önök, maguk
私を	engem
君を（親称）	téged
彼・彼女を	őt
あなたを（敬称）	önt, magát
私たちを	minket, bennünket
君たちを（親称）	titeket, benneteket
彼らを	őket
あなた方を（敬称）	önöket, magukat

(2) 疑問詞その他

何	mi
誰	ki
どんな	milyen
どれ	melyik
いつ	mikor
どのように	hogy(an)
どこで	hol
どこへ	hova
どこから	honnan
なぜ	miért
どこまで	meddig
どのくらいの大きさの	mekkora
どのくらいの量の	mennyi
どのくらいの程度	mennyire

すべて	minden
みんな，全員	mindenki
どれもすべて	mindegyik
いつも	mindig
どこでも	mindenhol
どこへも	mindenhova
どこからでも	mindenhonnan

何でも	akármi
誰でも	akárki
どんなのでも	akármilyen
どれでも	akármelyik
いつでも	akármikor
どのようにでも	akárhogy(an)
どこでも	akárhol
どこへでも	akárhova
どこからでも	akárhonnan

※ akár- のかわりに bár- をつけても同じ意味になる

何か	valami
誰か	valaki
なんらかの	valamilyen
どれか	valamelyik
いつか	valamikor
どうにか	valahogy(an)
どこかで	valahol
どこかへ	valahova
どこからか	valahonnan

何も〜ない	semmi

※否定詞 nem/sem をともなう

誰も〜ない	senki
どのようなものも〜ない	semmilyen
どれも〜ない	semelyik
絶対・一度も〜ない	soha
どうしても〜ない	sehogy(an)
どこでも〜ない	sehol
どこへも〜ない	sehova
どこからも〜ない	sehonnan

時間・季節

時間	óra
分	perc
秒	másodperc
週	hét

月	hónap	1	egy
年	év	2	kettő, két
10 年	évtized	3	három
世紀	(év)század	4	négy
千年紀	(év)ezred	5	öt
朝	reggel	6	hat
午前	délelőtt	7	hét
正午	dél	8	nyolc
午後	délután	9	kilenc
晩	este	10	tíz
夜	éjszaka	11	tizenegy
夜中	éjjel	12	tizenkettő, tizenkét
明け方	hajnal	13	tizenhárom
季節	évszak	14	tizennégy
春	tavasz	15	tizenöt
夏	nyár	16	tizenhat
秋	ősz	17	tizenhét
冬	tél	18	tizennyolc
梅雨	esős időszak	19	tizenkilenc
1 月	január	20	húsz
2 月	február	21	huszonegy
3 月	március	22	huszonkettő
4 月	április	30	harminc
5 月	május	40	negyven
6 月	június	50	ötven
7 月	július	60	hatvan
8 月	augusztus	70	hetven
9 月	szeptember	80	nyolcvan
10 月	október	90	kilencven
11 月	november	100	száz
12 月	december	1000	ezer
新年	újév	1 万	tízezer
クリスマス	karácsony	10 万	százezer
大みそか	szilveszter	100 万	(egy) millió
日曜日	vasárnap	1 千万	tízmillió
月曜日	hétfő	1 億	százmillió
火曜日	kedd	10 億	milliárd
水曜日	szerda	0 番目	nulladik
木曜日	csütörtök	1 番目	első
金曜日	péntek	2 番目	második
土曜日	szombat	3 番目	harmadik
		4 番目	negyedik
数		5 番目	ötödik
		6 番目	hatodik
0	nulla	7 番目	hetedik

8番目	nyolcadik	2回	kétszer
9番目	kilencedik	3回	háromszor
10番目	tizedik	4回	négyszer
11番目	tizenegyedik	5回	ötször
12番目	tizenkettedik	6回	hatszor
13番目	tizenharmadik	7回	hétszer
20番目	huszadik	8回	nyolcszor
21番目	huszonegyedik	9回	kilencszer
22番目	huszonkettedik	10回	tízszer
30番目	harmincadik	100回	százszor
40番目	negyvenedik	1000回	ezerszer
50番目	ötvenedik	100万回	(egy)milliószor
60番目	hatvanadik		
70番目	hetvenedik	## 方角・方向	
80番目	nyolcvanadik		
90番目	kilencvenedik	東	kelet
100番目	századik	西	nyugat
1000番目	ezredik	南	dél
0の	nullás	北	észak
1の	egyes	南東	délkelet
2の	kettes	北東	északkelet
3の	hármas	南西	délnyugat
4の	négyes	北西	északnyugat
5の	ötös	上に	fent
6の	hatos	下に	lent
7の	hetes	前に	elöl
8の	nyolcas	後に	hátul
9の	kilences	右に	jobbra
10の	tízes [tizes]	左に	balra
11の	tizenegyes	中に	bent
12の	tizenkettes	外に	kint
13の	tizenhármas	まっすぐに	egyenesen
20の	húszas [huszas]	平行に	párhuzamosan
21の	huszonegyes	対角線に	merőlegesen
22の	huszonkettes	垂直に	függőlegesen
30の	harmincas	水平に	vízszintesen
40の	negyevenes		
50の	ötvenes	## 言語	
60の	hatvanas		
70の	hetvenes	アイルランド語	ír
80の	nyolcvanas	アラビア語	arab
90の	kilencvenes	アルバニア語	albán
100の	százas	アルメニア語	örmény
1000の	ezres	イタリア語	olasz
1回	egyszer	イディッシュ語	jiddis

インドネシア語	indonéz	ラテン語	latin
インド・ヨーロッパ諸語	indoeurópai nyelvek	ラトビア語	lett
ウクライナ語	ukrán	リトアニア語	litván
ウラル諸語	uráli nyelvek	ルーマニア語	román
ウルドゥー語	urdu	ロシア語	orosz
英語	angol	ロマ語，ジプシー語	roma, cigány
エストニア語	észt		
エスペラント語	eszperantó	**動物**	
カンボジア語	khmer		
ギリシャ語	(új)görög	犬	kutya
クロアチア語	horvát	猫	macska
古代ギリシャ語	ógörög	子猫	cica
古代教会スラブ語	óegyházi szláv	馬	ló
サーミ語	számi	牛，肉牛	marha
サンスクリット語	szanszkrit	雄牛	bika
スウェーデン語	svéd	牝牛，乳牛	tehén
スペイン語	spanyol	子牛	borjú
スロヴァキア語	szlovák	豚	disznó, sertés
スロヴェニア語	szlovén	子豚	malac
スワヒリ語	szuahéli	ひつじ	juh
セルビア語	szerb	子ひつじ	bárány
タイ語	thai	ヤギ	kecske
チェコ語	cseh	ロバ	szamár
中国語	kínai	きつね	róka
朝鮮語	koreai	オオカミ	farkas
デンマーク語	dán	シカ	szarvas
ドイツ語	német	トナカイ	rénszarvas
トルコ語	török	熊	medve
日本語	japán	小熊	mackó
ノルウェー語	norvég	サル	majom
ハンガリー語	magyar		
ビルマ語	burmai	**小動物**	
ヒンディー語	hindi	うさぎ	nyúl
フィリピン語（タガログ語）	filippínó (tagalog)	ネズミ	egér
フィンウゴル諸語	finnugor nyelvek	リス	mókus
フィンランド語	finn	ハムスター	hörcsög
フランス語	francia	モルモット	tengerimalac
ブルガリア語	bolgár	こうもり	denevér
ベトナム語	vietnami		
ヘブライ語	héber	**鳥**	
ペルシャ語	perzsa, fárszi	鳥	madár
ポーランド語	lengyel	がちょう	liba, lúd
ポルトガル語	portugál	カモ，あひる	kacsa
マケドニア語	macedón	おんどり	kakas
モンゴル語	mongol	めんどり	tyúk

ひよこ	csibe	ムカデ	százlábú
ハト	galamb	毛虫	hernyó
スズメ	veréb	イモ虫	kukac
ツバメ	fecske		
カラス	varjú, holló	**その他**	
タカ、ワシ	sas	恐竜	dinoszaurusz
オウム、インコ	papagáj		
白鳥	hattyú	**国と地域**	
こうのとり	gólya		
くじゃく	páva	アイスランド	Izland
ひばり	pacsirta	アイルランド	Írország
ふくろう	bagoly	アフリカ	Afrika
		アメリカ	Amerika
サバンナの動物		アルゼンチン	Argentína
ゾウ	elefánt	アルバニア	Albánia
ライオン	oroszlán	アルメニア	Örményország
トラ	tigris	イギリス	Anglia, Nagy-Britannia
シマウマ	zebra	イスラエル	Izrael
ひょう	puma	イタリア	Olaszország
		イラク	Irak
水中の動物		イラン	Irán
魚	hal	インド	India
鯉	ponty	インドネシア	Indonézia
金魚	aranyhal	ウクライナ	Ukrajna
カエル	béka	エジプト	Egyiptom
かめ	teknős	エストニア	Észtország
イルカ	delfin	オーストラリア	Ausztrália
クジラ	bálna	オーストリア	Ausztria
サメ	cápa	カナダ	Kanada
アザラシ	fóka	韓国	Dél-Korea
ワニ	krokodil	カンボジア	Kambodzsa
貝	kagyló	北朝鮮	Észak-Korea
くらげ	medúza	キューバ	Kuba
		ギリシャ	Görögország
昆虫		グルジア	Grúzia
昆虫	rovar, bogár	クロアチア	Horvátország
ちょうちょ、蛾	lepke, pillangó	ケニア	Kenya
アリ	hangya	サウジアラビア	Szaúd-Arábia
クモ	pók	シベリア	Szibéria
ハチ	darázs	シンガポール	Szingapúr
みつばち	méh	スイス	Svájc
トンボ	szitakötő	スウェーデン	Svédország
せみ	kabóca	スペイン	Spanyolország
ゴキブリ	csótány	スロヴァキア	Szlovákia
ノミ	bolha	スロヴェニア	Szlovénia

セルビア	Szerbia
タイ	Thaiföld
台湾	Tajvan
チェコ	Csehország
中国	Kína
チリ	Chile [csíle]
デンマーク	Dánia
ドイツ	Németország
トルコ	Törökország
日本	Japán
ニュージーランド	Új-Zéland
ノルウェー	Norvégia
パキスタン	Pakisztán
パレスチナ	Palesztina
ハンガリー	Magyarország
フィリピン	Fülöp-szigetek
フィンランド	Finnország
ブラジル	Brazília
フランス	Franciaország
ブルガリア	Bulgária
ベトナム	Vietnam
ポーランド	Lengyelország
ポルトガル	Portugália
マケドニア	Macedónia
南アフリカ	Dél-Afrika
ミャンマー（ビルマ）	Mianmar（Burma）
メキシコ	Mexikó
モンゴル	Mongólia
ラトビア	Lettország
リトアニア	Litvánia
ルーマニア	Románia
ロシア	Oroszország

植物

枝	ág
茎	szár
草	fű
つぼみ	rügy
根	gyökér
葉	levél
花びら	szirom
幹	törzs

花	virág
カモミール，カミツレ	kamilla
菊	krizantém
さくら	cseresznyevirág
すみれ	ibolya
チューリップ	tulipán
バラ	rózsa
ひまわり	napraforgó

木	fa
アカシア	akác
かえで，もみじ	juhar
樫	tölgyfa
白樺	nyírfa
スギ，ヒノキ	ciprus
ポプラ	nyárfa
松，もみ	fenyőfa
やし	pálmafa
やなぎ	fűzfa

野菜，くだもの

野菜	zöldség
青ネギ	zöldhagyma
アスパラガス	spárga
オリーブ	olíva（bogyó）
かぼちゃ	tök
カリフラワー	karfiol
きのこ，マッシュルーム	gomba
キャベツ	káposzta
きゅうり	uborka
さつまいも	édesburgonya
じゃがいも	krumpli, burgonya
白ネギ	póréhagyma
すいか	görögdinnye
セロリ	zeller
大根	jégcsapretek
大豆	szójabab
たまねぎ	hagyma
とうもろこし	kukorica
トマト	paradicsom
なす	padlizsán
にんじん	sárgarépa
白菜	kínai kelkáposzta
パプリカ，ピーマン	paprika

ブロッコリー	brokkoli
ほうれん草	spenót
豆	bab
もやし	szójababcsíra
ラディッシュ	retek
レタス	fejes saláta

くだもの

くだもの	gyümölcs
あんず，アプリコット	sárgabarack, kajszibarack
いちご	eper
オレンジ	narancs
柿	datolyaszilva
栗	gesztenye
さくらんぼ	cseresznye
サワーチェリー	meggy
梨	körte
バナナ	banán
ぶどう	szőlő
プルーン，すもも	szilva
ブルーベリー	áfonya
みかん	mandarin
メロン	dinnye
もも	őszibarack
ラズベリー	málna
りんご	alma
レモン	citrom

飲みもの

コーヒー	kávé
紅茶	tea
緑茶	zöld tea
ビール	sör
黒ビール	barna sör
ワイン	bor
白ワイン	fehérbor
赤ワイン	vörösbor
ココア	kakaó
ミルク	tej
ミネラルウォーター	ásványvíz
炭酸入りの	szénsavas
炭酸なしの	szénsavmentes
ジュース，清涼飲料	üdítő
くだものジュース	gyümölcslé
りんごジュース	almalé
オレンジジュース	narancslé
ぶどうジュース	szőlőlé
ももジュース	baracklé
トマトジュース	paradicsomlé
コーラ	kóla
ウィスキー	whisky [viszki]
ブランデー	konyak
パーリンカ	pálinka
日本酒	szaké, rizsbor

食品

肉類

肉	hús
牛肉	marhahús
豚肉	sertéshús, disznóhús
鶏肉	csirkehús
七面鳥	pulyka
レバー	máj
ハム	sonka
ソーセージ	kolbász
サラミ	szalámi
ベーコン	szalonna
ウィンナー	virsli
フォアグラ	libamáj

魚介類

魚	hal
鯉	ponty
鮭	lazac
いわし	szardínia
まぐろ	tonhal
うなぎ	angolna
いか	tintahal
たこ	polip
かに，えび	rák
貝	kagyló

乳製品

牛乳	tej
サワークリーム	tejföl
ヨーグルト	joghurt
チーズ	sajt

カテージチーズ	túró
生クリーム	tejszín
ホイップクリーム	tejszínhab

穀類

パン	kenyér
クロワッサン	kifli
丸パン，バーガーパン	zsemle, zsömle
ポガーチャ（スコーン）	pogácsa
ライ麦パン	rozskenyér
こめ，ライス	rizs
小麦粉，粉	liszt

その他の食品

くるみ	dió
けしの実	mák
アーモンド	mandula
豆腐	tofu
海藻	alga

調味料

砂糖	cukor
塩	só
こしょう	bors
バター	vaj
しょうゆ	szójaszósz
ケチャップ	ketchup [kecsap]
マヨネーズ	majonéz
からし，マスタード	mustár
はちみつ	méz
ジャム	lekvár, dzsem
ドレッシング	(saláta)öntet, dresszing
ごま	szezámmag
植物油	olaj
油脂	zsír
香辛料	fűszer
にんにく	fokhagyma
とうがらし，パプリカ	paprika
ローリエの葉	babérlevél
シナモン	fahéj
バニラ	vanília

料理

前菜	előétel
スープ	leves
メインディッシュ	főétel
肉料理	húsétel
魚料理	halétel
サラダ	saláta
つけ合わせ	köret
パスタ	tészta
デザート	desszert
飲み物	ital

ハンガリー料理など

マヨネーズあえサラダ	franciasaláta
チーズのフライ	rántott sajt
マッシュルームフライ	rántott gomba
ホルトバージ風肉入りクレープ	hortobágyi palacsinta
コンソメスープ	erőleves
ポタージュ	krémleves
グヤーシュ	gulyásleves
豆のスープ	bableves
くだものスープ	gyümölcsleves
プルクルト（肉のパプリカ煮込み）	pörkölt
パプリカ・チキン	paprikás csirke
ロールキャベツ	töltött káposzta
ハラースレー（魚のパプリカシチュー）	halászlé
ウィンナー・シュニッツェル（豚肉のカツレツ）	bécsi szelet
すいとん風パスタ	nokedli, galuska
パラチンタ（クレープ）	palacsinta
レーテシュ（くだものなどのパイ包み）	rétes
ベイグリ（渦巻き状の焼き菓子）	bejgli
ラーンゴシュ（平たい揚げパン）	lángos
プルーン入り団子	szilvás gombóc

その他の料理

サンドイッチ	szendvics
スパゲティ	spagetti
ピザ	pizza
ハンバーガー	hamburger
フライドポテト	sült burgonya
寿司	szusi
チャーハン	pirított rizs
春巻き	tavaszi tekercs

デザート
生ケーキ	torta
焼き菓子	sütemény
アイスクリーム	fagylalt
プリン	puding
ドーナツ	fánk
シュークリーム	képviselőfánk

調理法
揚げた	rántott
焼いた	sült
炒めた	pirított
ゆでた	főtt
蒸した	párolt
詰めた	töltött
燻製の	füstölt
乾燥させた	szárított

職業 (nő) は女性

アナウンサー	tévébemondó
医者	orvos
ウェイター・ウェイトレス	pincér (nő)
宇宙飛行士	űrhajós
運転手	sofőr
映画監督	filmrendező
お笑い芸人	humorista
音楽家	zenész
介護士	idősgondozó
会社員，従業員	alkalmazott
画家	festő
学者	tudós
学生，生徒	diák, tanuló
カメラマン	fotós, fényképész
看護士	ápoló (nő)
技術者	mérnök
客室乗務員	légiutas-kísérő
教師（小学校低学年まで）	tanító (nő)
教師（小学校高学年以上）	tanár (nő)
芸術家	művész
警察官	rendőr
研究者	kutató
建築家	építész
コーチ	edző
公務員	közalkalmazott
コック	szakács
作家	író (nő)
作曲家	zeneszerző
歯科医	fogorvos
指揮者	karmester
詩人	költő
失業者	munkanélküli
修理屋	szerelő
主婦	háziasszony
獣医	állatorvos
消防士	tűzoltó
神父	pap
新聞記者	újságíró
スポーツマン	sportoló
政治家	politikus
清掃員	takarító
庭師	kertész
大学教授	professzor
ダイバー	búvár
炭鉱夫	bányász
ダンサー	táncos (nő)
通訳	tolmács
テレビリポーター	tévériporter
店員	eladó (nő)
年金生活者	nyugdíjas
農家	földműves
パイロット	pilóta
俳優	színész (nő)
パティシエ	cukrász
ビジネスマン	üzletember, vállalkozó
秘書	titkár (nő)
兵士	katona
弁護士	ügyvéd
保育士（女性）	óvónő
牧師	lelkész
翻訳家	fordító
薬剤師	gyógyszerész
郵便配達人	postás
理容師	fodrász
漁師	halász
猟師	vadász

学問

医学	orvostudomány
音楽	zene
化学	kémia
教育学	pedagógia
芸術	művészet
経済	közgazdaságtan
言語学	nyelvészet
建築	építészet
考古学	régészet
社会学	szociológia
神学	teológia
心理学	pszichológia
数学	matematika
政治学	politológia
生物	biológia
地理	földrajz
地学	földtan
哲学	filozófia
天文学	meteorológia
物理	fizika
文学	irodalom
文献学	filológia
法律	jog
民俗学	néprajz
薬学	gyógyszerészet
歴史	történelem

スポーツ・趣味

スポーツ　　sport

泳ぐ	úszik
空手をする	karatézik
カヌーをする	kenuzik
剣道をする	kendózik
サーフィンをする	szörfözik
サッカーをする	futballozik, focizik
自転車に乗る	biciklizik
柔道をする	dzsúdózik
ジョギングする	fut
スキーをする	síel
スケートをする	korcsolyázik
スポーツをする	sportol
ダイビングをする	búvárkodik
卓球をする	pingpongozik, asztaliteniszezik
テニスをする	teniszezik
バスケットボールをする	kosárlabdázik
バドミントンをする	tollaslabdázik
バレーボールをする	röplabdázik
ボートをこぐ	evez
ボクシングをする	bokszol
野球をする	baseballozik
ヨットに乗る	vitorlázik
レスリングをする	birkózik

楽器　　hangszer

オルガンを弾く	orgonázik
ギターを弾く	gitározik
ドラム（太鼓）を叩く	dobol
バイオリンを弾く	hegedül
フルートを吹く	fuvolázik
ピアノを弾く	zongorázik
リコーダーを吹く	furulyázik

その他の趣味　　egyéb hobbik

編み物をする	köt
歌う	énekel
映画鑑賞をする	filmet néz
絵を描く	fest
踊る	táncol
刺繍をする	hímez
写真を撮る	fényképez, fotózik
〜を収集する	gyűjt vmit
読書をする	olvas
裁縫をする	varr
遠足・ハイキングする	kirándul, túrázik
冒険する	kalandtúrázik
料理する	főz
旅行する	utazik

公共機関

市場	piac
運動場	sportpálya
映画館	mozi
駅	állomás
駅（ターミナル）	pályaudvar
オペラ劇場	operaház

温泉	fürdő, gyógyfürdő	店	bolt, üzlet
会社	vállalat, cég	港	kikötő
学生食堂	menza	薬局	gyógyszertár, patika
学校	iskola	遊園地	vidámpark
喫茶店	kávéház	郵便局	posta
教会	templom	幼稚園	óvoda
銀行	bank	寮	kollégium
空港	repülőtér	レストラン	étterem
クリニック	klinika	ロータリー	körforgalom
刑務所	börtön		
劇場	színház	**衣類**	
公園（広い）	park		
公園（遊具のある小さい）	játszótér	イブニングドレス	estélyi ruha
高校	gimnázium	靴	cipő
高速道路	autópálya	靴下	zokni
国会議事堂	parlament, országház	コート	kabát
サーカス	cirkusz	サンダル	szandál
裁判所	bíróság	ジーパン	farmernadrág
事務所	iroda	ジャケット	dzseki
市役所	városháza	スーツ	öltöny
小学校	általános iskola	スカート	szoknya
消防署	tűzoltóság	ストッキング	harisnya
ショッピングセンター	bevásárlóközpont	スニーカー	tornacipő
神社	sintó szentély	ズボン	nadrág
水族館	akvárium	スリッパ	papucs
スーパーマーケット	szupermarket	制服	egyenruha
大学（総合）	egyetem	背広（の上着）	zakó
大学（単科）	főiskola	タキシード	szmoking
建物	épület	蝶ネクタイ	csokornyakkendő
炭鉱	bánya	Ｔシャツ	póló
庭園	kert	トレーナー	melegítő
テニスコート	teniszpálya	ネクタイ	nyakkendő
デパート	áruház	パンツ（男性用）	alsónadrág
寺	buddhista templom	パンツ（女性用）	bugyi
動物園	állatkert	ブーツ	csizma
図書館	könyvtár	ブラウス	blúz
博物館	múzeum	ブラジャー	melltartó
美術館	szépművészeti múzeum	帽子（縁あり）	kalap
病院	kórház	帽子（縁なし）	sapka
広場	tér	モーニング	frakk
プール（屋内）	uszoda	ワイシャツ	ing
プール（屋外），ビーチ	strand	ワンピース	egyrészes ruha
保育園	bölcsőde		
墓地	temető	**装飾品など**	
ホテル	szálloda, szálló	イヤリング，ピアス	fülbevaló

サングラス	napszemüveg
刺繡	hímzés
スカーフ	sál
手袋	kesztyű
時計	óra
ネックレス	nyaklánc
バッグ，かばん	táska
バッジ	kitűző
ハンカチ	zsebkendő
ハンドバッグ	kistáska
ビーズ	gyöngy
ファスナー，チャック	cipzár
ブローチ	bross, melltű
宝石	ékszer
ポケット	zseb
ボタン	gomb
眼鏡	szemüveg
指輪	gyűrű
リボン	szalag
レース	csipke

住居

建物

建物，ビル	épület
一戸建ての家	ház
マンション・団地の中の家	lakás
マンション・団地	társasház
階段	lépcső
エレベータ	lift
エスカレーター	mozgólépcső
廊下	folyosó
門	kapu
インターホン	kaputelefon
郵便受け	postaláda
屋根	tető（vminek teteje）
煙突	kémény
壁	fal
床	padló
柱	oszlop
天井	mennyezet
シャッター，雨戸	redőny
屋根裏	padlás
ベランダ	erkély
アンテナ	antenna

れんが	tégla
かわら	cserép
庭	kert
中庭	udvar
ガレージ	garázs
地下室	pince
柵	kerítés

住宅

玄関	előszoba
浴室	fürdőszoba
トイレ	vécé, mosdó
台所	konyha
リビング	nappali
ダイニング	ebédlő
寝室	hálószoba
書斎	dolgozószoba
子供部屋	gyerekszoba
食糧貯蔵庫	kamra
ドア	ajtó
窓	ablak
網戸	szúnyogháló
カーペット，じゅうたん	szőnyeg
カーテン	függöny
壁紙	tapéta
照明	lámpa
スイッチ	kapcsoló
コンセント	konnektor
ごみ箱	szemetes
時計	óra
エアコン	légkondicionáló, légkondi
リモコン	távirányító
掃除機	porszívó
暖房機	fűtőtest
扇風機	ventilátor
警報機	riasztó

リビング

テーブル	asztal
いす	szék
テーブルクロス	asztalterítő
ナプキン	szalvéta
ナイフ	kés
フォーク	villa
スプーン	kanál

お箸	pálcika	まな板	vágódeszka
コップ，グラス	pohár	包丁	konyhai kés
皿	tányér	フライパン	serpenyő
カップ	csésze	なべ	lábos, fazék
食器棚	konyhaszekrény	やかん	kanna
ソファ	kanapé	ボウル	keverőtál
ひじかけ椅子	fotel	ざる	szűrő
クッション	díszpárna	おたま	merőkanál
テレビ	televízió, tévé	泡立て器	habverő
ラジオ	rádió	皮むき器，ピーラー	zöldséghámozó
DVDプレーヤー	DVD-lejátszó	炊飯器	rizsfőző
		ミキサー	turmixgép
		まほう瓶	termosz
		タイマー	konyhai időmérő
		なべつかみ	edényfogó kesztyű

浴室

洗面台	mosdókagyló
鏡	tükör
ハブラシ	fogkefe
歯磨き粉	fogkrém
ヘアブラシ	hajkefe
くし	fésű
タオル	törülköző
ひげそり	borotva
浴槽	fürdőkád
鏡	tükör
シャワー	zuhany
せっけん	szappan
シャンプー	sampon
リンス	hajbalzsam
ヘアカラー	hajfesték
洗濯機	mosógép
洗剤	mosószer
柔軟剤	öblítő
洗濯バサミ	ruhacsipesz
物干しざお	ruhaszárító
ハンガー	vállfa

寝室

ベッド	ágy
二段ベッド	emeletes ágy
枕	párna
シーツ	lepedő
毛布	takaró
布団カバー	takaróhuzat
枕カバー	párnahuzat
マットレス	matrac
目覚まし時計	ébresztőóra

部屋

デスク	íróasztal
椅子	szék
本棚	könyvespolc
たんす	szekrény
引き出し	fiók
絵	kép
写真	fénykép, fotó
カレンダー	naptár
おもちゃ	játék
グランドピアノ	zongora
アップライトピアノ	pianínó

色

色	szín
青い	kék
赤い	piros

台所

冷蔵庫	hűtőszekrény
冷凍庫	mélyhűtő
コンロ	tűzhely
オーブン	sütő
レンジ	mikrosütő
食器用洗剤	mosogatószer
スポンジ	szivacs
ゴム手袋	gumikesztyű
食器洗い機	mosogatógép

紅い	vörös
オレンジ色の	narancssárga
黄色い	sárga
黄緑の	világoszöld
金色の	aranyszínű
銀色の	ezüstszínű
黒い	fekete
白い	fehér
茶色の	barna
灰色の	szürke
ピンクの	rózsaszín
水色の	világoskék
緑の	zöld
紫の	lila
模様	minta
無地の	egyszínű
縞模様の	csíkos
チェック柄の	kockás
水玉模様の	pöttyös

味覚

味	íz
甘い	édes
甘めの	édeskés
薄い	híg
おいしい	finom
辛い	csípős
辛口の（酒）	száraz
濃い	sűrű
塩辛い	sós
すっぱい	savanyú
すっぱいめの	savanykás
苦い	keserű
まずい	rosszízű

形状・状態

明るい	világos
浅い	sekély
新しい	új
熱い・暑い	meleg
厚い	vastag
薄い	vékony
美しい	szép
多い	sok
大きい	nagy
遅い	késő
固い	kemény
乾いた	száraz
汚い	piszkos
きれい（清潔）な	tiszta
暗い	sötét
寒い	hideg
三角の	háromszögletű
四角の	négyszögletű
少ない	kevés
狭い	keskeny
だ円の	ovális
高い（高さが）	magas
高い（値段が）	drága
小さい	kicsi, kis
冷たい	hideg
強い	erős
長い	hosszú
濡れた	vizes
早い	korai
速い	gyors
低い	alacsony
広い	széles
深い	mély
古い	régi
まっすぐな	egyenes
まるい	kerek
短い	rövid
安い	olcsó
柔らかい	puha
弱い	gyenge

性格・容姿

愛想のいい・社交的な	barátságos
愛想の悪い	barátságtalan
頭の固い	keményfejű
あやしい	gyanús
荒っぽい	durva
哀れな	szegény
意地悪な	gonosz
えらそうな	nagyképű
オープンな	nyitott

日本語	Magyar	日本語	Magyar
おかしな	vicces, humoros	熱心な	szorgalmas
臆病な	gyáva	ばかな	buta, hülye
怒った	mérges, dühös	禿げた	kopasz
おしゃべりな	beszédes	恥ずかしがりの	félénk
穏やかな	nyugodt	ハンサムな	helyes, jóképű
男っぽい	férfias	（あご）髭を生やした	szakállas
おもしろい	érdekes	（口）髭を生やした	bajuszos
女っぽい	nőies	美人の	szép, csinos
活発な，行動的な	aktív	不器用な	ügyetlen
かしこい	okos	太った	kövér
悲しい	szomorú	フレンドリーな	barátságos
かわいい	aranyos, cuki	真面目な	komoly
変わった	furcsa	未熟な	éretlen
頑固な	makacs	魅力的な	vonzó
感じのよい	szimpatikus	無関心な	nemtörődöm
完璧な	tökéletes	物静かな	csendes
気が狂った	őrült	優しい	kedves
気がつく，気のきいた	előzékeny, figyelmes	やせた	sovány, vékony
きちんとした	rendes	勇敢な	bátor
厳しい	szigorú	陽気な，快活な	vidám
気まぐれな	szeszélyes	礼儀正しい	udvarias
器用な	ügyes	冷静な	higgadt
筋肉質の	izmos	若い	fiatal
愚痴っぽい	panaszkodós	わがままな	önző
ケチな	zsugori		
攻撃的な	agresszív		
子どもっぽい	gyerekes		

感情・感覚
　　　　※すべて「私」（én）が言う場合の表現

時間に正確な	pontos
自信過剰な	beképzelt
嫉妬深い	féltékeny
失礼な	udvariatlan
慎重な	óvatos
ぞっとする	undorító
スリムな	karcsú
ずるい	ravasz
成熟した	érett
尊敬すべき	tiszteletre méltó
退屈な	unalmas
大胆な	merész
だらしない	lusta
冷たい	hideg
忠実な	hűséges
堂々とした	magabiztos
年をとった	öreg
熱血の	buzgó

愛してる	Szeretlek.
暑い	Melegem van.
安心した	Megnyugodtam.
痛い	Fáj.
イライラする	Ideges vagyok.
	Idegesít.
うらやましい	De jó neki! Irigylem őt.
うれしい	Örülök neki.
うんざりだ	Elegem van.
	Torkig vagyok vele.
怒っている	Mérges/dühös vagyok.
	Haragszom.
	Fel vagyok háborodva.
驚いた（予期せぬこと）	Meglepődtem.
	Csodálkozom.
驚いた（恐怖に）	Megijedtem.
おなかがへった	Éhes vagyok.
がっかりした	Csalódtam benne.

	Kiábrándultam.	夢中だ	Oda vagyok érte.
確信している	Biztos vagyok benne.		
かゆい	Viszket.	**パソコン関連**	
かわいそう	Sajnálom.		
悲しい	Szomorú vagyok.	ID	felhasználónév
感動した	Megható volt.	アダプター，変換器	adapter
機嫌がよい	Jó kedvem van.	アダプター（パソコンの）	töltő
機嫌が悪い	Rossz kedvem van.	アットマーク	kukac
傷ついた	Meg vagyok sértődve.	イヤホン	fülhallgató
気分が悪い	Rosszul vagyok.	インターネット	internet
興味がある	Kíváncsi vagyok.	ウィルス	vírus
緊張している	Izgulok.	延長コード	hosszabbító
くすぐったい	Csiklandoz.	キーボード	billentyűzet
興奮している	Izgatott vagyok.	クリックする	klikkel
心が痛む	Fáj a szívem.	携帯電話	mobil (telefon)
困った	Zavarban vagyok.	ケーブル	kábel
こわい	Félek.	ゲーム機	játékkonzol
寒い	Fázom.	ゲームソフト	játékszoftver
幸せだ	Boldog vagyok.	コントローラ	játékvezérlő
嫉妬している	Féltékeny vagyok.	コントロールパネル	vezérlőpult
死ぬかと思った	Majd meghaltam.	再起動する	újraindít
ショックだ	Megdöbbentem.	CD	CD [cédé]
信じられない	Nem tudom elhinni.	充電器	töltő
絶望した	Kétségbe vagyok esve.	充電する	feltölt
想像つかない	Nem tudom elképzelni.	ショートメッセージ	SMS [esemes]
	El se tudom képzelni.	ズームする	zoomol
その気がない	Nincs kedvem.	スカイプで話す	skype-ol [szkájpol]
大きらいだ	Utálom.	スキャナーで読み取る	beszkennel
大好きだ	Imádom.	スピーカー	hangszóró
	Nagyon szeretem.	スマートフォン	okostelefon
楽しい	Jól érzem magam.	ソーシャルネットワーク	közösségi oldal
ちくちくする	Csíp.	ソフトウェア	szoftver
ついてない	Szerencsétlen vagyok.	ダウンロードする	letölt
	Pechem van.	ディスク	lemez
疲れた	Fáradt vagyok.	ディスプレイ	monitor
同情している	Együttérzek vele.	データ	adat
とてつもない	Elképesztő.	デジカメ	digitális fényképezőgép
眠い	Álmos vagyok.	デスクトップ	asztali számítógép
のどが渇いた	Szomjas vagyok.	電源タップ	elosztó
吐き気がする	Hányingerem van.	電源を入れる	bekapcsol
恥ずかしい	Szégyellem magam.	電源を切る	kikapcsol
ひどい	Borzasztó.	添付する	csatol
	Szörnyű.	ネットワーク	hálózat
不幸だ	Boldogtalan vagyok.	ノートパソコン	laptop
フラフラする	Szédülök.	ハードディスク	merevlemez, winchester

パスワード	jelszó	
パソコン	számítógép	
バッテリー	akkumulátor	
ビデオカメラ	videókamera	
ファイル	fájl	
ブランド，メーカー	márka	
フリーズする	lefagy	
プリンター	nyomtató	
プレーヤー	lejátszó	
プロジェクター	vetítő, projektor	
ヘッドホン	fejhallgató	
ホームページ	honlap	
保障期間	garancia	
保存する	(el)ment	
マウス	egér	
メーリングリスト	levelezőlista	
メール	e-mail, email [ímél]	
メールする	emailez [ímélez]	
メールアドレス	e-mail cím	
メモリー	memória	
メモリーカード	memóriakártya	
メモリースティック	pendrive	
リモコン	távirányító	
録音	hangfelvétel	
録画	videófelvétel	

身体の部位

		私の〜
あご	áll	állam
足，脚	láb	lábam
足の裏	talp	talpam
頭	fej	fejem
胃	gyomor	gyomrom
おなか	has	hasam
顔	arc	arcom
かかと	sarok	sarkam
肩	váll	vállam
髪	haj	hajam
からだ	test	testem
肝臓	máj	májam
筋肉	izom	izmom
口	száj	szám
首	nyak	nyakam
血管	ér	erem
舌	nyelv	nyelvem
尻	fenék	fenekem
尻（幼児語）	popsi	popsim
神経	ideg	idegem
心臓	szív	szívem
すい臓	vese	vesém
背中	hát	hátam
背骨	gerinc	gerincem
血	vér	vérem
腸	bél	belem
つめ	köröm	körmöm
手	kéz	kezem
手首	csukló	csuklóm
手のひら	tenyér	tenyerem
脳	agy	agyam
のど	torok	torkom
歯	fog	fogam
肺	tüdő	tüdőm
鼻	orr	orrom
ひざ	térd	térdem
ひじ	könyök	könyököm
額	homlok	homlokom
へそ	köldök	köldököm
まつげ	szempilla	szempillám
まゆげ	szemöldök	szemöldököm
耳	fül	fülem
目	szem	szemem
盲腸	vakbél	vakbelem
指	ujj	ujjam
親指	hüvelykujj	hüvelykujjam
人差し指	mutatóujj	mutatóujjam
中指	középső ujj	középső ujjam
薬指	gyűrűs ujj	gyűrűs ujjam
小指	kisujj	kisujjam
わき	hónalj	hónaljam

親族名称

		私の〜
曾祖父	dédapa	dédapám
曾祖母	dédanya	dédanyám
祖父母	nagyszülők	nagyszüleim
おじいさん	nagypapa	nagypapám
おばあさん	nagymama	nagymamám
両親	szülők	szüleim
親	szülő	szülőm

父	(édes)apa	(édes)apám		息子	fia	fiam
母	(édes)anya	(édes)anyám		娘	lány	lányom
おとうさん	apuka	apukám		赤ちゃん	kisbaba	kisbabám
おかあさん	anyuka	anyukám		孫	unoka	unokám
兄弟姉妹	testvér	testvérem		親戚	rokon	rokonom
兄	báty	bátyám		いとこ	unokatestvér	unokatestvérem
姉	nővér	nővérem		おじ	nagybáty	nagybátyám
弟	öcs	öcsém		おば	nagynéni	nagynéném
妹	húg	húgom		甥	unokaöcs	unokaöcsém
夫	férj	férjem		姪	unokahúg	unokahúgom
妻	feleség	feleségem		まま父	mostohaapa	mostohaapám
義父	após	apósom			nevelőapa	nevelőapám
義母	anyós	anyósom		まま母	mostohaanya	mostohaanyám
義理の兄弟	sógor	sógorom			nevelőanya	nevelőanyám
義理の姉妹	sógornő	sógornőm		異父 / 母兄弟	féltestvér	féltestvérem
子ども	gyerek	gyerekem				

付録２．この本に出てくる単語

文法情報として，動詞の不定形接尾辞，名詞の複数・対格・3人称単数所有接尾辞，形容詞の複数・対格接尾辞，数詞の対格接尾辞のうち，不規則なものや迷いやすいものを記載した。また，子音でおわる名詞の3人称単数所有接尾辞に -j- が入るものを示した。

略語一覧：動（動詞），名（名詞），形（形容詞），副（副詞），代（代名詞），疑（疑問詞），頭（動詞接頭辞），尾（接尾辞），冠（冠詞），接（接続詞），関（関係詞），数（数詞），感（感嘆詞），vmi (= valami) もの，vki (= valaki) 人，-ni 不定詞

単語	品詞	日本語訳
A, Á		
a	冠	その
abba-	頭	途中で
abbahagy	動	中止する
abbamarad	動	中止になる
ablak	名	窓
ad	動	与える
adó	名	税金
aggódik	動	心配する
ágy -ak, -at	名	ベッド
agyon-	頭	死ぬまで
agyonlő	動	撃ち殺す
agyonver	動	殴り殺す
ahány	関	～の数だけ
ahelyett	関	～のかわりに
ahogy	関	～のように
ahol	関	～のところで
ahonnan	関	～のところから
ahova	関	～のところへ
ajaj	感	（災難などで）あらまあ，やれやれ
ajándék -ok, -ot	名	プレゼント，おみやげ
ajándékbolt -ja	名	みやげ物屋
ajánl -ani	動	薦める
ajtó ajtaja	名	ドア
akadályoz	動	じゃまする
akar	動	①欲する②(-ni)～したい
akár	副/接	～であろうが
akárhogy	副	どのように～しても
akárhol	副	どこでも
akárki	代	誰でも
akármennyi	形	どのくらいでも
akármi	代	何でも
akármikor	副	いつでも
akármilyen -milyet	形	どんなでも
aki	関	～する人
akkora	形	そのくらいの大きさの
alá	後	～の下へ
alacsony	形	低い
aláír	動	サインする
alakít -ani	動	形成する
alapismeret	名	基礎知識
alatt	後	～の下で
albérlet	名	下宿
alig	副	ほとんど～ない
alkalmazott -ak, -at, -ja	名	従業員
alkalom alkalm/ak, -at, -a	名	機会
áll	動	立っている
állandóan	副	絶えず
állat	名	動物
állítólag	副	聞くところでは
állomás -t	名	駅
alma	名	りんご
álmos	形	眠い
alól	後	～の下から
álom álm/ok, -ot, -a	名	夢
alszik aludni	動	眠る
által	後	～によって
általános	形	普通の
általános iskola		小学校

215

aluli (vmin) -ak, -t	形	(〜より)下の	augusztus -t	名	8月
amekkora	関	〜の大きさの	Ausztrália	名	オーストラリア
amely	関	〜するもの	Ausztria	名	オーストリア
amelyik amelyek	関	〔いくつかのうち〕〜するもの	autó	名	車
			autóbusz -t	名	バス
amennyi	関	〜くらいの量の			
Amerika	名	アメリカ	az -t	代	それ, あれ
amerikai -ak, -t	名/形	アメリカ人, アメリカの			
			az	冠	その, あの
ami	関	〜するもの	azaz	接	すなわち, つまり
amíg	関	〜するあいだ	azért	副	そのために
amikor	関	〜する時	aznap	副	その日に
amilyen amilyet	関	〜のような	azonban	接	しかしながら
			azonnal	副	すぐに
anélkül	関	〜することなく	azóta	副	それ以来
Anglia	名	イギリス	aztán	副	それから
angol -ja	名/形	英語, イギリス人	azután	副	それから
			B		
anya anyja	名	母			
			baba	名	赤ちゃん
annyi	形	そのくらいの量の	bácsi	名	おじさん
annyira	副	そんなに	baj -t	名	問題
anyu	名	おかあさん			
anyuka	名	おかあさん	bájos	形	魅力的な
apa apja	名	父	bajuszos	形	口ひげを生やした
			baleset	名	事故
április -t	名	4月	ballag	動	ゆっくり歩く
			balra	副	左へ
apu	名	おとうさん	banán -t, -ja	名	バナナ
apuka	名	おとうさん			
ár -ak, -at	名	値段	bank -ja	名	銀行
arab -ja	名/形	アラブ人, アラブの	bánt -ani	動	いじめる
			bár	接	〜ではあるが
aranyos	形	かわいい	barát -ja	名	友だち
aranysárga	形	金色の			
ásványvíz -víz/ek,-et, -e	名	ミネラルウォーター	barátnő	名	女友だち
			bárhogy	副	どのように〜しても
asszony -t	名	婦人	bárhol	副	どこでも
			bárki	代	誰でも
asztal -t	名	机, テーブル	bármi	代	何でも
			bármikor	副	いつでも
át-	頭	渡って, 通って	bármilyen -milyet	形	どんなでも
átalakít -ani	動	作り変える			
			barna	形	茶色の
átalakul	動	変わる	bátor bátr/ak, -at	形	勇敢な
átmegy -menni	動	渡る			
			báty	名	兄
átszáll	動	乗り換える			

-ja		
Bazilika	名	バジリカ，大聖堂
be-	頭	中へ
bead	動	提出する
Bécs	名	ウィーン
becsomagol	動	包む
becsuk	動	閉じる
befejez	動	終える
behív	動	召集する
beiratkozik	動	入学する
bejárat	名	入口
bejgli	名	ベイグリ（ロール状の焼き菓子）
bejön	動	入ってくる
bekapcsol	動	スイッチを入れる
béke	名	平和
bele	尾	その中へ
beléd	尾	(-ba, -be の2人称単数形)君の中へ
beleegyezik	動	賛成する
beleesik（vkibe）	動	(〜に)恋に堕ちる
beléje	尾	(-ba, -be の3人称単数形)彼・彼女・その中へ
beléjük	尾	(-ba, -be の3人称複数形)彼ら・それらの中へ
belém	尾	(-ba, -be の1人称単数形)私の中へ
belénk	尾	(-ba, -be の1人称複数形)私たちの中へ
belép	動	入る
belépő	名	入場料
belétek	尾	(-ba, -be の2人称複数形)君たちの中へ
beletesz -tenni	動	入れる
belőle	尾	(-ból, -ből の3人称単数形)彼・彼女・その中から
belőled	尾	(-ból, -ből の2人称単数形)君の中から
belőlem	尾	(-ból, -ből の1人称単数形)私の中から
belőletek	尾	(-ból, -ből の2人称複数形)君たちの中から
belőlük	尾	(-ból, -ből の3人称複数形)彼ら・それらの中から
belőlünk	尾	(-ból, -ből の1人称複数形)私たちの中から
belül（vmin）	後	〜以内に
belváros -t	名	旧市街
bélyeg	名	切手
bemegy -menni	動	入る
bemutat	動	紹介する
bemutatkozik	動	自己紹介する
benne	尾	(-ban, -ben の3人称単数形)彼・彼女・その中で
benned	尾	(-ban, -ben の2人称単数形)君の中で
bennem	尾	(-ban, -ben の1人称単数形)私の中で
bennetek	尾	(-ban, -ben の2人称複数形)君たちの中で
benneteket	代	君たちを
bennük	尾	(-ban, -ben の3人称複数形)彼ら・それらの中で
bennünk	尾	(-ban, -ben の1人称複数形)私たちの中で
bérel	動	借りる
berúg	動	酔っぱらう
beszáll	動	乗車する
beszél	動	話す
beszélget	動	おしゃべりする
beteg	形/名	病気の，病人
betart -ani	動	(ルールなどを)守る
betesz -tenni	動	入れる
bevásárlás -t	名	買い物
bevásárlóközpont -ja	名	ショッピングセンター
bevásárol	動	買い物をする
bevesz -venni	動	(薬を)飲む
bevisz -vinni	動	持って入る
bezár	動	閉じる
bicikli	名	自転車
bír	動	耐える

bizony	副	確かに	
bizottság	名	委員会	
biztos	副/形	きっと，確実な	
blúz -t	名	ブラウス	
bocsánat	名	許し	
Bocsánat!		すみません。	
boldog -ok, -ot	形	しあわせな	
bolt -ja	名	店	
bor -t	名	ワイン	
borfesztivál -ok, -t, -ja	名	ワインフェスティバル	
boríték -ok, -ot, -ja	名	封筒	
borravaló	名	チップ	
borzasztó -ak, -t	形	ひどい	
bő -vek, -vet	形	豊かな	
bőven van		たっぷりある	
bőrönd -je	名	スーツケース	
börtön -t	名	刑務所	
búcsúzik (vkitől)	動	(〜と)お別れをする	
budapesti -ek	形/名	ブダペストの，ブダペスト出身者	
bújik	動	隠れる	
buli -ja	名	パーティー	
bulizik	動	パーティーをする	
busz -t	名	バス	
buta	形	ばかな	
butik -ok, -ot, -ja	名	ブティック	
bútor -t	名	家具	
büfé	名	ビュッフェ	

C

cápa	名	サメ	
CD [cédé]	名	CD	
cédula	名	紙切れ，くじ	
ceruza	名	鉛筆	
cica	名	子猫	
cikk	名	記事	
cím	名	①住所，アドレス②題名	
cipő	名	靴	
cm [centi]	名	センチ	
cukor cukr/ok, -ot, -a	名	砂糖	
cukrászda	名	お菓子屋	
C-vitamin -t, -ja	名	ビタミンC	

Cs

csak	副	ただ，〜だけ	
család -ja	名	家族	
csárda	名	居酒屋風レストラン	
Csárdáskirálynő	名	チャールダーシュの女王(オペレッタ作品)	
cseh	名/形	チェコ人，チェコ語，チェコの	
Csehország	名	チェコ	
csendes	形	静かな	
csenget	動	ベルが鳴る	
csinál	動	する，作る	
csinos	形	きれいな，美人の	
csípős	形	辛い	
csiripel	動	さえずる	
csodálatos	形	すばらしい	
csodálkozik (vmin)	動	(〜に)驚く	
csoki	名	チョコ(csokoládéの略)	
csókol	動	キスする	
Csókolom!		こんにちは。(男性が女性に，子どもが大人に)	
csokornyakkendő	名	蝶ネクタイ	
csomag -ja	名	荷物	
csomagtartó	名	(車の)トランク	
csoport -ja	名	グループ，クラス	
csoporttárs	名	クラスのメンバー	
csúnya	形	醜い	
csúszda	名	すべり台	
csütörtök	名	木曜日	

D

darab -ja	名	①〜個②作品	
egy darabig		しばらくの間	
de	接	でも	

december	名	12月		ebédel	動	昼食を食べる
-t				ebédidő	名	昼食の時間
deci	名	デシリットル (100ml)		-ideje		
dehogynem	副	もちろん		édes	形	甘い
deka	名	デカグラム (10g)		édesanya	名	母
dél	名	①正午②南		-anyja		
del/ek, -et, -e				édesapa	名	父
délben	副	昼に		-apja		
délelőtt	副	午前		edz	動	(スポーツで)練習する
délután	副	午後		-eni		
demokrácia	名	民主主義		edző	名	コーチ
derék	名	腰		ég	名	空
derek/ak, -at, -a				eg/ek, -et, -e		
desszert	名	デザート		egész	形	全体の
-je				*egész nap*		一日中
diák	名	学生		egészség	名	健康
-ja				*Egészségedre!*		(食事を終えた人に)おそまつさま。
díj	名	賞				
-ak, -at				*Egészségünkre!*		乾杯!
diszkó	名	ディスコ		egy	冠	とある，ひとつの
divatos	形	流行の		egy	数	1
dobál	動	投げる		egyébként	副	ところで
doboz	名	箱		egyedül	副	ひとりで
-t				egyelőre	副	とりあえず
dohányzik	動	たばこを吸う		egyenként	副	1つずつ，1人ずつ
dohányozni				egyes	数	1の
doktor	名	医者		egyetem	名	大学
-t				egyetemista	名	大学生
dolgozat	名	レポート		egyik	形	(いくつかのうち)ひとつの
dolgozik	動	働く				
dolgozó	名	勤労者		egykettőre	副	あっというまに
dolgozószoba	名	書斎，仕事部屋		egymás	代	お互い
dolog	名	こと，もの，用事		-t		
dolg/ok, -ot, -a				egyre	副	どんどん
dönt	動	決める		egyrészt	副	一方で
-eni				egyszer	副	一度，ある時
drága	形	高価な		egyszerre	副	いっぺんに
drukkol (vkinek)	動	(〜を)応援する		együtt	副	いっしょに
dugó	名	渋滞		éhes	形	おなかがすいた
Duna	名	ドナウ河		éjjel	副	夜中に
				éjszaka	名	夜
Dzs				ékszerdoboz	名	宝石箱
dzsem	名	ジャム		-t		
dzsúdó	名	柔道		el-	頭	去って
dzsúdózik	動	柔道をする		él	動	暮らす，生きる
				elad	動	売る
E, É				eladó	名	店員
-e	尾	〜かどうか		elalszik	動	寝てしまう
ebéd	名	昼食		-aludni		
-je				elbukik	動	失敗する

éldegél	動	のんびり暮らす	
elé	後	〜の前へ	
elég	副/形	かなり；十分な	
elegáns	形	優雅な	
elégedett (vmivel)	形	(〜に)満足した	
eléggé	副	かなり	
eleje	名	初め	
élelmiszer -t	名	食料品	
elér	動	追いつく	
élesztő	名	イースト	
élet	名	①人生，生活②命	
életmód -ja	名	生活様式	
elfelejt -eni	動	忘れる	
elfogad	動	受け取る，受け入れる	
elfoglal	動	占拠する	
El vagyok foglalva.		私は忙しい。	
elfoglalt	形	忙しい	
elhagy	動	〜を離れる，〜を去る	
elhalaszt -ani	動	延期する	
elhatároz	動	決める	
elhisz -hinni	動	信じる	
elindul	動	出発する	
eljön	動	来る	
elkésik	動	遅れる	
elkezd -eni	動	始める	
elkísér	動	送る	
elköltözik	動	引越しする	
ellen	後	〜に対して	
ellenére	後	〜にもかかわらず	
elmegy -menni	動	出かける，行ってしまう	
elmond -ani	動	話す	
elnézés -t	名	寛容	
Elnézést!		すみません。	
elnök	名	会長	
elolvas	動	読んでしまう	
előadás -t	名	講義，講演，公演	
elől	後	〜の前から	
előre	副	前もって	
először	副	初めて	
előtt	後	〜の前で	
elővesz -venni	動	取り出す	
előző	形	前の	
elseje	名	1日	
első elseje	数	1番の，最初の	
elsőéves	形/名	1年生(の)	
eltelik	動	(時が)過ぎる	
eltűnik	動	消える	
elutazik	動	旅立つ	
elválik	動	離婚する	
elvégez	動	終える	
élvez	動	楽しむ	
elvisz -vinni	動	持っていく	
emailezik [ímeilezik]	動	メールする	
ember -t	名	人	
emeletes	形	階のある	
emiatt	副	このせいで	
emlékszik (vmire) emlékezni	動	(〜を)思い出す，覚えている	
én	代	私は	
énekel	動	歌う	
énekesnő	名	女性歌手	
enged	動	許す	
engem	代	私を	
ennivaló	名	食べ物	
enyém	代	私のもの	
ennyi	形	こんなに多くの	
eper epr/ek, -et, -e	名	いちご	
épít -eni	動	建てる	
építész -t	名	建築家	
éppen	副	ちょうど	
épület	名	建物	
érdekel (vkit)	動	(〜に)興味を持たせる	
érdekes	形	おもしろい	
érdeklődik (vmi iránt)	動	(〜に)興味を持つ	
Erdély -t	名	トランシルヴァニア	
érdemes (-ni)	形	〔不定詞と〕(〜する)価値のある	
eredmény -t	名	結果	

					F	
érez	動	感じる	fa	名	木	
jól érzi magát		楽しい	fagyi	名	アイス（fagylaltの略）	
érkezik	動	着く	fagylalt	名	アイスクリーム	
erő	名	力	-ja			
ereje			fáj	動	痛む	
erős	形	強い	fajta	名	種類	
erősít	動	強くする	fakad	動	湧き出る	
-eni			*sírva fakad*		わっと泣き出す	
erősödik	動	強くなる	fal	名	壁	
erre	代/副	こちらへ	-ak, -at			
erről	代	これについて	falu	名	村	
ért	動	理解する	falvak, falut, falva			
-eni			falusi	形	村の	
érte	後	彼・彼女・それのために	-ak, -t			
érted	後	君のために	fantasztikus	形	すばらしい	
értem	後	私のために	fáradt	形	疲れた	
értetek	後	君たちのために	fázik	動	寒い，寒気がする	
értük	後	彼らのために	február	名	2月	
értünk	後	私たちのために	-t			
és	接	〜と；それで	fegyver	名	武器	
esernyő	名	傘	-t			
esetleg	副	場合によっては	fehér	形	白い	
esik	動	降る	fej	名	①頭②（キャベツなど）〜個	
esküvő	名	結婚式				
eső	名	雨	fekete	形	黒い	
este	副	晩に	Fekete-tenger	名	黒海	
ész	名	知性	-t			
eszek, észt, esze			fekszik	動	横たわる	
vkinek eszébe jut		思いつく	feküdni			
észak	名	北	fél	形/名	半分の	
eszik	動	食べる	fel/ek, -et, -e			
enni			fél(vmitől)	動	心配する，怖れる	
észrevesz	動	気がつく	felad	動	①投函する②あきらめる	
-venni						
étel	名	料理	feladat	名	課題	
-t			feláll	動	立ち上がる	
étterem	名	レストラン	felé	後	〜の方へ	
étterm/ek, -et, -e			felébred	動	目が覚める	
étvágy	名	食欲	felébreszt	動	起こす	
-ak, -at			-eni			
Európa	名	ヨーロッパ	feleség	名	妻	
év	名	年	*feleségül vesz vkit*		〔男性が〕〜と結婚する	
évente	副	毎年				
éves	形	〜歳の	felgyújt	動	（灯を）つける	
ez	代	これは	-ani			
-t			felhív	動	電話する	
ezer	数	千	felír	動	処方する	
ezr/ek, -et, -e			felirat	名	字幕	
ezért	接	だから	felkel	動	起きる	

felmegy	動	上る		foglal	動	占める	
-menni				*asztalt foglal*		テーブルを予約する	
felolvas	動	声に出して読む		*helyet foglal*		①座る②場所をとる	
felöltözik	動	服を着る		foglalkozik (vmivel)	動	(〜を)専門にする, 仕事にする	
felpofoz	動	平手打ちをする					
felpróbál	動	試着する		folyó	名	川	
félre-	頭	間違って, わきへ		folytat	動	続ける	
félreért	動	誤解する		fontos	形	大切な	
-eni				fordít	動	翻訳する	
félretesz	動	とっておく		-ani			
-tenni				forradalom	名	革命	
felszáll	動	乗車する		forradalm/ak, -at, -a			
félsziget	名	半島		fotó	名	写真	
felszólító	形	命令形の		fotóalbum	名	写真集	
feltesz	動	上げる		földalatti	名	地下鉄	
-tenni				-ak, -t			
felül	動	乗る		földrajz	名	地理	
fent	副	上で		földrajztanár	名	地理の教師	
fénykép	名	写真		-t			
fényképez	動	写真を撮る		földszint	名	地上階	
férfi	名	男性		-ek, -et, -je			
-ak, -t, -a				fölé	後	〜の上へ	
férj	名	夫		fölött	後	〜の上で	
férjhez megy (vkihez)		[女性が](〜と)結婚する		fölül	後	〜の上から	
				főnök	名	上司	
fest	動	塗る		főz	動	料理する	
-eni				francia	名/形	フランス人, フランス語, フランスの	
fesztivál	名	フェスティバル, 祭り					
-t, -ja				Franciaország	名	フランス	
fiatal	形	若い		friss	形	新鮮な	
-ok, -t				frizura	名	髪型	
figyel (vmire)	動	(〜に)注意を払う		fúj	動	吹く	
film	名	映画		fut	動	走る	
-je				futás	名	走り	
finn	名/形	フィンランド人, フィンランド語, フィンランドの		-t			
-t, -je				futballozik	動	サッカーをする	
				függöny	名	カーテン	
Finnország	名	フィンランド		-t			
finnugor	形	フィンウゴルの		fürdik	動	水浴びをする	
-ok, -t				*fürödni* または *fürdeni*			
finom	形	おいしい		füst	名	煙	
fiú	名	男の子		-je			
fizet	動	支払う		füzet	名	ノート	
fizika	名	物理		-ek, -et			
fog	名	歯					
-ak, -at						**G**	
fog (-ni)	動	①つかむ②[未来形] (〜する)つもりである		garázs	名	ガレージ	
				-t			
				gazda	名	主人	
fogad	動	受け入れる		gazdag	形	金持ちの, 豊かな	

-ok, -ot		
gimnazista	名	高校生
gimnázium	名	高校
gomba	名	きのこ
gondol（vmit/vmire）	動	（～のことを）思う
gondolkozik（vmin）	動	（～のことを）あれこれ考える
görög	名/形	ギリシャ人，ギリシャ語，ギリシャの
gratulál	動	お祝いをいう
gulyás	名	グヤーシュ；牛飼い
-t		

Gy

gyakorol	動	練習する
gyakran	副	しばしば
gyalog	副	歩いて
gyár	名	工場
-ak, -at		
gyerek	名	子ども
gyermekkórház	名	子ども病院
-ak, -at		
gyógyszer	名	薬
-t		
gyomor	名	胃
gyomr/ok, -ot, -a		
gyors	形	速い
gyorsvonat	名	急行列車
gyönyörködik（vmiben）	動	うっとり見とれる
gyönyörű	形	美しい
-ek, -t		
gyümölcs	名	くだもの
gyümölcstorta	名	フルーツケーキ

H

ha	接	もし
háború	名	戦争
hagy	動	放っておく
hagyomány	名	伝統
-t		
hagyományos	形	伝統的な
haj	名	髪
-ak, -at		
hajó	名	船
hajrá	感	がんばろう
hal	名	魚
-ak, -at		
haladó	形	上級の
halászlé	名	ハラースレー（魚のパプリカスープ）
-lev/ek, -et, -e		

halaszt	動	延期する
-ani		
halétel	名	魚料理
-t		
hall	動	聞く，聞こえる
-ani		
hallgat	動	①聴く②黙っている
hálószoba	名	寝室
halott	名	死者
-ak, -at, -ja		
hamar	副	すぐに
hamarosan	副	もうすぐ
hamburger	名	ハンバーガー
-t		
hanem	接	～ではなく～
nem ～, hanem ～		～ではなく～
hangosan	副	大きな声・音で
hangszer	名	楽器
-t		
hány	疑	いくつの
hányan	疑	何人で
hányas	疑	何番の
-at		
hányszor	疑	何度
haragszik（vmire）	動	（～に）怒る
haragudni		
harcol	動	戦う
harmadik	数	3番目の
-at		
harmadika	数	3日
hárman	副	3人で
hármas	数	3の
-at		
harminc	数	30
-at		
három	数	3
hármat		
háromnegyed	数	4分の3
has	名	おなか
-ak, -at		
hasonlít（vmire/vmihez）	動	（～に）似ている
-ani		
használat	名	使用
hasznos	形	役に立つ
hat	数	4
-ot		
hát	感	ええと
hát	名	背中
-ak, -at		
hatalmas	形	巨大な

223

hátha	副	～かもしれないから
hatodik -at	数	6番目の
hatos -at	数	6の
hatvan -at	数	60
havazik	動	雪が降る
havonta	副	毎月
ház -ak, -at	名	家
haza-	頭	家へ
hazai -ak, -t	形	故郷の
hazakísér	動	家に送る
hazamegy -menni	動	帰宅する
házasság	名	結婚
hazautazik	動	帰国する，帰省する
házi -ak, -t	形	家の，自家製の
háziasszony -t	名	主婦
hegy	名	山
hely	名	場所
helyében (vkinek) helyedben	後	～の立場で 君の立場なら
helyes	形	①正しい②かっこいい
helyett	後	～のかわりに
herceg	名	公爵，王子
hét hetet	数	7
hét het/ek, -et, -e	名	週
hetente	副	毎週
hetes	数	7の
hétfő	名	月曜日
hétvége	名	週末
hetven	数	70
hiába	副	～してもむだな
hiányzik hiányozni	動	なくてさびしい，欠ける
híd hid/ak, -at, hídja	名	橋
hideg	形/名	寒い，冷たい，寒さ
hímzés -t	名	刺繍
hinta	名	ぶらんこ
hír	名	知らせ，ニュース
		-t
híres	形	有名な
hirtelen	副	突然
hisz hinni	動	思う，信じる
azt hiszem, …		～と思う
hiszen	接	というのも，なぜなら
hív Hogy hivják?	動	呼ぶ 何といいますか？お名前は？
hmm	感	ふ～ん，う～ん
hogy	疑	どのように
hogy	接	～ということ
hogyhogy	疑	いったいなぜ
hol	疑	どこで
holnap	副	明日
holnapután	副	あさって
hónap -ja	名	月
honnan	疑	どこから
hosszú -ak, -t	形	長い
hova	疑	どこへ
hoz	動	持ってくる
hozzá	尾	(-hoz, -hez, -höz の3人称単数形)彼・彼女・そのところへ
hozzá-	頭	付け加えて
hozzáad	動	足す
hozzámegy (vkihez)	動	(女性が)(～と)結婚する
hozzánk	尾	(-hoz, -hez, -höz の1人称複数形)私たちのところへ
hozzászól	動	コメントする
hozzátesz -tenni	動	足す
hozzávaló	名	材料
hős -t	名	英雄
Hősök tere		英雄広場
húg	名	妹
hús -t	名	肉
húsbolt -ja	名	肉屋
húsvét -ok, -ot, -ja	名	イースター
húz	動	引っぱる

hülyéskedik	動	ふざける		ír	動	書く，手紙を書く，書いてある
hűtőmágnes -ek, -t	名	冷蔵庫マグネット		iránt	後	〜の方へ
hűtőszekrény -t	名	冷蔵庫		írásbeli	名/形	筆記試験，筆記の
				író	名	作家
				iroda	名	事務所，オフィス
	I, Í			is	接	〜も
ide	副	ここへ		is	副	(強調して)いったい，まったく
ide-	頭	こちらへ				
idegen	形	外国の		iskola	名	学校
idegenvezető	名	ガイド		ismer	動	知っている
idehoz	動	持ってくる		ismerős -t	名	知人
idő ideje	名	①天気②時間		istenem	感	あらまあ
időben	副	間に合うように		isteni -ek, -t	形	すごい
időjárás-jelentés -t	名	天気予報		iszik inni	動	飲む
idős -ek, -et	形/名	老いた，老人		ital -t	名	飲み物
igaz -ak, -at	形/名	本当の，正しい，真実		itt	副	ここで
				itteni -ek, -t	形	ここの
igazán	副	本当に				
igazgató	名	社長，校長		itthon	副	家で；ふるさとで
igazság	名	真実		ivóvíz -víz/ek, -et, -e	名	飲み水
igazságos	形	公正な				
igekötő	名	動詞接頭辞		íz -t	名	味
igen	副	はい				
így	副	このように		izgalmas	形	わくわくする
így	接	なので，だから		izgul	動	緊張する

igyekszik
  igyekezni
	動	努力する，がんばる		ízlik
				  ízleni
					動	おいしく感じる

illik illeni	動	①ふさわしい，似合う②(-ni)〜するのがふさわしい			**J**	
				ja	感	おや
				jaj	感	ああ，まあ
ilyen ilyet	代	このような		január -t	名	1月
ilyenkor	副	こんな時				
imád	動	大好きだ		Japán -t	名	日本
imádkozik	動	祈る				
India	名	インド		japán -t, -ja	名/形	日本人，日本語，日本の
indít -ani	動	始動させる				
				jár	動	通う
indul	動	出発する		járkál	動	歩き回る
indulás -t	名	出発		játék -ok, -ot	名	おもちゃ
influenza	名	インフルエンザ		játszik -ani	動	遊ぶ，プレーする，演奏する
ing	名	シャツ				
inkább	副	どちらかというと		javasol	動	勧める
innen	副	ここから		jazz	名	ジャズ

jegy	名	チケット	
jegyiroda	名	チケットオフィス	
jelent	動	意味する	
-eni			
jelentkezik	動	連絡する	
Jézus	名	イエス	
-t			
jó	形	よい	
jóban van vkivel		〜と仲がよい	
jobb	形	よりよい	
jobbra	副	右へ	
jogász	名	法学者	
-t			
joghurt	名	ヨーグルト	
-ja			
jogosítvány	名	免許	
-t			
jókedvű	形	機嫌のよい	
jól	副	よく，上手に	
jól áll vkinek		〜に似合う	
jól érzi magát		楽しい	
jól néz ki		(外見が)すてきだ	
jóllakik	動	お腹いっぱいになる	
jön	動	来る	
jövedelem	名	収入	
jövedelm/ek, -et, -e			
jövendő	形	来るべき	
jövő	形/名	未来の，未来	
jövőre	副	来年	
juh	名	ひつじ	
július	名	7月	
-t			
június	名	6月	
-t			
jut	動	至る	
vkinek eszébe jut		思い出す，思いつく	
jutalom	名	報酬	
jutalm/ak, -at, -a			

K

kabát	名	コート	
-ja			
kalap	名	帽子(縁あり)	
-ja			
kamillatea	名	カモミールティー	
Kanada	名	カナダ	
kanadai	名/形	カナダ人，カナダの	
-ak, -t			
kanál	名	スプーン	
kanal/ak, -at, -a			
kap	動	もらう
kapcsol	動	スイッチを入れる
kapkod	動	あわてる
káposzta	名	キャベツ
kapu	名	門
karácsony	名	クリスマス
-t		
karácsonyfa	名	クリスマスツリー
karatézik	動	空手をする
kastély	名	宮殿
-t		
katona	名	兵士
kávé	名	コーヒー
kávéfőző	名	コーヒーメーカー
kávéház	名	カフェ
-ak, -at		
kávézó	名	喫茶店
kb.（=körülbelül）	副	およそ，約
kedd	名	火曜日
kedv	名	気分
van kedve vkinek (-ni)		〜する気がある
vki kedvéért		〜のために
kedvenc	名	お気に入り
kedves	形	親切な
kék	形	青い
keksz	名	クッキー
keleti	形	東の
-ek, -t		
kell (-ni)	動	①必要である②〔不定詞と〕〜しなければならない
-eni		
kellemes	形	心地よい
kellemetlen	形	不快な
-t		
ken	動	塗る
kényelmes	形	居心地のよい
kenyér	名	パン
kenyer/ek, -et, -e		
képeslap	名	絵ハガキ
-ja		
képzel	動	想像する
képzeld		なんと
kér	動	頼む
kérdez	動	たずねる
kerék	名	タイヤ
kerek/ek, -et, -e		
keres	動	①探す②稼ぐ
keresztül (vmin)	後	〜を通って
kert	名	庭
-je		

kerül	動	至る		Kína	名	中国
Mennyibe kerül?		いくらですか？		kínai -ak, -t	名/形	中国人，中国語，中国の
sokba kerül.		お金がかかる		kínál (vkit vmivel)	動	(〜を〜で)もてなす
kés -t	名	ナイフ		kinéz (vminek)	動	(〜に)見える
keserű -ek, -t	形	苦い		kint	副	外で
				kinyit	動	開ける
késik	動	遅れる		kinyújt -ani	動	のばす
késő	形	遅い				
későn	副	遅く		kipiheni magát		ゆっくり休む
késsel-villával	副	ナイフとフォークで		kipróbál	動	試してみる
kész	形	出来上がった		kirakat	名	ショーウィンドー
készít -eni	動	作る		király -t	名	王
készül	動	準備する		királykisasszony -t	名	王女
két	数	2				
kétség	名	疑い		kirándul	動	遠足に行く，遠出する
kétségbe van esve		がっかりしている				
kettesben	副	2人で		kirándulás -t	名	遠足
kettő	数	2				
kevés keves/ek, -et	形	少ない		kis	形	小さな
				kisbaba	名	赤ちゃん
kevesen	副	少人数で		kisfiú	名	少年
kéz kez/ek, -et, -e	名	手		kislány -t	名	少女
kezd -eni	動	始める		kiszáll	動	降りる
				kitakarít -ani	動	掃除する
kezdődik	動	始まる				
ki	疑	誰		kitör	動	起こる，始まる
ki-	頭	外へ		kitűnő	形	優れた
kiad	動	出版する		kíván	動	望む
kiadás -t	名	①出版，版 ②出費		kíváncsi (vmire) -ak, -t	形	(〜に)興味のある
kiállítás -t	名	展覧会		kivesz -venni	動	取り出す
kialussza magát		ぐっすり眠る		kívül (vmin)	後	〜以外
kicsi	形	小さい		klassz	形	すてきな
kicsit	副	ちょっと		koccint -ani	動	乾杯する
csak egy kicsit		ちょっとだけ				
kiderül	動	明らかになる		kocsi	名	車
kifejezés -t	名	表現		kóla	名	コーラ
				kolléga	名	同僚
kifizet	動	支払う		kollégium	名	寮
kihív	動	挑発する		komoly	形	真剣な
kijön	動	出てくる		komolyan	副	真剣に，まじめに
kilenc	数	9		*Komolyan?*		本当？
kilencven	数	90		koncert -je	名	コンサート
kiló	名	キログラム				
kimegy -menni	動	出ていく		kontinens -t	名	大陸

konyha	名	①台所②料理
kora	形	早い
korábban	副	もっと早くに
Korea	名	(南北区別せず)朝鮮
koreai -ak, -t	名/形	朝鮮・韓国人，朝鮮語，朝鮮・韓国の
kórház -ak, -at	名	病院
kóstol	動	味見する
kölcsönkér	動	借りる
költő	名	詩人
költözés -t	名	引越し
könnyű -ek, -t	形	①軽い②簡単な
könyv -ek, -et	名	本
könyvesbolt -ja	名	本屋
könyvtár -ak, -at	名	図書館
környék	名	環境
körte	名	梨
köszön	動	礼を言う
Köszönjük.		ありがとう(複数でいる時)
Köszönöm.		ありがとう(一人の時)
köt	動	結ぶ，編む
következik	動	続く
következő	形	次の
közben	副/後	途中で，〜の途中で
közé	後	〜の間へ
közel	副	近くに
közeledik	動	近づく
közép közep/ek, -et, -e	名	真ん中
vmi közepén		〜のなかばに
Közép-Európa	名	中央ヨーロッパ
között	後	〜の間に
közül	後	〜の間から
krumpli	名	じゃがいも
kulcs	名	カギ
kultúra	名	文化
kultúrház -ak, -at	名	文化会館
kutya	名	犬
küld -eni	動	送る
külföld	名	外国
-je		
külföldi -ek, -t	名/形	外国人，外国の
különben	副	①そうでなければ②ところで
különböző -ek, -t	形	さまざまな
különbség	名	違い
különösen	副	特に
külváros -t	名	郊外

L

láb -ak, -at	名	足，脚
lakás -t	名	家(集合住宅の)
lakik	動	住んでいる
lámpa	名	照明
Lánchíd -hidat	名	くさり橋
lány -t	名	女の子
lapozgat	動	ぱらぱらめくる
laptop -ja	動	ノートパソコン
lassan	副	①ゆっくり②そろそろ
lassú -ak, -t	形	おそい，ゆっくりとした
lát	動	見える
látszik (vminek) -ani	動	(〜のように)見える
láz -ak, -at	名	熱
lázcsillapító	名	解熱剤
lé lev/ek, -et, -e	名	汁
le-	頭	下へ
lead	動	提出する
lebeszél (vmiről)	動	説得してやめさせる
lecke	名	課
lecsó	名	レチョー(パプリカとトマトの炒め煮)
leendő	形	未来の
lefekszik -feküdni	動	横になる
lefordít -ani	動	翻訳する
legalább	副	少なくとも

legenda	名	伝説		-ja		
legény -t	名	若者		maga	代	(敬称)あなたは；(彼・彼女・それ)自身
légkondi	名	エアコン		magad -at	代	君自身
legközelebb	副	次回に				
lehetőség	名	可能性		magam -at	代	私自身
leír	動	記述する		magas	形	背の高い
lejön	動	降りてくる		maguk -at	代	彼ら・それら自身
lemegy -menni	動	降りていく				
lemez -t	名	ディスク		magunk -at	代	私たち自身
lengyel -t	名/形	ポーランド人，ポーランド語，ポーランドの		magyar -t	名/形	ハンガリー人，ハンガリー語，ハンガリーの
Lengyelország	名	ポーランド		magyaráz	動	説明する
lépcső	名	階段		Magyarország	名	ハンガリー
lépés -t	名	足取り		majd	副	いつか，また
				majdnem	副	ほとんど
leszáll	動	降りる		május -t	名	5月
letesz -tenni	動	下ろす				
				mama	名	ママ
leül	動	座る		már	副	もう
levegő	名	空気		marad	動	留まる，残る
levél level/ek, -et, -e	名	①手紙②葉っぱ		március -t	名	3月
leves -t	頭	スープ		Margitsziget	名	マルギット島
				marha	名	牛
levesz -venni	動	脱ぐ		máris	副	すぐに
				más -t	形/名	ほかの，ほかのもの／こと
liba	名	がちょう				
lift -je	名	エレベータ		másik -at	形/名	もう一つの，もう一つのもの／こと
liszt -je	名	小麦粉		másképpen	副	ほかのやり方で
				máskor	副	また今度
liter -t	名	リットル		másnapos	形	二日酔いの
ló lov/ak, -at, -a	名	馬		második -at	数	2番目の
				másodika	数	2日
lovas	形	馬の		másrészt	副	他方で
lusta	形	怠けた		matek -ok, -ot, -ja	名	(matematikaの略)数学
M						
ma	副	今日		meg-	頭	〔完了の意味で〕〜してしまう
macska	名	猫				
madár madar/ak, -at, -a	名	鳥		még	副	まだ
				meg	接	〜と
madzag -ja	名	ひも		megáll	動	止まる
				megállapít -ani	動	診断する
mag	名	種		megállapodik	動	合意する

229

megállít -ani	動	止める		megmutat	動	見せる
megálló	名	停留所		megnéz	動	見る，調べる
megbarátkozik	動	友だちになる		megnyugszik -nyugodni	動	安心する
megbeszél	動	話し合う		megoldás -t	名	解答；解決
megbetegszik -betegedni	動	病気になる		megoldódik	動	解決する
megcsinál	動	やり終える		megőriz	動	大切にする
megelégszik -elégedni	動	満足する		megpróbál	動	試す
megenged	動	許す		mégsem	副	それでもなお〜でない
megérkezik	動	到着する		megsérül	動	ケガする
megért -eni	動	理解する		megsüt	動	焼く
megeszik -enni	動	食べてしまう		megszabadul	動	自由になる
				megszeret	動	好きになる
megfázik	動	風邪を引く		megtanul	動	習得する
meggondol	動	よく考える；考え直す		megtesz -tenni	動	する，やりとげる
meghal	動	死ぬ		megtilt -ani	動	禁止する
meghallgat	動	聴く		megtud	動	知る
megházasodik	動	結婚する		megünnepel	動	祝う
meghív	動	招待する，おごる		megvan -lenni	動	（やっと）いる，ある
meghívás -t	名	招待		megvár	動	（来るまで）待つ
megijed	動	びっくりする		megvesz -venni	動	買う
megint	副	また				
megír	動	書きあげる		megvizsgál	動	検査する，診察する
mégis	副	それでもなお		megy menni	動	行く
megismerkedik (vkível)	動	（〜と）知り合いになる		Menjünk!		行きましょう
megiszik -inni	動	飲んでしまう		meggy -je	名	サワーチェリー
megjavít -ani	動	修理する		meggyógyul	動	治る
megjön	動	到着する		meleg	形/名	あたたかい，あつい，あつさ
megkér	動	頼む		mell	名	胸
megkéri a kezét		プロポーズする		mellé	後	〜の横へ
megkérdez	動	たずねる		mellékelten	副	添付して，同封して
megkóstol	動	味見する		mellett	後	〜の横で
meglátogat	動	訪問する		mellől	後	〜の横から
meglep	動	おどろかす		melyik melyek	疑	どの
meglepetés -t	名	おどろき		menekül	動	逃げる
meglepődik	動	おどろく		mentő	名	救助隊
megmagyaráz	動	説明する		menza	名	学生食堂
megment -eni	動	救助する		menyasszony -t	名	花嫁
megmond -ani	動	伝える		mennyi	疑	どのくらいの
				mérges	形	怒った

mérnök	名	技術者		mosakodik	動	体を洗う
mert	接	なぜなら		mosdó	名	お手洗い
mese	名	物語		mosogat	動	皿洗いをする
mesél	動	話して聞かす		mosógép	名	洗濯機
messze	副	遠くに		mosolyog	動	ほほえむ
metró	名	地下鉄		most	副	今
mi	代	私たちが		motor	名	バイク
mi	疑	何		-t, -ja		
miatt	後	〜のせいで		mozi	名	映画館
mielőtt	関	〜する前に		mozog	動	動く
miért	疑	なぜ		mögé	後	〜の後へ
mihamarabb	副	なるべく早く		mögött	後	〜の後で
mikor	疑	いつ		mögül	後	〜の後から
miközben	関	〜しているあいだに		mulat	動	騒ぎ楽しむ
Mikulás	名	サンタクロース		múlt	形	この前の，過去の
-t				múlt héten		先週
milliárd	数	10 億		múlva	後	(時間で)〜後に
millió	数	100 万		munka	名	仕事
milyen	疑	どんな		muszáj (-ni)	名	〔不定詞と〕〜しない
milyet						といけない
mind	副	みんな，すべて		mutat	動	見せる
mindannyian	副	みんな，全員		múzeum	名	博物館
mindegy		どうでもいい		mű	名	作品
minden	形	すべての		-vek, -vet, -ve		
-t				Műcsarnok	名	(ブダペストの)近代美術館
mindenhol	副	どこでも				
mindenképpen	副	とにかく		műsor	名	プログラム，番組
mindennap	副	毎日		-ok, -t		
mindig	副	いつも		műszaki	形	工学の
mindjárt	副	すぐに		-ak, -t		
mindkettő	数	両方とも				
minél (-bb)	副	〔比較級と〕できるだけ〜		**N**		
				na	感	さて
minket	代	私たちを		Na jó.		まあいいでしょう。
mint	接	①〜より②〜として		nadrág	名	ズボン
olyan〜, mint〜		〜のように〜		-ja		
-bb, mint〜		〔比較級と〕〜よりも〜		nádtető	名	かやぶき屋根
				-teteje		
mintha	接	〔仮定形と〕まるで〜のように		nagy	形	大きい
				-ok, -ot		
mióta	疑	いつ以来		nagyapa	名	おじいさん
miután	接	〜したのち		-apja		
mivel	接	〜なので		nagybáty	名	おじ
mobil	名	携帯電話		-bátyja		
-ok, -t, -ja				Nagycsarnok	名	(ブダペストの)中央市場
mód	名	①方法②(文法の)法				
-ja				nagymama	名	おばあさん
mond	動	言う		nagyon	副	とても
-ani				nagypapa	副	おじいさん
mos	動	洗う		nagyszerű	形	すばらしい

-ek, -t			
nagyszülő	名	祖父母	
nála	尾	(-nál, -nél の3人称単数形)彼・彼女・そのところに	
nálad	尾	(-nál, -nél の2人称単数形)君のところに	
nálam	尾	(-nál, -nél の1人称単数形)私のところに	
nálatok	尾	(-nál, -nél の2人称複数形)君らのところに	
náluk	尾	(-nál, -nél の3人称複数形)彼ら・それらのところに	
nálunk	尾	(-nál, -nél の1人称複数形)私たちのところに	
nap -ja	名	日，太陽	
naponta	副	毎日	
nappal	副	昼間	
nappali	名	リビング	
narancslé -lev/ek, -et, -e	名	オレンジジュース	
ne	副	〔否定詞〕〜するな	
négy	数	4	
negyed	数	4分の1	
negyed	名	地区	
negyedik	数	4番目の	
negyven	数	40	
néha	副	時々	
néhány	形	いくつかの	
nehéz nehez/ek, -et	形	①重い②難しい	
neked	尾	(-nak, -nek の2人称単数形)君に	
nekem	尾	(-nak, -nek の1人称単数形)私に	
neki	尾	(-nak, -nek の3人称単数形)彼・彼女・それに	
neki-	頭	向かって	
nekik	尾	(-nak, -nek の3人称複数形)彼ら・それらに	
nekikezd -eni	動	とりかかる	
nekimegy -menni	動	ぶつかる	
nektek	尾	(-nak, -nek の2人称複数形)君たちに	
nekünk	尾	(-nak, -nek の1人称複数形)私たちに	
nélkül	後	〜なしで	
nem	副	①〜でない②いいえ	
nemcsak (…hanem …is)	接	〜だけでなく(〜も)	
nemdohányzó	名/形	禁煙車，禁煙の	
német	名/形	ドイツ人，ドイツ語，ドイツの	
Németország	名	ドイツ	
nemzetközi -ek, -t	形	国際的な	
népi -ek, -t	形	民俗の，民衆の	
népmese	名	民話	
népszerű -ek, -t	形	人気のある	
néptánc	名	民俗舞踊	
név nev/ek, -et, -e	名	名前	
nevet	動	笑う	
néz	動	見る	
nézeget	動	じろじろ見る	
néző	名	観客，視聴者	
nincs	動	ない	
november -t	名	11月	
nő	名	女性	
nő	動	成長する	
nővér -t	名	姉	

Ny

nyak -ak, -at	名	首	
nyakkendő	名	ネクタイ	
nyár nyar/ak, -at, -a	名	夏	
nyaral	動	夏休みを過ごす	
nyaraló	名	別荘	
nyelv	名	①言語②舌	
nyelvész -t	名	言語学者	
nyelvóra	名	外国語の授業	
nyelvtan -t	名	文法	
nyer	動	獲得する；勝つ	
nyit	動	開ける	
nyitva	副	開いている	

nyolc -at	数	8		orosz -t	名/形	ロシア人，ロシア語，ロシアの
nyolcvan -at	数	80		Oroszország	名	ロシア
nyomtató	名	プリンター		orr	名	鼻
nyugat	名	西		ország	名	国
nyugati -ak, -t	形	西の		orvos -t	名	医者
Nyugi!		（Nyugodj meg! の略）安心して		osztály -t	名	クラス
nyugodtan	副	①遠慮なく②落ち着いて		osztálytárs -ak, -at	名	クラスメート
				óta	後	～以来
				ott	副	そこで，あそこで
	O, Ó			otthon	副	家で；ふるさとで
ó	感	ああ，あら		óvónő	名	保育士
Óbuda	名	オーブダ（ブダ側北部地域）				
oda	副	そこへ，あそこへ			**Ö, Ő**	
oda-	頭	そちらへ		ő	代	彼・彼女は
odaad	動	貸す，渡す		öcs öccsét	名	弟
odafut	動	そちらへ走る		ök	代	彼らは
odamegy -menni	動	そちらへ行く		öltözik	動	服を着る
				ön	代	あなたは（敬称）
odasiet	動	そちらへ急ぐ		önök	代	あなた方は（敬称）
okos	形	かしこい		öreg	形	年とった
okoz	動	起こす		öregember -t	名	老人
október -t	名	10月		őriz	動	守る
olasz -t	名/形	イタリア人，イタリア語，イタリアの		örökre	副	永遠に
				öröm	名	よろこび
Olaszország	名	イタリア		örömet szerez		よろこばせる
olcsó	形	安い		örül (vminek)	動	（～に）よろこぶ
oldal -t	名	①側，側面②ページ		ősz -t	名	秋
olvas	動	読む		össze-	頭	あわせて
olvasás -t	名	読み方		összead	動	足す
				összebarátkozik	動	仲良くなる
olvasgat	動	あれこれ読む		összejön	動	集まる
olyan olyat	代	そんな，あんな		összekever	動	混ぜる
				összeköt	動	結び合わせる
onnan	副	そこから，あそこから		összetesz -tenni	動	合わせる
opera	名	オペラ		összeütközik	動	ぶつかりあう
operett -je	名	オペレッタ		ösztöndíj -ak, -at	名	奨学金
Operettszínház -ak, -at	名	オペレッタ劇場		öt -öt	数	5
óra	名	①授業②時間③時計		ötlet	名	アイデア
origamizik	動	折り紙をする		ötven	数	50

ötvenhatos -ok, -t	名	1956年革命に関わった人	
övé	代	彼・彼女のもの	
övék	代	彼らのもの	

P

palacsinta	名	パラチンタ（クレープ）
pálcika	名	箸
pálinka	名	パーリンカ（果実の蒸留酒）
palota	名	宮殿
pályaudvar -t	名	駅
pályázik	動	応募する
panasz -t	名	訴え
papagáj -t	名	オウム，インコ
paprika	名	パプリカ
párás	形	湿った
paradicsom	名	トマト
parancsol	動	①注文する②命令する
paraszt -ja	名	農民
parasztház -ak, -at	名	農家
párbaj	名	決闘
Párizs -t	名	パリ
park -ja	名	公園
parkol	動	駐車する
parkoló	名	駐車場
párszor	副	2，3度
part -ja	名	岸
pedig	接	〜はというと，〜は一方
Peking	名	北京
például	副	たとえば
péntek	名	金曜日
pénz -t	名	お金
pénztár -ak, -at	名	レジ
perc	名	分
persze	副	もちろん
piac	名	市場
pici	形	ちっちゃな
pihen	動	休む
pihenés -t	名	休憩
pillanat	名	瞬間
Egy pillanat!		ちょっと待ってください。
pillanatok alatt		あっというまに
pincér -t	名	ウェイター
pingpongozik	動	卓球をする
piros	形	赤い
pirospaprika	名	パプリカの粉
piszkos	形	汚い
pizza	名	ピザ
pl.（=például）	副	たとえば
plakát -ja	名	ポスター
pogácsa	名	ポガーチャ（塩味の焼き菓子）
pohár pohar/ak, -at, -a	名	コップ
pohárköszöntő	名	乾杯の音頭
politika	名	政治
póló	名	Tシャツ
pompás	形	豪華な
pont	副	ちょうど
pontos	形	正確な
ponty	名	鯉
popzene	名	ポップス，歌謡曲
posta	名	郵便局，郵便
próbál	動	やってみる
probléma	名	問題
program -ja	名	予定，プログラム
pulóver -t	名	セーター
puszi	名	キス

R

rá	尾	(-ra, -reの3人称単数形)彼・彼女・それの方へ
rá-	接	上へ，表面へ
ráadásul	副	さらに
rab -ja	名	奴隷
rábeszél (vkit, vmire)	動	(〜に〜するよう)説得する
rád	尾	(-ra, -reの2人称単数形)君の方へ

234

rádió	名	ラジオ
ráér	動	暇がある
Sajnos nem érek rá.		残念だが，暇がない。
ragaszkodik (vmihez)	動	(〜に)こだわる
rajta	尾	(-on, -en などの3人称単数形)彼・彼女・それの上で
rajtad	尾	(-on, -en など2人称単数形)君の上で
rajtam	尾	(-on, -en など1人称単数形)私の上で
rajtatok	尾	(-on, -en など2人称複数形)君たちの上で
rajtuk	尾	(-on, -en などの3人称複数形)彼ら・それらの上で
rájuk	尾	(-ra, -re の3人称複数形)彼ら・それらの方へ
ráken	動	上に塗る
rám	尾	(-ra, -re の1人称単数形)私の方へ
ránk	尾	(-ra, -re の1人称複数形)私たちの方へ
rátesz -tenni	動	上に乗せる
rátok	尾	(-ra, -re の2人称複数形)君たちの方へ
recept -je	名	①レシピ②処方箋
regény -t	名	小説
reggel -t	名/副	朝
reggeli	名	朝食
reggelizik	動	朝食を食べる
régi -ek, -t	形	古い
régóta	副	昔から，前から
remek	形	すばらしい
remél	動	望む
rend -je	名	秩序
Rendben (van).		いいよ。わかった。
rendelő	名	診療所
rendesen	副	ちゃんと
rendetlen -t	形	散らかった
rendez	動	企画する
rendezvény -t	名	イベント
rendőr -ök, -t	名	警官
reneszánsz -t	名	ルネサンス
rengeteg	形	とてもたくさんの
reptér -ter/ek, -et, -e	名	(repülőtér の略)空港
repülő	名	飛行機
repülőjegy	名	航空券
repülőtér -ter/ek, -et, -e	名	空港
rész -t	名	部分
részt vesz		参加する
részére	後	〜のために
részemre		私のために
részletes	形	細かい，詳しい
rizs -t	名	米，ごはん
róla	尾	(-ról, -ről の3人称単数形)彼・彼女・それから/について
rólad	尾	(-ról, -ről の2人称単数形)君から/について
rólam	尾	(-ról, -ről の1人称単数形)私から/について
rólatok	尾	(-ról, -ről の2人称複数形)君たちから/について
róluk	尾	(-ról, -ről の3人称複数形)彼ら・それらから/について
rólunk	尾	(-ról, -ről の1人称複数形)私たちから/について
római -ak, -t	名/形	ローマ人，ローマの
román -t, -ja	名/形	ルーマニア人，ルーマニア語，ルーマニアの
Románia	名	ルーマニア
romantikus	形	ロマンチックな
ronda	形	ひどい，醜い
rossz	形	悪い
rögtön	副	すぐに
rövid	形	短い

rövidít	動	短くする	
-eni			
rövidül	動	短くなる	
ruha	名	服	
ruhatár	名	クローク	
-ak, -at			

S

saját	形	自分の
sajnos	副	残念ながら
sajt	名	チーズ
-ja		
sakk	名	チェス
-ja		
saláta	名	サラダ，レタス
sápadt	形	青白い
sárga	形	黄色い
sarok	名	角
sark/ok, -ot, -a		
satöbbi (stb.)		など
savanyú	形	すっぱい
-ak, -t		
se	副	～もまた～ない
segít	動	助ける，手伝う
sehogy	副	どうしても～ない
sehol	副	どこでも～ない
sehova	副	どこへも～ない
sem	副	～もまた～ない
semmi	代	何も～ない
semmiképpen	副	絶対に～ない
semmilyen	形	どんなのも～ない
-milyet		
senki	代	誰も～ない
sérült	形/名	けがをした，けが人
sétál	動	散歩する
siet	動	急ぐ
sikeres	形	成功した
sikerül	動	成功する
sír	動	泣く
sírva fakad		わっと泣き出す
sírás	名	泣くこと
-t		
skype-ol [szkájpol]	動	スカイプで話す
só	名	塩
sofőr	名	運転手
-ök, -t		
sógor	名	義理の兄弟
-t		
sógornő	名	義理の姉妹

soha	副	一度も～ない，絶対～ない
sóhajt	動	ため息をつく
-ani		
sok	形	多い
-ak, -at		
sokáig	副	長い間
sokan	副	たくさんの人が
sokféle	形	いろんな
sokk	名	ショック
-ja		
sokszor	副	何度も
sonka	名	ハム
sor	名	列
-t		
sorban áll		列に並ぶ
sose	副	(soha sem の略) 一度も～ない
sovány	形	痩せた
sör	名	ビール
-t		
söröző	名	ビアホール
sőt	接	さらに
sötét	形	暗い
sötétedik	動	暗くなる
spanyol	名/形	スペイン人，スペイン語，スペインの
-t, -ja		
Spanyolország	名	スペイン
spórol	動	節約する
sportklub	名	スポーツクラブ
-ja		
stb. (=satöbbi)		など
strand	名	屋外プール
-ja		
sül	動	焼ける
süt	動	①焼く②(陽が)照っている
sütemény	名	焼き菓子
-t		
süti	名	(süteményの略)焼き菓子
sütő	名	オーブン
svéd	名/形	スウェーデン人，スウェーデン語，スウェーデンの
-je		

Sz

szabad	形	①自由な②〔不定詞と〕～してもよい
-ok, -ot		
szabadság	名	自由

száj	名	口		szemüveg	名	メガネ
-ak, -at				széna	名	干草
szak	名	学科		szendvics	名	サンドイッチ
szakos	形	学科の		szép	形	きれいな
	名	学科生		szépít	動	きれいにする
szakács	名	コック		-eni		
szakdolgozat	名	卒業論文		szépművészet	名	美術
szakszó	名	専門用語		szeptember	名	9月
-szavak, -szót, -szava				-t		
szalámi	名	サラミ		szépül	動	きれいになる
száll	動	乗る		szerda	名	水曜日
szálloda	名	ホテル		szerelem	名	愛
számára	後	～にとって		szerelm/ek, -et, -e		
számomra		私にとって		szerelmes（vkibe）	形	(～に)恋している
számít（vmire）	動	(～を)あてにする		szerelő	名	修理屋
-ani				szerencsére	副	運よく
számítógép	名	コンピュータ		szeret	動	好む，好きだ
számla	名	請求書		szerez	動	取得する
szappan	名	せっけん		szerint	後	～によると
-t, -ja				szervusz		やあ(1人の相手に)
származás	名	出身		szervusztok		やあ(複数の相手に)
-t				szerződés	名	契約
származású	形	出身の		-t		
-ak				szétdobál	動	投げ散らかす
magyar származású		ハンガリー系の		szétesik	動	ばらばらになる
szatyor	名	袋		szétmegy	動	別れる
szatyr/ok, -ot, -a				-menni		
szavaz	動	投票する		szia		やあ(1人の相手に)
száz	数	100		sziasztok		やあ(複数の相手に)
-at				sziget	名	島
százezer	数	10万		szimpatikus	形	感じのよい
-ezret				színész	名	俳優
százmillió	数	1億		-t		
szegény	形	貧しい；かわいそう		színésznő	名	女優
-t		な		színház	名	劇場
szék	名	いす		-ak, -at		
Székelyföld	名	セーケイ地方		színházjegy	名	劇場のチケット
-et		(トランシルヴァニア		szív	名	心，心臓
		東部)		szívesen	副	①よろこんで②どう
székelykapu	名	セーケイ門				いたしまして
szekrény	名	たんす		szlovák	名/形	スロヴァキア人，ス
-t				-ja		ロヴァキア語，スロ
szél	名	風				ヴァキアの
szel/ek, -et, -e				Szlovákia	名	スロヴァキア
szem	名	目		szmoking	名	タキシード
szemben（vmivel）	後	～に対して，～の向		-ja		
		かいに		szó	名	語，単語
személyvonat	名	各駅停車の列車		szavak, szót, szava		
szemeszter	名	学期		szoba	名	部屋
-t				szóbeli	名/形	口頭試験，口頭の

237

szobor		名	像	talál	動	見つける
szobr/ok, -ot, -a				találgat	動	当てっこする
szocialista		形	社会主義の	találkozik（vkivel）	動	（〜に）会う
szokás		名	習慣	talán	副	たぶん
-t				tanácsol	動	アドバイスする
szokik		動	①慣れる②〔過去形	tanár	名	先生
			と不定詞 szokott -ni	-t		
			で〕いつも〜する	tanárnő	名	（女の）先生
szoknya		名	スカート	tánc	名	踊り
szól		動	言う，声をかける	táncház	名	ダンスハウス
Mit szólsz?			どう思う？	-ak, -at		
szombat		名	土曜日	táncol	動	踊る
-ja				táncos	名	ダンサー
szomorú		形	悲しい	-t		
-ak, -t				tanít	動	教える
szomszéd		名	お隣	-ani		
-ok, -ot, -ja				tankönyv	名	教科書
szórakoztató		形	楽しい	-ek, -et		
szorgalmas		形	勤勉な	tantárgy	名	教科
szótár		名	辞書	-ak, -at		
-ak, -t				tanterem	名	教室
szovjet		形	ソビエトの	-term/ek, -et, -e		
-ek, -et				tanul	動	勉強する
Szöul		名	ソウル	tanulás	名	勉強
-t				-t		
szöveg		名	テクスト	tányér	名	皿
szuper		形	すばらしい	-ok, -t		
-ek, -t				tapasztalat	名	経験
szupermarket		名	スーパー	tárgyalás	名	会談
-je				-t		
szurkál		動	（何度も）刺す	tart	動	①持つ②（時間が）か
szusi		名	寿司	-ani		かる③（動物を）飼う
szükség		名	必要性	táska	名	かばん
születésnap		名	誕生日	tavaly	副	昨年
-ja				taxi	名	タクシー
születik		動	生まれる	te	代	君は（親称）
szülő		名	親	tea	名	お茶
szünet		名	休み	teendő	名	するべきこと
szürkebarát		名	スルケバラート（バラ	téged	代	君を
-ja			トン地方のワイン）	tegnap	副	昨日
				tehát	接	だから
		T		tej	名	牛乳
tábor		名	キャンプ	-et		
-t				tejföl	名	サワークリーム
tag		名	メンバー	-ök, -t, -je		
-ja				teknős	名	カメ
táj		名	景色	-t		
-ak, -at				tele	副	いっぱい
takarít		動	掃除する	tele van vmivel		〜でいっぱい
-ani				telefon	名	電話

-t, -ja			
telefonál	動	電話する	
telefonszámla	名	電話の請求書	
telik	動	過ぎる	
teljesen	副	まったく	
téma	名	テーマ	
templom	名	教会	
tenger	名	海	
-t			
tengerpart	名	海辺	
-ja			
teniszezik	動	テニスをする	
tényleg	副	本当に	
tér	名	広場	
ter/ek, -et, -e			
térkép	名	地図	
természetesen	副	もちろん	
termeszt	動	生産する	
terv	名	計画	
tervez	動	計画する	
tessék		どうぞ	
testvér	名	兄弟	
-t			
tesz	動	①置く②する	
tenni			
tészta	名	パスタ，生地	
tető	名	屋根	
teteje			
tetszik（vmi vkinek）	動	（〜が〜に）気に入る	
-eni			
Hogy tetszik 〜?		〜は気に入りましたか?	
tetszik (-ni)	動	〔敬語として不定詞と〕〜される	
Mit tetszik kérni?		何になさいますか?	
tévé	名	テレビ	
ti	代	君たちは(親称)	
tied	代	君のもの	
tietek	代	君たちのもの	
tiszta	形	清潔な	
tisztel	動	尊敬する	
Tisztelt 〜!		拝啓〜様	
tisztelet	名	尊敬	
Tisztelettel,		敬具	
tisztít	動	きれいにする	
-ani			
tisztul	動	きれいになる	
titeket	代	君たちを	
titok	名	秘密	
titk/ok, -ot, -a			
tíz	数	10	
tizenegy	数	11	
tizenhat	数	16	
-ot			
tizenhét	数	17	
-hetet			
tizenkettő	数	12	
tizenkilenc	数	19	
tizennégy	数	14	
tizenöt	数	15	
tizennyolc	数	18	
-at			
tizes	数	10の	
tízezer	数	1万	
-ezret			
tó	名	湖，池	
tav/ak, -at, -a			
tojás	名	たまご	
-t			
tojássárgája	名	卵の黄身	
tokaji	形/名	トカイの，トカイ産ワイン	
-ak, -t			
toll	名	ペン	
-ak, -at			
tolvaj	名	泥棒	
-t			
torok	名	のど	
tork/ok, -ot, a			
torokgyulladás	名	のどの炎症	
-t			
torony	名	塔	
torny/ok, -ot, -a			
torta	名	ケーキ	
tovább	副	さらに先へ	
több	形	より多い，2つ以上の	
többé (nem)	副	〔否定詞と〕もう2度と〜ない	
többen	副	より多くの人で，複数の人数で	
többiek	名	〔複数〕他の人たち	
többször	副	何度も，2回以上	
tök	名	かぼちゃ	
tök	副	(tökéletesen の略)まったく	
Tök jó!		最高!	
tökéletes	形	完璧な	
tőle	尾	(-tól, -től の3人称単数形)彼・彼女・それから	

tőled	尾	(-tól, -től の2人称単数形)君から	
tőlem	尾	(-tól, -től の1人称単数形)私から	
tőletek	尾	(-tól, -től の2人称複数形)君らから	
tölt	動	①(時間を)過ごす②注ぐ，詰める	
töltött	形	肉詰めした	
tőlük	尾	(-tól, -től の3人称複数形)彼ら・それらから	
tőlünk	尾	(-tól, -től の1人称複数形)私たちから	
tönkremegy -menni	動	壊れる	
tönkretesz -tenni	動	壊す	
történelem történelm/ek, -et, -e	名	歴史	
történelmi -ek, -t	形	歴史の	
történész -t	名	歴史家	
történet	名	①歴史②物語	
történik	動	起こる	
törülközik	動	拭く	
törvény -t	名	法律	
tud	動	①知っている②〔不定詞と〕〜できる	
túl	副	あまりに〜すぎる	
tulajdonképpen	副	そもそも	
tulipán -t	名	チューリップ	
túlzás -t	名	大げさ	
turista	名	観光客	
tükör tükr/ök, -öt, -e	名	鏡	
tűnik（vminek） *Jónak tűnik.*	動	(〜に)見えるよさそうだ。	
tűr	動	我慢する	
türelmetlen -t	形	短気な	
tűzoltó	名	消防士	

Ty

tyúk -ja	名	めんどり	

U, Ú

udvarias	形	丁寧な	
udvariatlan -t	形	失礼な	
udvarol（vkinek）	動	(〜に)求愛する	
úgy	副	①そのように②とても	
ugyan	感	まったく	
Ugyan már!		やめてったら！	
ugyanaz -t	代	同じ	
ugyanis	接	なぜなら	
ugye		(同意を求めて)でしょう	
Szép, ugye?		きれいでしょう？	
úgyis	接	どっちにせよ	
úgysem	接	どっちにせよ〜ない	
u.i.（=utóirat）	名	追伸	
új	形	新しい	
újra	副	また	
újság	名	新聞	
Mi újság?		最近どう？	
újságíró	名	新聞記者	
unalmas	形	つまらない	
unoka	名	孫	
unokahúg	名	姪	
unokaöcs -öccse	名	甥	
unokatestvér	名	いとこ	
úristen	感	(驚いて)まあ	
úszik	動	泳ぐ	
út ut/ak, -at, útja	名	①道②旅行	
utál	動	嫌う	
után	後	〜の後で	
utána	副	そのあと	
utas -t	名	乗客	
utazás -t	名	旅行	
utazik	動	旅行する	
utca	名	通り	
útikönyv -ek, -et	名	ガイドブック	
útközben	副	道中	
utóirat	名	追伸	

Ü, Ű

üdv		(üdvözlettel の略語)敬具	

üdvözlet	名	あいさつ
üdvözlettel		敬具
üdvözöl（vkit）	動	（〜に）よろしくいう
ügyes	形	上手な
ügyvéd	名	弁護士
-ek, -et, -je		
ül	動	座っている
üldögél	動	だらだら座る
ültet	動	植える
ünnep	名	祝日
űr	名	宇宙
-t, -je		
üveg	名	びん，ガラス
üzlet	名	店；ビジネス，商売

V

vacsora	名	夕食
vacsorázik	動	夕食を食べる
vág	動	切る
vágány	名	プラットホーム
-t		
vagy	接	それとも
vágyik（vmire）	動	（〜を）切望する
vaj	名	バター
-ak, -at		
vajon	副	いったい
valahol	副	どこかで
valahova	副	どこかへ
valaki	代	誰か
valami	代	何か
valamilyen	形	なんらかの
-milyet		
válasz	名	答え
választ	動	選ぶ
-ani		
válik（vmivé）	動	（〜に）変わる
váll	名	肩
-ak, -at		
valóban	副	本当に
valójában	副	実際に
változik	動	変わる
vámpír	名	吸血鬼
-ok, -t, -ja		
van	動	ある，いる
lenni		
vár	動	待つ
vár	名	城
-ak, -at, -a		
várakozik	動	じっと待つ
város	名	町
váróterem	名	待合室
-term/ek, -et, -e		
vasárnap	名	日曜日
-ja		
vásárol	動	買う
vastag	形	厚い，太い
-ok, -ot		
vécé	名	トイレ
vég	名	終わり
vége van vminek		〜が終わる
végez（vhol）	動	（〜を）卒業する
végigmegy	動	ずっと行く
-menni		
végigsétál	動	ずっと散歩する
végigutazik	動	ずっと旅する
végre	副	やっと
végül	副	最後に
vele	尾	(-val, -velの3人称単数形)彼・彼女・それと(同伴)/で(手段)
veled	尾	(-val, -velの2人称単数形)君と
velem	尾	(-val, -velの1人称単数形)私と
vélemény	名	意見
-t		
veletek	尾	(-val, -velの2人称複数形)君らと
véletlen	名	偶然
-t		
véletlenül	副	偶然に
velük	尾	(-val, -velの3人称複数形)彼ら・それらと(同伴)/で(手段)
velünk	尾	(-val, -velの1人称複数形)私たちと
vendég	名	客
vendégség	名	もてなし，お呼ばれ
ver	動	殴る
vér	名	血
-t		
verekedik	動	殴り合う
vers	名	詩
vérszegény	形	貧血の
-t		
vesz	動	買う，とる
venni		
veszekszik	動	けんかする
veszekedni		

vevő	名	購買者	
vezet	動	①運転する②導く③運営する	
vicc	名	冗談	
viccel	動	冗談を言う	
vicces	形	笑える，おかしな	
vidám	形	陽気な	
vidék	名	地方，田舎	
Vietnam	名	ベトナム	
vietnami -ak, -t	形/名	ベトナムの，ベトナム人，ベトナム語	
vigyáz (vmire)	動	(〜に)気をつける	
világ	名	世界	
világhírű -ek, -t	形	世界的に有名な	
világos	形	明るい	
villa	名	フォーク	
villamos -t	名	路面電車，トラム	
villany -t	名	電気	
villanykapcsoló	名	電気のスイッチ	
virág	名	花	
viselkedik	動	ふるまう	
visz vinni	動	持っていく	
viszont	接	しかし	
viszontlát	動	また会う	
Viszontlátásra!		さようなら	
visszaad	動	返す	
visszaérkezik	動	戻る	
visszajön	動	帰ってくる	
visszamegy	動	帰っていく	
-menni			
vitatkozik	動	議論する	
víz viz/ek, -et, -e	名	水	
vizsga	名	試験	
vizsgaidőszak	名	試験期間	
vizsgázik	動	試験を受ける	
vonat	名	列車	
vonzat	名	〔文法〕特定の文法関係(20 課参照)	
vörös	形	赤い	
vörösbor -t	名	赤ワイン	

Z

zajos	形	うるさい
zár	動	閉める
zászló zászlaja	名	旗
zebra	名	横断歩道
zene	名	音楽
zeneakadémia	名	音楽院
zenész -t	名	音楽家
zöld	形	緑の
zöldség -ek, -et	名	野菜
zöldséges -ek, -t	名	八百屋

Zs

zseb	名	ポケット
zsúfolt	形	①混雑した②忙しい

日本語訳	単語	品詞
	あ	
ああ，まあ	jaj, ó	感
愛	szerelem	名
あいさつ	üdvözlet	名
アイスクリーム	fagylalt, fagyi	名
アイデア	ötlet	名
会う	találkozik	動
青白い	sápadt	形
赤ちゃん	(kis)baba	名
上がる	felmegy	動
明るい	világos	形
赤ワイン	vörösbor	名
秋	ősz	名
明らかになる	kiderül	動
開ける	(ki)nyit	動
上げる	feltesz	動
朝	reggel	名/副
朝ごはん	reggeli	名
あさって	holnapután	副
足，脚	láb	名
味	íz	名
明日	holnap	副
足取り	lépés	名
味見する	(meg)kóstol	動
あそこから	onnan	副
あそこで	ott	副
あそこへ	oda	副
遊ぶ	játszik	動

日本語	ハンガリー語	品詞
与える	ad	動
あたたかい，あつい，あつさ	meleg	形/名
頭	fej	名
新しい	új	形
厚い	vastag	形
あっというまに	egykettőre	副
集まる	összejön	動
当てっこする	találgat	動
(〜を)あてにする	számít (vmire)	動
(時間で)〜後に	múlva	後
アドバイスする	tanácsol	動
アドレス，住所	cím	名
兄	báty	名
姉	nővér	名
甘い	édes	形
あまりに〜すぎる	túl	副
雨	eső	名
アメリカ人，アメリカの	amerikai	名/形
洗う	(meg)mos	動
アラブ人，アラブの，アラビア語	arab	名/形
ありがとう	Köszönöm.	
ある，いる	van	動
歩いて	gyalog	副
歩き回る	járkál	動
合わせて	összesen	副
合わせる	összetesz, összead	動
安心する	megnyugszik	動

い

胃	gyomor	名
いいえ	nem	副
イースター	húsvét	名
イースト	élesztő	名
委員会	bizottság	名
言う	mond	動
家	ház, lakás	名
イエス	Jézus	名
家で	otthon, itthon	副
家に送る	hazakísér	動
家の，自家製の	házi	形
家へ	haza	副
〜以外	vmin kívül	後
イギリス	Anglia	名
イギリス人，イギリスの	angol	名/形
生きる	él	動
行く	megy	動
いくつかの	néhány	形
いくつの	hány	疑
意見	vélemény	名
居心地のよい	kényelmes	形
居酒屋風レストラン	csárda	名
いじめる	bánt	動
医者	orvos	名
いす	szék	名
忙しい	elfoglalt	形
急ぐ	siet	動
痛む	fáj	動
イタリア人，イタリア語，イタリアの	olasz	名/形
至る	jut, kerül	動
いちご	eper	名
一度，ある時	egyszer	副
一度も〜ない，絶対〜ない	soha sem, sose	副
一日中	egész nap	
1年生(の)	elsőéves	形/名
1の	egyes	数
市場	piac	名
1番の，最初の	első	数
いつ	mikor	疑
いつ以来	mióta	疑
いつか	majd	副
いっしょに	együtt	副
いったいなぜ	hogyhogy	疑
いつでも	akármikor, bármikor	副
いっぱい	tele	副
一方で	egyrészt	副
いつも	mindig, állandóan	副
いつも〜する	szokott -ni	動
いとこ	unokatestvér	名
〜以内に	vmin belül	後
田舎	vidék	名
犬	kutya	名
命	élet	名
祈る	imádkozik	動
イベント	rendezvény	名
今	most	副
意味する	jelent	動
〜以来	óta	後
入口	bejárat	名
入れる	betesz, beletesz	動
いろんな	sokféle	形
祝う	(meg)ünnepel	動
インフルエンザ	influenza	名

う

ウェイター	pincér	名
上で	fent	副
上に塗る	ráken	動
上に乗せる	rátesz	動
植える	ültet	動

243

日本語	ハンガリー語	品詞
受け入れる，受け取る	(el)fogad	動
動く	mozog	動
牛，肉牛	marha	名
牛飼い，グヤーシュ	gulyás	名
歌う	énekel	動
疑い	kétség	名
撃ち殺す	agyonlő	動
宇宙	űr	名
美しい	szép, gyönyörű	形
訴え	panasz	名
うっとりする	gyönyörködik（vmiben）	動
馬	ló	名
馬の	lovas	形
生まれる	születik	動
海	tenger	名
海辺	tengerpart	名
売る	elad	動
うるさい	zajos	形
運転手	sofőr	名
運転する	vezet	動

え

日本語	ハンガリー語	品詞
エアコン	légkondi	名
永遠に	örökre	副
映画	film	名
映画館	mozi	名
英語（の）	angol	名/形
英雄	hős	名
英雄広場	Hősök tere	名
ええと	hát	感
駅	pályaudvar, állomás	名
絵ハガキ	képeslap	名
エレベータ	lift	名
延期する	(el)halaszt	動
演奏する	játszik	動
遠足，遠出	kirándulás	名
遠足に行く，遠出する	kirándul	動
鉛筆	ceruza	名
遠慮なく	nyugodtan	副

お

日本語	ハンガリー語	品詞
甥	unokaöcs	名
おいしい	finom	形
おいしく感じる	ízlik	動
お祝いをいう	gratulál	動
王	király	名
（〜を）応援する	drukkol (vkinek)	動
王女	királykisasszony	名
横断歩道	zebra	名
応募する	pályázik	動
オウム，インコ	papagáj	名
終える	befejez, (el)végez	動
多い，多くの	sok	形
大きい	nagy	形
大きな声・音で	hangosan	副
大げさ	túlzás	名
オーブン	sütő	名
おかあさん	anyuka, anyu	名
おかしな	vicces	形
お菓子屋	cukrászda	名
お金	pénz	名
お気に入り	kedvenc	名
起きる	felkel	動
置く	tesz	動
送る	küld	動
遅れる	(el)késik	動
起こす	felébreszt	動
怒った	mérges	形
（〜に）怒る	haragszik (vmire)	動
起こる	történik	動
おごる	meghív (vkit, vmire)	動
おじ	nagybáty	名
おじいさん	nagypapa	名
教える	tanít	動
おじさん	bácsi	名
おしゃべりする	beszélget	動
遅い（時間）	késő	形
おそい（速度）	lassú	形
遅く	későn	副
お互い	egymás	代
お茶	tea	名
夫	férj	名
お手洗い	mosdó, vécé	名
おとうさん	apuka, apu	名
弟	öcs	名
男の子	fiú, kisfiú	名
お隣	szomszéd	名
踊り	tánc	名
踊る	táncol	動
おどろかす	meglep	動
おどろき	meglepetés	名
おどろく	meglepődik, csodálkozik (vmin)	動
おなか	has	名
おなかがすいた	éhes	形
同じ	ugyanaz	代
おばあさん	nagymama	名
オフィス，事務所	iroda	名
オペラ	opera	名
オペレッタ	operett	名
重い	nehéz	形

(〜を)思い出す，覚えている	emlékszik（vmire）	動	
思いつく	vkinek eszébe jut		
(〜のことを)思う	gondol（vmit/vmire），hisz	動	
おもしろい，興味深い	érdekes	形	
おもちゃ	játék	名	
おや，あ	ja	感	
親	szülő	名	
泳ぐ	úszik, fürdik	動	
およそ，約	körülbelül（= kb.）	副	
折り紙をする	origamizik	動	
降りていく	lemegy	動	
降りてくる	lejön	動	
降りる	leszáll（バス，列車など），kiszáll（車など）	動	
オレンジジュース	narancslé	名	
下ろす	letesz	動	
(〜と)お別れをする	búcsúzik（vkitől）	動	
終わり	vég	名	
〜が終わる	vége van vminek		
音楽	zene	名	
音楽院	zeneakadémia	名	
音楽家	zenész	名	
女友だち	barátnő	名	
女の子	lány, kislány	名	

か

課	lecke	名	
カーテン	függöny	名	
解決する	megold, megoldódik	動	
外国	külföld	名	
外国語の授業	nyelvóra	名	
外国人，外国の	külföldi	名/形	
外国の，よその	idegen	形	
階段	lépcső	名	
会談	tárgyalás	名	
会長	elnök	名	
ガイド	idegenvezető	名	
解答；解決	megoldás	名	
ガイドブック	útikönyv	名	
階のある	emeletes	形	
買い物	bevásárlás	名	
買い物をする	bevásárol	動	
買う	(meg)vesz, vásárol	動	
返す	visszaad	動	
帰ってくる	visszajön	動	
帰る，帰っていく	visszamegy	動	
(時間が)かかる	tart	動	
鏡	tükör	名	
カギ	kulcs	名	
書く	ír	動	
家具	bútor	名	
各駅停車の列車	személyvonat	名	
確実な	biztos	形	
学生	diák	名	
学生食堂	menza	名	
獲得する	nyer	動	
革命	forradalom	名	
隠れる	bújik	動	
過去(の)	múlt	名/形	
傘	esernyő	名	
かしこい	okos	形	
貸す，渡す	odaad	動	
風	szél	名	
探す	keres	動	
風邪をひく	megfázik	動	
家族	család	名	
肩	váll	名	
課題	feladat	名	
(〜する)価値のある	érdemes (-ni)	形	
がちょう	liba	名	
勝つ	győz, nyer	動	
学科	szak	名	
楽器	hangszer	名	
学期	szemeszter	名	
かっこいい	helyes	形	
学校	iskola	名	
角	sarok	名	
〜かどうか	vajon, -e	副	
悲しい	szomorú	形	
カナダ人，カナダの	kanadai	名/形	
かなり；十分に	elég, eléggé	副	
金持ちの，豊かな	gazdag	形	
可能性	lehetőség	名	
かばん	táska	名	
カフェ，喫茶店	kávéház, presszó	名	
壁	fal	名	
かぼちゃ	tök	名	
我慢する	bír, tűr	動	
髪	haj	名	
髪型	frizura	名	
紙切れ，くじ	cédula	名	
カメ	teknős	名	
〜かもしれないから	hátha	接	
カモミールティー	kamillatea	名	
かやぶき屋根	nádtető	名	
通う	jár	動	
軽い	könnyű	形	
歌謡曲	popzene	名	
火曜日	kedd	名	

辛い	csípős	形
空手をする	karatézik	動
ガラス	üveg	名
借りる	bérel, kölcsönkér	動
軽い	könnyű	形
ガレージ	garázs	名
彼は，彼女は	ő	代
彼を，彼女を	őt	代
彼らは	ők	代
彼らを	őket	代
川	folyó	名
側，側面	oldal	名
かわいい	aranyos, cuki	形
かわいそうな	szegény	形
変わる	átalakul	動
（〜に）変わる	válik（vmivé）	動
変わる	változik	動
考え直す	meggondol（vmit）	動
考える	gondol（vmit/vmire）	動
観客，視聴者	néző	名
観光客	turista	名
感じのよい	szimpatikus	形
感じる	érez	動
簡単な	könnyű	形
乾杯！	Egészségünkre!	
乾杯する	koccint	動
がんばろう！	Hajrá!	
完璧な	tökéletes	形

き

木	fa	名
消える	eltűnik	動
機会	alkalom	名
企画する	rendez	動
気がつく	észrevesz	動
聞く，聞こえる	hall	動
聴く	hallgat	動
帰国する，帰省する	hazautazik	動
岸	part	名
記事	cikk	名
技術者	mérnök	名
記述する	leír	動
キス	puszi, csók	名
キスする	puszil, csókol	動
基礎知識	alapismeret	名
北	észak	名
帰宅する	hazamegy	動
汚い	piszkos	形
来るべき	jövendő	形
喫煙車	dohányzó	名
喫茶店	kávézó, presszó	名
切手	bélyeg	名
きっと	biztos	副
（〜が〜に）気に入る	tetszik（vmi vkinek）	動
昨日	tegnap	副
きのこ	gomba	名
気分	kedv	名
君たちを	benneteket	代
決める	elhatároz, dönt	動
客	vendég	名
キャベツ	káposzta	名
キャンプ	tábor	名
（〜に）求愛する	udvarol（vkinek）	動
休憩	pihenés	名
吸血鬼	vámpír	名
急行列車	gyorsvonat	名
旧市街	belváros	名
救助する	megment	動
救助隊	mentő	名
宮殿	kastély, palota	名
牛乳	tej	名
今日	ma	副
教会	templom	名
教科書	tankönyv	名
教科	tantárgy	名
教室	tanterem	名
兄弟	testvér	名
（〜に）興味のある	kíváncsi（vmire）	形
（〜に）興味を持たせる	érdekel（vkit）	動
（〜に）興味を持つ	érdeklődik（vmi iránt）	動
巨大な	hatalmas	形
去年	tavaly	副
嫌う	utál	動
ギリシャ人，ギリシャ語，ギリシャの	görög	名/形
義理の兄弟	sógor	名
義理の姉妹	sógornő	名
切る	vág	動
きれいな	szép, csinos	形
きれいにする	szépít	動
きれいになる	szépül	動
キログラム	kiló	名
議論する，言い合う	vitatkozik	動
（〜に）気をつける	vigyáz（vmire）	動
金色の	aranysárga	形
銀行	bank	名
禁止する	(meg)tilt	動
緊張する	izgul	動
勤勉な	szorgalmas	形
金曜日	péntek	名

勤労者	dolgozó	名	結婚	házasság	名
			結婚式	esküvő	名
く			結婚する	（meg）házasodik	動
空気	levegő	名	〔男性が〕～と結婚する	feleségül vesz vkit	
空港	repülőtér, reptér	名	〔女性が〕（～と）結婚する	férjhez megy（vkihez）	
偶然	véletlenül	副	決闘	párbaj	名
偶然の	véletlen	名	月曜日	hétfő	名
くさり橋	Lánchíd	名	解熱剤	lázcsillapító	名
薬	gyógyszer	名	煙	füst	名
くだもの	gyümölcs	名	けんかする	veszekszik	動
口	száj	名	言語	nyelv	名
口ひげを生やした	bajuszos	形	健康	egészség	名
靴	cipő	名	言語学者	nyelvész	名
クッキー	keksz	名	検査する，診察する	megvizsgál	動
国	ország	名	建築家	építész	名
首	nyak	名			
グヤーシュ；牛飼い	gulyás	名	**こ**		
暗い	sötét	形	～個	darab	名
～くらいの量の	amennyi	関	（キャベツなど）～個	fej	名
暗くなる	sötétedik	動	語，単語	szó	名
暮らす，生きる	él	動	鯉	ponty	名
クラス	osztály	名	（～に）恋している	szerelmes（vkibe）	形
クラスメート	osztálytárs	名	（～に）恋に堕ちる	beleesik（vkibe）	動
クリスマス	karácsony	名	合意する	megállapodik	動
クリスマスツリー	karácsonyfa	名	公園	park	名
来る	jön	動	郊外	külváros	名
グループ	csoport	名	工学の	műszaki	形
車	autó, kocsi	名	高価な	drága	形
黒い	fekete	形	豪華な	pompás	形
クローク	ruhatár	名	講義，講演，公演	előadás	名
加える	hozzáad, beletesz	動	航空券	repülőjegy	名
			高校生	gimnazista	名
け			高校	gimnázium	名
計画	terv	名	公爵	herceg	名
計画する	tervez	動	工場	gyár	名
警官	rendőr	名	公正な	igazságos	形
敬具	üdvözlettel, üdv.		口頭試験，口頭の	szóbeli	名/形
経験	tapasztalat	名	購買者	vevő	名
形成する	alakít	動	声に出して読む	felolvas	動
携帯電話	mobil	名	コーチ	edző	名
刑務所	börtön	名	コート	kabát	名
契約	szerződés	名	コーヒー	kávé	名
ケーキ	torta	名	コーヒーメーカー	kávéfőző	名
けがした，けが人	sérült	形/名	コーラ	kóla	名
けがする	megsérül	動	誤解する	félreért	動
劇場	színház	名	故郷の	hazai	形
劇場のチケット	színházjegy	名	国際的な	nemzetközi	形
景色	táj	名	午後	délután	副
下宿	albérlet	名	ここから	innen	副
結果	eredmény	名	心地よい	kellemes	形

247

日本語	ハンガリー語	品詞
ここで	itt	副
ここの	itteni	形
ここへ	ide	副
心，心臓	szív	名
腰	derék	名
午前	délelőtt	副
答える	válaszol	動
（～に）こだわる	ragaszkodik（vmihez）	動
こちらへ	erre	代/副
黒海	Fekete-tenger	名
コック	szakács	名
コップ，グラス	pohár	名
こと，もの，用事	dolog	名
子ども	gyerek	名
子ども病院	gyermekkórház	名
子猫	cica	名
このせいで	emiatt	副
この前の	múlt	形
好む，好きだ	szeret	動
このような	ilyen	代
このように	így	副
細かい，詳しい	részletes	形
小麦粉	liszt	名
米，ごはん	rizs	名
コメントをする	hozzászól	動
これについて	erről	代
これは	ez	代
壊す	tönkretesz	動
壊れる	tönkremegy	動
コンサート	koncert	名
混雑した	zsúfolt	形
こんな時	ilyenkor	副
こんなに多くの	ennyi	形
コンピュータ	számítógép	名

さ

日本語	ハンガリー語	品詞
再会する	viszontlát	動
最後に	végül	副
～歳の	éves	形
材料	hozzávaló	名
さいわい	szerencsére	副
サインする	aláír	動
さえずる	csiripel	動
探す	keres	動
魚	hal	名
魚料理	halétel	名
昨年	tavaly	副
作品	mű	名
（何度も）刺す	szurkál	動
作家	író	名
サッカーをする	futballozik	動
さて	na	感
砂糖	cukor	名
さまざまな	különböző	形
寒い，寒さ	hideg	形/名
寒がる	fázik	動
サメ	cápa	名
皿	tányér	名
皿洗いをする	(el)mosogat	動
サラダ	saláta	名
さらに	sőt, ráadásul	接
さらに先へ	tovább	副
サラミ	szalámi	名
（～を）去る	elhagy	動
〔敬語として〕～される，～なさる	tetszik（-ni）	動
サワーチェリー	meggy	名
サワークリーム	tejföl	名
騒ぎ楽しむ	mulat	動
参加する	részt vesz	
賛成する	beleegyezik	動
サンドイッチ	szendvics	名
3人で	hárman	副
残念ながら	sajnos	副
3番目の	harmadik	数
散歩する	sétál	動

し

日本語	ハンガリー語	品詞
詩	vers	名
しあわせな	boldog	形
CD	CD［cédé］	名
塩	só	名
次回に	legközelebb	副
しかし，でも	de	接
しかしながら	azonban, viszont	接
時間	idő	名
時間（60分）	óra	名
試験	vizsga	名
試験期間	vizsgaidőszak	名
試験を受ける	vizsgázik	動
事故	baleset	名
自己紹介する	bemutatkozik	動
仕事	munka	名
死者	halott	名
刺繍	hímzés	名
辞書	szótár	名
詩人	költő	名
静かな	csendes	形
舌	nyelv	名
～したい	akar（-ni）	動

日本語	Magyar	品詞
（〜より）下の	vmin aluli	形
〜したのち	miután	接
試着する	felpróbál	動
実際に	valójában	副
知っている	tud, ismer	動
じっと待つ	várakozik	動
失敗する	elbukik	動
失礼な	udvariatlan	形
〜しているあいだに	miközben	関
〔不定詞と〕〜してもよい	szabad (-ni)	形
自転車	bicikli	名
始動させる	indít	動
〔不定詞と〕〜しなければならない	kell (-ni), muszáj (-ni)	動
死ぬ	meghal	動
しばしば	gyakran	副
支払う	(ki)fizet	動
自分の	saját	形
島	sziget	名
字幕	felirat	名
事務所，オフィス	iroda	名
占める	foglal	動
閉める	(be)zár	動
じめじめした	párás	形
社会主義の	szocialista	形
じゃがいも	krumpli, burgonya	名
写真	fénykép, fotó	名
写真集	fotóalbum	名
写真を撮る	fényképez	動
ジャズ	jazz	名
社長，校長	igazgató	名
シャツ	ing	名
じゃまする	akadályoz	動
ジャム	dzsem	名
週	hét	名
習慣	szokás	名
従業員	alkalmazott	名
住所，アドレス	cím	名
渋滞	dugó	名
柔道	dzsúdó	名
柔道をする	dzsúdózik	動
習得する	megtanul	動
自由	szabadság	名
自由な	szabad	名
自由になる	megszabadul	動
収入	jövedelem	名
周辺	környék	名
週末に	hétvégén	副
修理する	megjavít	動
修理屋	szerelő	名
授業	óra	名
祝日	ünnep	名
主人	gazda	名
出身	származás	名
出身の	származású	形
出発する	(el)indul	動
出発	indulás	名
出版する	kiad	動
出版；出費	kiadás	名
取得する	szerez	動
主婦	háziasszony	名
種類	fajta	名
瞬間	pillanat	名
準備する	készül	動
使用	használat	名
紹介する	bemutat	動
奨学金	ösztöndíj	名
小学校	általános iskola	
乗客	utas	名
上級の	haladó	形
正午	dél	名
上司	főnök	名
乗車する	felszáll, beszáll	動
召集する	behív	動
賞	díj	名
少女	lány, kislány	名
上手な	ügyes	形
小説	regény	名
招待する	meghív	動
招待	meghívás	名
冗談	vicc	名
冗談を言う	viccel	動
少人数で	kevesen	副
少年	fiú, kisfiú	名
消防士	tűzoltó	名
照明	lámpa	名
ショーウィンドー	kirakat	名
食欲	étvágy	名
食料品	élelmiszer	名
書斎	dolgozószoba	名
女性	nő	名
女性歌手	énekesnő	名
ショック	sokk	名
ショッピングセンター	bevásárlóközpont	名
処方する	felír	動
処方箋	recept	名
女優	színésznő	名
知らせ，ニュース	hír	名
知り合いになる	megismerkedik	動
汁	lé	名

249

日本語	ハンガリー語	品詞
城	vár	名
白い	fehér	形
真剣な	komoly	形
真剣に	komolyan	副
診察する，検査する	megvizsgál	動
寝室	hálószoba	名
真実	igazság	名
信じる	(el)hisz	動
人生	élet	名
親切な	kedves	形
新鮮な	friss	形
診断する	megállapít	動
(〜を)心配する	aggódik (vmiért)	動
新聞	újság	名
新聞記者	újságíró	名
診療所	rendelő	名

す

日本語	ハンガリー語	品詞
スイッチを入れる	bekapcsol	動
スイッチを切る	kikapcsol	動
水曜日	szerda	名
スウェーデン人，スウェーデン語，スウェーデンの	svéd	名/形
数学	matematika, matek	名
スーツケース	bőrönd	名
スーパー	szupermarket	名
スープ	leves	名
スカート	szoknya	名
スカイプで話す	skype-ol [szkájpol]	動
好きだ，好む	szeret	動
好きになる	megszeret	動
(時が)過ぎる	telik	動
少ない	kevés	形
少なくとも	legalább	副
すぐに	mindjárt, azonnal, rögtön, máris, hamar	副
優れた	kitűnő	形
すごい	szuper, isteni	形
(時を)過ごす	tölt	動
寿司	szusi	名
薦める	ajánl, javasol	動
ずっと行く	végigmegy	動
ずっと散歩する	végigsétál	動
ずっと旅する	végigutazik	動
すっぱい	savanyú	形
すてきな	klassz	形
捨てる	(el)dob	動
すなわち，つまり	azaz	接
すばらしい	nagyszerű, remek, fantasztikus, csodálatos	形
スプーン	kanál	名
スペイン人，スペイン語，スペインの	spanyol	名/形
すべて	mind	副
すべての	minden	形
すべり台	csúszda	名
スポーツクラブ	sportklub	名
ズボン	nadrág	名
すみません。	Bocsánat!, Elnézést!	
する	csinál, tesz	動
する，やりとげる	megtesz	動
〜するあいだ	amíg	関
〜することなく	anélkül	関
〜する時	amikor	関
[否定詞]〜するな	ne	副
〜する人	aki	関
するべきこと	teendő	名
〜する前に	mielőtt	関
〜するもの	ami, amely	関
[いくつかのうち]〜するもの	amelyik	関
スロヴァキア人，スロヴァキア語，スロヴァキアの	szlovák	名/形
座っている	ül	動
座る	leül	動
住んでいる	lakik	動

せ

正確な	pontos	形
生活	élet	名
生活様式	életmód	名
税金	adó	名
請求書	számla	名
清潔な	tiszta	形
清潔にする	tisztít	動
清潔になる	tisztul	動
成功した	sikeres	形
成功する	sikerül	動
生産者	termelő	名
政治	politika	名
成長する	nő	動
セーター	pulóver	名
世界	világ	名
世界的に有名な	világhírű	形
せっけん	szappan	名
絶対に〜ない	semmiképpen	副
説得してやめさせる	lebeszél (vmiről)	動
(〜するよう)説得する	rábeszél (vkit, vmire)	動
(〜を)切望する	vágyik (vmire)	動
説明する	(meg)magyaráz	動
節約する	spórol	動

背中	hát	名
背の高い	magas	形
千	ezer	数
占拠する	elfoglal	動
先週	múlt héten	
先生	tanár	名
（女の）先生	tanárnő	名
戦争	háború	名
洗たくする	mos	動
洗濯機	mosógép	名
センチ	cm [centi]	名
全体の	egész	形
専門用語	szakszó	名
線路	vágány	名

そ

像	szobor	名
掃除する	(ki)takarít	動
想像する	képzel	動
そこから，あそこから	onnan	副
そこで，あそこで	ott	副
そこへ，あそこへ	oda	副
注ぐ	tölt	動
そちらへ行く	odamegy	動
そちらへ急ぐ	odasiet	動
そちらへ走る	odafut	動
（～を）卒業する	végez (vhol)	動
卒業論文	szakdolgozat	名
外で	kint	副
そのあと	utána	副
そのくらいの大きさの	akkora	形
そのくらいの量の	annyi	形
そのために	azért	副
その中へ	bele	尾
その日に	aznap	副
そのように	úgy	副
ソビエトの	szovjet	形
祖父母	nagyszülő	名
そもそも	tulajdonképpen	副
空	ég	名
それ以来	azóta	副
それから	azután, aztán	副
それでもなお	mégis	副
それでもなお～でない	mégsem	副
それとも，または	vagy	接
そろそろ	lassan	副
尊敬	tisztelet	名
尊敬する	tisztel	動
そんなに	annyira	副

た

大学	egyetem	名
大学生	egyetemista	名
大好きだ	imád	動
バジリカ，大聖堂	Bazilika	名
大切な	fontos	形
大切にする	megőriz	動
台所	konyha	名
題名	cím	名
タイヤ	kerék	名
日，太陽	nap	名
大陸	kontinens	名
たえず，いつも	állandóan	副
耐える	(ki)bír	動
だから	ezért, így, tehát	接
タキシード	szmoking	名
たくさん	sokat	副
たくさんの	sok	形
たくさんの人で	sokan	副
タクシー	taxi	名
～だけでなく（～も）	nemcsak (..., hanem ...is)	接
確かに	bizony	副
足す	hozzáad	動
助ける，手伝う	segít	動
たずねる	(meg)kérdez	動
ただ，～だけ	csak	副
戦う	harcol	動
正しい	helyes	形
立ち上がる	feláll	動
卓球をする	pingpongozik	動
立っている	áll	動
建物	épület	名
建てる	épít	動
たとえば	például (pl.)	副
種	mag	名
楽しい	jól érzi magát	
楽しい	szórakoztató	形
楽しむ	élvez	動
頼む	(meg)kér	動
たばこを吸う	dohányzik	動
旅立つ	elutazik	動
たぶん	talán	副
食べてしまう	megeszik	動
食べ物	ennivaló	名
食べる	eszik	動
他方で	másrészt	副
たまご	tojás	名
卵の黄身	tojássárgája	名
黙っている	hallgat	動

ため息をつく	sóhajt	動		朝食	reggeli	名
試す	(meg) próbál	動		朝食を食べる	reggelizik	動
誰	ki	疑		朝鮮・韓国人，朝鮮語，朝鮮・韓国の		
誰でも	akárki, bárki	代			koreai	名/形
誰も～ない	senki	代		挑発する	kihív	動
～だろうが	akár	副/接		ちょうど	éppen, pont	副
短気な	türelmetlen	形		蝶ネクタイ	csokornyakkendő	名
単語	szó	名		チョコレート	csokoládé, csoki	名
ダンサー	táncos	名		ちょっと	kicsit	副
誕生日	születésnap	名		ちょっとだけ	csak egy kicsit	
たんす	szekrény	名		散らかった	rendetlen	形
ダンスハウス	táncház	名		地理	földrajz	名
男性	férfi	名		地理の教師	földrajztanár	名

ち

				## つ		
血	vér	名		追伸	u.i. (utóirat)	名
小さい	kicsi, kis	形		1日	elseje	名
チーズ	sajt	名		疲れた	fáradt	形
チェコ人，チェコ語，チェコの	cseh	名/形		(暦の)月	hónap	名
チェス	sakk	名		次の	következő	形
違い	különbség	名		着く	(meg) érkezik	動
近くに	közel	副		机，テーブル	asztal	名
近づく	közeledik	動		作りかえる，改装する	átalakít	動
地下鉄	metró	名		作る	készít, csinál	動
力	erő	名		(灯を)つける	felgyújt	動
地区	negyed	名		伝える	megmond	動
チケット，切符	jegy	名		続く	következik	動
チケットオフィス	jegyiroda	名		続ける	folytat	動
地上階	földszint	名		包む	becsomagol	動
知人	ismerős	名		妻	feleség	名
地図	térkép	名		つまらない	unalmas	形
知性，意識	ész	名		冷たい	hideg	形
父	(édes) apa	名		〔未来形〕(～する)つもりである		
秩序	rend	名			fog (-ni)	動
ちっちゃな	pici	形		強い	erős	形
チップ	borravaló	名		強くする	erősít	動
地方	vidék	名		強くなる	erősödik	動
ちゃんと	rendesen	副				
(～に)注意を払う	figyel (vmire)	動		## て		
中央ヨーロッパ	Közép-Európa	名		手	kéz	名
中国人，中国語，中国の	kínai	名/形		Tシャツ	póló	名
中止する	abbahagy	動		提出する	lead, bead	動
中止になる	abbamarad	動		ディスク	lemez	名
駐車場	parkoló	名		ディスコ	diszkó	名
駐車する	parkol	動		丁寧な	udvarias	形
昼食	ebéd	名		停留所	megálló	名
昼食の時間	ebédidő	名		テーマ	téma	名
昼食を食べる	ebédel	動		デカグラム (10g)	deka	名
注文する	kér, parancsol	動		出かける	elmegy	動
チューリップ	tulipán	名		手紙	levél	名

出来上がった	kész	形
〔不定詞と〕〜できる	tud (-ni)	動
〔比較級と〕できるだけ〜	minél (-bb)	副
テクスト	szöveg	名
デザート	desszert	名
デシリットル (100ml)	deci	名
出ていく	kimegy	動
出てくる	kijön	動
テニスをする	teniszezik	動
〜ではあるが	bár	接
〜ではなく〜	nem 〜, hanem 〜	
でも	de	接
テレビ	tévé	名
店員	eladó	名
天気	idő	名
電気	villany	名
電気のスイッチ	villanykapcsoló	名
天気予報	időjárás-jelentés	名
伝説	legenda	名
伝統	hagyomány	名
伝統的な	hagyományos	形
添付して，同封して	mellékelten	副
展覧会	kiállítás	名
電話	telefon	名
電話する	telefonál, felhív	動
電話の請求書	telefonszámla	名

と

〜と	és, meg	接
ドア	ajtó	名
〜ということ	hogy	接
というのも	hiszen	接
ドイツ人，ドイツ語，ドイツの	német	名/形
トイレ	vécé	名
塔	torony	名
どういたしまして	Szívesen.	
投函する	felad	動
動詞接頭辞	igekötő	名
同時に	egyszerre	副
どうしても〜ない	sehogy	副
どうぞ	Tessék.	
到着する	(meg) érkezik	動
道中	útközben	副
どうでもいい	mindegy	
投票する	szavaz	動
添付して，同封して	mellékelten	副
動物	állat	名
同僚	kolléga	名
遠くに	messze	副
〜を通って	keresztül (vmin)	後
遠出する	kirándul	動
通り，道	utca	名
時々	néha	副
特に	különösen	副
時計	óra	名
どこかで	valahol	副
どこかへ	valahova	副
どこから	honnan	疑
どこで	hol	疑
どこであろうと	akárhol, bárhol	副
どこでも	mindenhol	副
どこでも〜ない	sehol	副
どこへ	hova	疑
どこへも〜ない	sehova	副
ところで	különben, egyébként	副
年	év	名
〜として	mint	接
年とった	öreg, idős	形
図書館	könyvtár	名
閉じる	becsuk, bezár	動
途中で，〜の途中で	közben	副/後
どちらかというと	inkább	副
突然	hirtelen	副
どっちにせよ	úgyis	接
どっちにせよ〜ない	úgysem	接
とっておく	félretesz	動
とても	nagyon	副
とてもたくさんの	rengeteg	形
留まる，残る	marad	動
ドナウ河	Duna	名
とにかく	mindenképpen	副
どの	melyik	疑
どのくらいでも	akármennyi	形
どのくらいの	mennyi	疑
どのように	hogy	疑
どのように〜しても	akárhogy, bárhogy	副
トマト	paradicsom	名
止まる	megáll	動
止める	megállít	動
友だち	barát	名
友だちになる	megbarátkozik	動
土曜日	szombat	名
(車の)トランク	csomagtartó	名
トランシルヴァニア	Erdély	名
鳥	madár	名
とりかかる	nekikezd	動
取り出す	kivesz, elővesz	動
努力する，がんばる	igyekszik	動
奴隷	rab	名
とる	vesz	動

泥棒	tolvaj	名
どんどん	egyre	副
どんな	milyen	疑
どんなでも	akármilyen, bármilyen	形
どんなのも〜ない	semmilyen	形

な

ない	nincs	動
ナイフ	kés	名
ナイフとフォークで	késsel-villával	副
治る	meggyógyul	動
長い	hosszú	形
長い間	sokáig	副
〜と仲がよい	jóban van vkivel	
仲良くなる	megbarátkozik, összebarátkozik	動
泣く	sír	動
泣くこと	sírás	名
なくてさびしい，欠ける	hiányzik	動
殴り合う	verekedik	動
殴り殺す	agyonver	動
殴る	ver	動
投げ散らかす	szétdobál	動
投げる	dobál	動
梨	körte	名
〜なしで	nélkül	後
なぜなら	mert	接
なぜ	miért	疑
なぜなら	ugyanis	接
夏	nyár	名
夏休みを過ごす	nyaral	動
など	stb.（satöbbi）	
何	mi	疑
何も〜ない	semmi	代
なので，だから	ezért, így, tehát	接
〜なので	mivel	接
名前	név	名
怠けた	lusta	形
（列に）ならぶ	sorban áll	
なるべく早く	mihamarabb	副
慣れる	（meg）szokik	動
何でも	akármi, bármi	代
何度	hányszor	疑
何度も	sokszor, többször	副
何人で	hányan	疑
何番の	hányas	疑
なんらかの	valamilyen	形

に

（〜に）似合う	jól áll（vkinek）	
苦い	keserű	形
肉	hús	名
肉屋	húsbolt	名
逃げる	menekül	動
2，3度	párszor	副
西	nyugat	名
西の	nyugati	形
〜に対して	ellen,（vmivel）szemben	後
日曜日	vasárnap	名
（〜に）似ている	hasonlít（vmire/vmihez）	動
〜にとって	（vki）számára	後
2番目の	második	数
日本人，日本語，日本の	japán	名/形
〜にもかかわらず	（vmi）ellenére	後
荷物	csomag	名
入学する	beiratkozik	動
入場料	belépő	名
知らせ，ニュース	hír	名
〜によって	által	後
〜によると	szerint	後
庭	kert	名
人気のある	népszerű	形

ぬ

脱ぐ	levesz	動
塗る	fest（色など），ken（クリームなど）	動

ね

ネクタイ	nyakkendő	名
猫	macska	名
値段	ár	名
値段の高い	drága	形
熱	láz	名
寝てしまう	elalszik	動
眠い	álmos	形
眠る	alszik	動

の

〜の間から	közül	後
〜の間で	között	後
〜の間へ	közé	後
〜のあとで	után	後
〜の上から	fölül	後
〜の上で	fölött	後
〜の上へ	fölé	後
〜の後ろから	mögül	後
〜の後ろで	mögött	後
〜の後ろへ	mögé	後
農家	parasztház	名
農民	paraszt	名
ノート	füzet	名

ノートパソコン	laptop	動		始まる	kezdődik	動
〜の数だけ	ahány	関		初め	eleje	名
〜のかわりに	helyett	後		初めて	először	副
〜の下から	alól	後		始める	(el)kezd	動
〜の下で	alatt	後		場所	hely	名
〜の下へ	alá	後		走り	futás	名
〜のせいで	miatt	後		走る	fut	動
望む	kíván, remél	動		バス	(autó)busz	名
〜の立場で	(vki) helyében	後		パスタ	tészta	名
〜のために	(vki) részére	後		旗	zászló	名
のど	torok	名		バター	vaj	名
〜のところから	ahonnan	関		働く	dolgozik	動
〜のところで	ahol	関		葉っぱ	levél	名
〜のところへ	ahova	関		鼻	orr	名
のどの炎症	torokgyulladás	名		花	virág	名
のばす	kinyújt	動		話し合う	megbeszél	動
〜の方へ	felé, iránt	後		話して聞かす	mesél	動
〜の前から	elől	後		話す	beszél	動
〜の前で	előtt	後		バナナ	banán	名
〜の前へ	elé	後		花嫁	menyasszony	名
飲み水	ivóvíz	名		母	(édes)anya	名
飲み物	ital	名		パプリカ	paprika	名
飲む	iszik	動		パプリカの粉	pirospaprika	名
〜のような	amilyen	関		ハム	sonka	名
〜のように	ahogy	関		速い	gyors	形
〜の横から	mellől	後		早い	kora	形
〜の横で	mellett	後		ばらばらになる	szétesik	動
〜の横へ	mellé	後		ばらばらめくる	lapozgat	動
乗り換える	átszáll	動		パン	kenyér	名
(乗り物に)乗る	felszáll(バス，列車など), beszáll(車など)	動		ハンガリー系の	magyar származású	
				ハンガリー人，ハンガリー語，ハンガリーの		
飲んでしまう	megiszik	動			magyar	名/形
のんびり暮らす	éldegél	動		プログラム，番組	műsor	名
				半島	félsziget	名
	は			晩に	este	副
歯	fog	名		ハンバーガー	hamburger	名
場合によっては	esetleg	副		半分の	fél	形/名
パーティー	buli	名				
パーティーをする	bulizik	動			**ひ**	
はい	igen	副		日，太陽	nap	名
ハイキングする	kirándul	動		ビアホール	söröző	名
バイク	motor	名		ビール	sör	名
入ってくる	bejön	動		東の	keleti	形
俳優	színész	名		低い	alacsony	形
入る	bemegy, belép	動		飛行機	repülő	名
ばかな	buta	形		ピザ	pizza	名
博物館	múzeum	名		ビタミンC	C-vitamin	名
箱	doboz	名		左へ	balra	副
橋	híd	名		筆記試験，筆記の	írásbeli	名/形
箸	pálcika	名		(怖くて)びっくりする	megijed	動

引越し	költözés	名		2日	másodika	数
引越しする	(el)költözik	動		二日酔いの	másnapos	形
ひつじ	juh	名		ぶつかりあう	összeütközik	動
必要性	szükség	名		ぶつかる	nekimegy	動
引っぱる	húz	動		物理	fizika	名
必要である；〔不定詞と〕～しなければならない	kell (-ni)	動		ブティック	butik	名
				船	hajó	名
人	ember	名		部分	rész	名
ひどい	borzasztó	形		ブラウス	blúz	名
(いくつかのうち)ひとつの	egyik	形		ぶらんこ	hinta	名
ひとりで	egyedül	副		フランス	Franciaország	名
暇がある	ráér	動		フランス人，フランス語，フランスの	francia	名/形
秘密	titok	名				
ひも	madzag	名		プリンター	nyomtató	名
ビュッフェ	büfé	名		降る	esik	動
病院	kórház	名		古い	régi	形
病気になる	(meg)betegszik	動		フルーツケーキ	gyümölcstorta	名
病気の，病人	beteg	形/名		ふるまう	viselkedik	動
表現	kifejezés	名		プレゼント	ajándék	名
平手打ちをする	felpofoz	動		プログラム，番組	program, műsor	名
昼に	délben	副		風呂に入る	mosakodik	動
昼間	nappal	副		(～に)プロポーズする	megkéri a kezét vkinek	
広場	tér	名		分	perc	名
びん	üveg	名		文化	kultúra	名
貧血の	vérszegény	形		文化会館	kultúrház	名
				文法	nyelvtan	名

ふ

へ

フィンウゴルの	finnugor	形		兵士	katona	名
フィンランド人，フィンランド語，フィンランドの	finn	名/形		平和	béke	名
				ページ	oldal	名
フィンランド	Finnország	名		別荘	nyaraló	名
封筒	boríték	名		ベッド	ágy	名
プール	uszoda(屋内), strand(屋外)	名		ベトナムの，ベトナム人，ベトナム語	vietnami	形/名
ふ～ん	hmm	感				
フェスティバル，祭り	fesztivál	名		部屋	szoba	名
フォーク	villa	名		ベルが鳴る	csenget	動
不快な	kellemetlen	形		ペン	toll	名
武器	fegyver	名		勉強	tanulás	名
服	ruha	名		勉強する	tanul	動
吹く	fúj	動		弁護士	ügyvéd	名
拭く	törülközik	動				
袋	szatyor	名				

ほ

服を着る	(fel)öltözik	動		保育士	óvónő	名
ふざける	hülyéskedik	動		法学者	jogász	名
ふさわしい	illik	動		帽子(縁あり)	kalap	名
婦人	asszony	名		報酬	jutalom	名
ブダペストの，ブダペスト出身者	budapesti	形/名		宝石箱	ékszerdoboz	名
				方法	mód	名
2人で	kettesben	副		訪問する	meglátogat	動
普通の	általános	形				

法律	törvény	名
放っておく	hagy	動
ポーランド人，ポーランド語，ポーランドの	lengyel	名/形
他の	más	形
他の人たち	többiek	名
他のやり方で	másképpen	副
ポケット	zseb	名
干し草	széna	名
ポスター	plakát	名
欲する；〔不定詞と〕〜したい	akar	動
ホテル	szálloda	名
ほとんど	majdnem	副
ほとんど〜ない	alig	副
ほほえむ	mosolyog	動
本	könyv	名
本当に	igazán, tényleg, valóban	副
本当の	igaz	形
本屋	könyvesbolt	名
翻訳する	(le)fordít	動

ま

（驚いて）まあ	jaj, úristen	感
毎週	hetente	副
毎月	havonta	副
毎年	évente	副
毎日	mindennap	副
前の	előző	形
前もって	előre	副
孫	unoka	名
貧しい	szegény	形
混ぜる	összekever	動
また	megint, újra	副
まだ	még	副
町	város	名
待合室	váróterem	名
待つ	vár	動
（来るまで）待つ	megvár	動
まったく	teljesen	副
窓	ablak	名
間に合う	elér	動
ママ	mama	名
（ルールなどを）守る	betart	動
守る，だいじにする	őriz	動
〔仮定形と〕まるで〜のように	mintha	接
(〜に)満足した	elégedett (vmivel)	形
満足する	megelégszik	動
真ん中	közép	名

み

見える	lát	動
(〜のように)見える	látszik (vminek)	動
右へ	jobbra	副
短い	rövid	形
短くする	rövidít	動
短くなる	rövidül	動
水	víz	名
水浴びをする	fürdik	動
湖，池	tó	名
店	bolt, üzlet	名
見せる	(meg)mutat	動
道	út	名
見つける	(meg)talál	動
南	dél	名
醜い	csúnya, ronda	形
ミネラルウォーター	ásványvíz	名
みやげ物屋	ajándékbolt	名
未来の，未来	jövő	形/名
魅力的な	bájos	形
見る	(meg)néz	動
民主主義	demokrácia	名
民俗の，民衆の	népi	形
民俗舞踊	néptánc	名
みんな，全員	mindenki, mindannyian	代/副
民話	népmese	名

む

昔から，ずっと	régóta	副
難しい	nehéz	形
結び合わせる	összeköt	動
結ぶ	köt	動
むなしく	hiába	副
胸	mell	名
村	falu	名
村の	falusi	形

め

目	szem	名
姪	unokahúg	名
命令形の	felszólító	形
命令する	parancsol	動
メールする	emailezik [ímeilezik]	動
目が覚める	felébred	動
メガネ	szemüveg	名
免許	jogosítvány	名
めんどり	tyúk	名
メンバー	tag	名

も

もう	már	副
もうすぐ	hamarosan	副
もう一つの	másik	形
木曜日	csütörtök	名
もし	ha	接
もちろん	persze, természetesen	副
持っていく	(el) visz	動
持ってくる	(el) hoz	動
〜も	is	接
もっと早くに	korábban	副
もてなし	vendégség	名
(〜を〜で)もてなす	kínál（vkit vmivel）	動
戻る	visszajön	動
もの	dolog	名
物語	mese, történet	名
もらう	kap	動
門	kapu	名
問題	baj, probléma	名

や

やあ(1人の相手に)	szia, szervusz	
やあ(複数の相手に)	sziasztok, szervusztok	
八百屋	zöldséges	名
焼き菓子	sütemény, süti	名
焼きたての	friss	形
焼く	süt	動
約	körülbelül (=kb.)	副
役に立つ	hasznos	形
焼ける	sül	動
野菜	zöldség	名
安い	olcsó	形
休み	szünet	名
休む	pihen	動
痩せた	sovány	形
やってみる	(meg) próbál	動
やっと	végre	副
屋根	tető	名
山	hegy	名

ゆ

優雅な	elegáns	形
勇敢な	bátor	形
夕食	vacsora	名
夕食を食べる	vacsorázik	動
郵便局，郵便	posta	名
有名な	híres	形
雪が降る	havazik	動
豊かな	gazdag	形
ゆっくり	lassan	副
ゆっくり歩く	ballag	動
夢	álom	名
許す	(meg) enged	動

よ

よい	jó	形
陽気な	vidám	形
用事	dolog	名
ヨーグルト	joghurt	名
ヨーロッパ	Európa	名
よく，上手に	jól	副
横たわる	fekszik	動
横になる	lefekszik	動
酔っぱらう	berúg	動
予定	program	名
夜中に	éjjel	副
呼ぶ	hív	動
読み方	olvasás	名
読む	(el) olvas	動
予約する	foglal	動
[比較級と]〜より〜	-bb, mint〜	
より多い，2つ以上の	több	形
より多くの人で，複数の人数で	többen	副
よりよい	jobb	形
夜	éjszaka	名
よろこび	öröm	名
(〜に)よろこぶ	örül (vminek)	動
よろこんで	szívesen	副
(〜に)よろしくいう	üdvözöl (vkit)	動
4番目の	negyedik	数
4分の1	negyed	数
4分の3	háromnegyed	数

ら

来年	jövőre	副
ラジオ	rádió	名

り

理解する	(meg) ért	動
離婚する	elválik	動
リットル	liter	名
リビング	nappali	名
流行の	divatos	形
寮	kollégium	名
料理	étel, konyha	名
料理する	főz	動
旅行	utazás	名
旅行する	utazik	動
両方とも	mindkettő	数
りんご	alma	名

る

ルーマニア人，ルーマニア語，ルーマニアの	román	名/形
ルネサンス	reneszánsz	名

れ

冷蔵庫	hűtőszekrény	名
冷蔵庫マグネット	hűtőmágnes	名
礼を言う	köszön	動
歴史	történelem, történet	名
歴史家	történész	名
歴史の	történelmi	形
レジ	pénztár	名
レシピ	recept	名
レストラン	étterem	名
列	sor	名
列車	vonat	名
レポート	dolgozat	名
練習する	gyakorol, edz（スポーツで）	動
レンタルする	bérel	動
連絡する	jelentkezik	動

ろ

老人	öregember	名
ローマ人，ローマの	római	名/形
6番目の	hatodik	数
ロシア人，ロシア語，ロシアの	orosz	名/形
ロマンチックな	romantikus	形
路面電車	villamos	名

わ

ワイン	bor	名
ワインフェスティバル	borfesztivál	名
若い	fiatal	形
若者（男性）	legény	名
（〜と）別れる	elbúcsúzik（vkitől）	動
わくわくする	izgalmas	形
忘れる	elfelejt	動
渡る	átmegy	動
笑う	nevet	動
笑える，おかしな	vicces	形
悪い	rossz	形

付録3．ハンガリー語語形変化表

表中のa, u, oやi, eなどの標記は，それらの音を含む語の場合を意味する（それぞれ，a, u, o = 後舌母音，i, e = 前舌非円唇母音，ü, ö = 前舌円唇母音）。

1. 人称代名詞と存在の動詞 van

1.1 人称代名詞と存在の動詞 van の現在人称変化

	単数		複数	
	代名詞	動詞 van	代名詞	動詞 van
1人称	én	vagyok	mi	vagyunk
2人称	te	vagy	ti	vagytok
3人称	ő	van	ők	vannak
敬 称	ön, maga	van	önök, maguk	vannak

1.2 動詞 van の未来形 lesz の人称変化

	単数		複数	
1人称	én	leszek	mi	leszünk
2人称	te	leszel	ti	lesztek
3人称	ő	lesz	ők	lesznek
敬 称	ön, maga	lesz	önök, maguk	lesznek

1.3 人称代名詞の対格形（「私を，君を」など）

	単数	複数
1人称	engem	minket, bennünket
2人称	téged	titeket, benneteket
3人称	őt	őket
敬 称	önt, magát	önöket, magukat

1.4 所有物代名詞（「私のもの，君のもの」など）

	単数	複数
1人称	enyém	mienk
2人称	tied	tietek
3人称	övé	övéjük
敬 称	öné, magáé	önöké, magúké

1.5 再帰代名詞 maga「自分自身」

	単数		複数	
	主格形	対格形	主格形	対格形
1人称	magam	magam(at)	magunk	magunkat
2人称	magad	magad(at)	magatok	magatokat
3人称	maga	magát	maguk	magukat
敬称	maga	magát	maguk	magukat

2. 動詞の変化

2.1 現在形

		a, u, o		i, e		ü, ö	
		tanul（勉強する）		**beszél**（話す）		**süt**（焼く）	
		不定活用	定活用	不定活用	定活用	不定活用	定活用
単数	1	tanul**ok**	tanul**om**	beszél**ek**	beszél**em**	süt**ök**	süt**öm**
	2	tanul**sz**	tanul**od**	beszél**sz**	beszél**ed**	süt**sz**	süt**öd**
	3	tanul	tanul**ja**	beszél	beszél**i**	süt	süt**i**
複数	1	tanul**unk**	tanul**juk**	beszél**ünk**	beszél**jük**	süt**ünk**	süt**jük**
	2	tanul**tok**	tanul**játok**	beszél**tek**	beszél**itek**	süt**tök**	süt**itek**
	3	tanul**nak**	tanul**ják**	beszél**nek**	beszél**ik**	süt**nek**	süt**ik**

語幹が -s, -sz, -z でおわる動詞は，接尾辞中の -j- がそれぞれ -s, -sz, -z に同化する。
ik 動詞は -ik をとった形を語幹とする。1人称単数不定活用の接尾辞は，-om, -em, -öm になる。

2.2 過去形

① 基本形（T型）

		a, u, o		i, e, ü, ö	
		tanul（勉強する）		**kér**（頼む）	
		不定活用	定活用	不定活用	定活用
単数	1	tanul**tam**	tanul**tam**	kér**tem**	kér**tem**
	2	tanul**tál**	tanul**tad**	kér**tél**	kér**ted**
	3	tanul**t**	tanul**ta**	kér**t**	kér**te**
複数	1	tanul**tunk**	tanul**tuk**	kér**tünk**	kér**tük**
	2	tanul**tatok**	tanul**tátok**	kér**tetek**	kér**tétek**
	3	tanul**tak**	tanul**ták**	kér**tek**	kér**ték**

基本形では i, e と ü, ö の音を含む語の人称接尾辞は同じ。

② TT 型（語幹に -ott, -ett, -ött がつく）

		a, u, o		i, e		ü, ö	
		takarít（掃除する）		ért（理解する）		süt（焼く）	
		不定活用	定活用	不定活用	定活用	不定活用	定活用
単数	1	takarítottam	takarítottam	értettem	értettem	sütöttem	sütöttem
	2	takarítottál	takarítottad	értettél	értetted	sütöttél	sütötted
	3	takarított	takarította	értett	értette	sütött	sütötte
複数	1	takarítottunk	takarítottuk	értettünk	értettük	sütöttünk	sütöttük
	2	takarítottatok	takarítottátok	értettetek	értettétek	sütöttetek	sütöttétek
	3	takarítottak	takarították	értettek	értették	sütöttek	sütötték

③ 混合型（3人称単数不定活用のみ TT 型になる）

		a, u, o		i, e		ü, ö	
		olvas（読む）		néz（見る）		főz（料理する）	
		不定活用	定活用	不定活用	定活用	不定活用	定活用
単数	1	olvastam	olvastam	néztem	néztem	főztem	főztem
	2	olvastál	olvastad	néztél	nézted	főztél	főzted
	3	olvasott	olvasta	nézett	nézte	főzött	főzte
複数	1	olvastunk	olvastuk	néztünk	néztük	főztünk	főztük
	2	olvastatok	olvastátok	néztetek	néztétek	főztetek	főztétek
	3	olvastak	olvasták	néztek	nézték	főztek	főzték

2.3 命令形

① 基本形

		a, u, o		i, e		ü, ö	
		tanul（勉強する）		beszél（話す）		küld（送る）	
		不定活用	定活用	不定活用	定活用	不定活用	定活用
単数	1	tanuljak	tanuljam	beszéljek	beszéljem	küldjek	küldjem
	2	tanulj, -jál	tanuld, -jad	beszélj, -jél	beszéld, -jed	küldj, -jél	küldd, -jed
	3	tanuljon	tanulja	beszéljen	beszélje	küldjön	küldje
複数	1	tanuljunk	tanuljuk	beszéljünk	beszéljük	küldjünk	küldjük
	2	tanuljatok	tanuljátok	beszéljetek	beszéljétek	küldjetek	küldjétek
	3	tanuljanak	tanulják	beszéljenek	beszéljék	küldjenek	küldjék

単数2人称では長い形と短い形がある。定活用ではおもに短い形が用いられる。

② 語幹が -s, -sz, -z でおわる動詞（接尾辞中の -j- がそれぞれ -s, -sz, -z に同化する）

		a, u, o		i, e		ü, ö	
		olvas（読む）		**néz**（見る）		**főz**（料理する）	
		不定活用	定活用	不定活用	定活用	不定活用	定活用
単数	1	olvas**s**ak	olvas**s**am	néz**z**ek	néz**z**em	főz**z**ek	főz**z**em
	2	olvas**s**, **-sál**	olvas**d**, **-sad**	néz**z**, **-zél**	néz**d**, **-zed**	főz**z**, **-zél**	főz**d**, **-zed**
	3	olvas**s**on	olvas**s**a	néz**z**en	néz**z**e	főz**z**ön	főz**z**e
複数	1	olvas**s**unk	olvas**s**uk	néz**z**ünk	néz**z**ük	főz**z**ünk	főz**z**ük
	2	olvas**s**atok	olvas**s**átok	néz**z**etek	néz**z**étek	főz**z**etek	főz**z**étek
	3	olvas**s**anak	olvas**s**ák	néz**z**enek	néz**z**ék	főz**z**enek	főz**z**ék

その他：
③ 語幹が短母音 + -t でおわる動詞：-t が -ss- に変化する。
④ 語幹が -st, -szt でおわる動詞：それぞれ -ss-, -ssz- に変化する。
⑤ 語幹が -it または④以外の子音 2 つでおわる動詞：それぞれ語幹に -s- がつく。

2.4 仮定形

		a, u, o		i, e, ü, ö	
		vár（待つ）		**szeret**（好む）	
		不定活用	定活用	不定活用	定活用
単数	1	vár**nék**	vár**nám**	szeret**nék**	szeret**ném**
	2	vár**nál**	vár**nád**	szeret**nél**	szeret**néd**
	3	vár**na**	vár**ná**	szeret**ne**	szeret**né**
複数	1	vár**nánk**		szeret**nénk**	
	2	vár**nátok**		szeret**nétek**	
	3	vár**nának**	vár**nák**	szeret**nének**	szeret**nék**

1人称単数不定活用では，母音の種類に関係なくいつも -nék がつく。

2.5 不定形の人称形

		a, u, o	i, e	ü, ö
		vár（待つ）	**pihen**（休む）	**főz**（料理する）
単数	1	vár**nom**	pihen**nem**	főz**nöm**
	2	vár**nod**	pihen**ned**	főz**nöd**
	3	vár**nia**	pihen**nie**	főz**nie**
複数	1	vár**nunk**	pihen**nünk**	főz**nünk**
	2	vár**notok**	pihen**netek**	főz**nötök**
	3	vár**niuk**	pihen**niük**	főz**niük**

非人称不定形は，動詞の語幹に -ni がつく。

2.6 不規則動詞の変化

van（ある，いる）lenni

		現在形	過去形	命令形	仮定形
単数	1	vagyok	voltam	legyek	lennék/volnék
	2	vagy	voltál	legyél, légy	lennél/volnál
	3	van	volt	legyen	lenne/volna
複数	1	vagyunk	voltunk	legyünk	lennénk/volnánk
	2	vagytok	voltatok	legyetek	lennétek/volnátok
	3	vannak	voltak	legyenek	lennének/volnának

仮定形 volna は，より婉曲な表現に用いる。

megy（行く）menni

		現在形	過去形	命令形	仮定形
単数	1	megyek	mentem	menjek	mennék
	2	mész	mentél	menj(él)	mennél
	3	megy	ment	menjen	menne
複数	1	megyünk	mentünk	menjünk	mennénk
	2	mentek	mentetek	menjetek	mennétek
	3	mennek	mentek	menjenek	mennének

jön（来る）jönni

		現在形	過去形	命令形	仮定形
単数	1	jövök	jöttem	jöjjek	jönnék
	2	jössz	jöttél	jöjj(él)/gyere	jönnél
	3	jön	jött	jöjjön	jönne
複数	1	jövünk	jöttünk	jöjjünk	jönnénk
	2	jöttök	jöttetek	jöjjetek/gyertek	jönnétek
	3	jönnek	jöttek	jöjjenek	jönnének

命令形2人称では，ふつう gyere, gyertek が使われる。

vesz（買う，とる）venni

		現在形		過去形		命令形		仮定形	
		不定活用	定活用	不定活用	定活用	不定活用	定活用	不定活用	定活用
単数	1	veszek	veszem	vettem	vettem	vegyek	vegyem	vennék	venném
	2	veszel	vesz ed	vettél	vetted	vegyél	vedd/vegyed	vennél	vennéd
	3	vesz	veszi	vett	vette	vegyen	vegye	venne	venné
複数	1	veszünk	vesszük	vettünk	vettük	vegyünk	vegyük	vennénk	vennénk
	2	vesztek	veszitek	vettetek	vettétek	vegyetek	vegyétek	vennétek	vennétek
	3	vesznek	veszik	vettek	vették	vegyenek	vegyék	vennének	vennék

他に，lesz（vanの未来形），visz（持っていく），tesz（する，置く），hisz（信じる）がこのタイプ。ただし，hiszの命令形語幹はhiggy-となる。

eszik（食べる）enni

		現在形		過去形		命令形		仮定形	
		不定活用	定活用	不定活用	定活用	不定活用	定活用	不定活用	定活用
単数	1	eszem	eszem	ettem	ettem	egyek	egyem	ennék	enném
	2	eszel	eszed	ettél	etted	egyél	edd/egyed	ennél	ennéd
	3	eszik	eszi	evett	ette	egyen	egye	enne	enné
複数	1	eszünk	esszük	ettünk	ettük	együnk	együk	ennénk	ennénk
	2	esztek	eszitek	ettetek	ettétek	egyetek	egyétek	ennétek	ennétek
	3	esznek	eszik	ettek	ették	egyenek	egyék	ennének	ennék

iszik（飲む）inni

		現在形		過去形		命令形		仮定形	
		不定活用	定活用	不定活用	定活用	不定活用	定活用	不定活用	定活用
単数	1	iszom	iszom	ittam	ittam	igyak	igyam	innék	innám
	2	iszol	iszod	ittál	ittad	igyál	idd/igyad	innál	innád
	3	iszik	issza	ivott	itta	igyon	igya	inna	inná
複数	1	iszunk	isszuk	ittunk	ittuk	igyunk	igyuk	innánk	innánk
	2	isztok	isszátok	ittatok	ittátok	igyatok	igyátok	innátok	innátok
	3	isznak	isszák	ittak	itták	igyanak	igyák	innának	innák

alszik（眠る）aludni

		現在形		過去形		命令形		仮定形	
		不定活用	定活用	不定活用	定活用	不定活用	定活用	不定活用	定活用
単数	1	alszom	alszom	aludtam	aludtam	aludjak	aludjam	aludnék	aludnám
	2	alszol	alszod	aludtál	aludtad	aludj(ál)	alud(ja)d	aludnál	aludnád
	3	alszik	alussza	aludt	aludta	aludjon	aludja	aludna	aludná
複数	1	alszunk	alusszuk	aludtunk	aludtuk	aludjunk	aludjuk	aludnánk	aludnánk
	2	alszotok	alusszátok	aludtatok	aludtátok	aludjatok	aludjátok	aludnátok	aludnátok
	3	alszanak	alusszák	aludtak	aludták	aludjanak	aludják	aludnának	aludnák

3. 名詞・形容詞の複数・対格接尾辞

複数・対格・所有・場所の接尾辞では，母音 a, e でおわる語は，それぞれ á, é と長母音になる。

3.1 名詞の複数接尾辞

	母音でおわる語	a, u, o	i, e	ü, ö
接尾辞	-k	-ok (-ak)	-ek	-ök
例	táska（かばん）	asztal（机）	szék（いす）	bőrönd（スーツケース）
複数形	táská**k**	asztal**ok**	szék**ek**	bőrönd**ök**

3.2 形容詞の複数接尾辞

	母音でおわる語	a, u, o	i, e	ü, ö
接尾辞	-k	-ak		-ek
例	barna（茶色い）	piros（赤い）	kék（青い）	zöld（緑の）
複数形	barná**k**	piros**ak**	kék**ek**	zöld**ek**

3.3 名詞の対格接尾辞

	母音でおわる語	a, u, o	i, e	ü, ö
接尾辞	-t	-ot (-at)	-et	-öt
例	táska（かばん）	ablak（窓）	jegy（チケット）	főnök（上司）
対格形	táská**t**	ablak**ot**	jegy**et**	főnök**öt**

子音 -j, -l, -ly, -n, -ny, -r, -s, -sz, -z, -zs でおわる語の多くには，-t だけがつく。

3.4 形容詞の対格接尾辞

	母音でおわる語	a, u, o	i, e	ü, ö
接尾辞	-t	-at	-et	
例	barna（茶色い）	piros（赤い）	kék（青い）	zöld（緑の）
対格形	barnát（茶色いのを）	pirosat（赤いのを）	kéket（青いのを）	zöldet（緑のを）

4. 所有接尾辞

4.1 所有接尾辞（単数）

		母音でおわる語	a, u, o	i, e	ü, ö
単数	1	-m	-om	-em	-öm
	2	-d	-od	-ed	-öd
	3	-ja, -je	-a / -ja	-e /-je	
複数	1	-nk	-unk	-ünk	
	2	-tok, -tek, -tök	-otok	-etek	-ötök
	3	-juk, -jük	-uk / -juk	-ük / -jük	

4.2 所有接尾辞（複数）

		母音でおわる語	a, u, o	i, e / ü, ö
単数	1	-im	-aim, -jaim	-eim, -jeim
	2	-id	-aid, -jaid	-eid, -jeid
	3	-i	-ai, -jai	-ei, -jei
複数	1	-ink	-aink, -jaink	-eink, -jeink
	2	-itok, -itek	-aitok, -jaitok	-eitek, -jeitek
	3	-ik	-aik, -jaik	-eik, -jeik

単数の所有接尾辞で3人称に -j- が入る語は、複数ではすべての人称に -j- が入る。母音でおわる語のうち、-i でおわる語には、-jaim/-jeim（以下，人称による）がつく。

4.3 不規則な親族名称の所有形

		apa	anya	báty	öcs	fia
		父	母	兄	弟	息子
単数	1	apám	anyám	bátyám	öcsém	fiam
	2	apád	anyád	bátyád	öcséd	fiad
	3	apja	anyja	bátyja	öccse	fia
複数	1	apánk	anyánk	bátyánk	öcsénk	fiunk
	2	apátok	anyátok	bátyátok	öcsétek	fiatok
	3	apjuk	anyjuk	bátyjuk	öccsük	fiuk

5. 場所をあらわす接尾辞

静止している場合	向かっていく場合	離れていく場合
～の中で	～の中へ	～の中から
-ban, -ben	-ba, -be	-ból, -ből
～の上で	～の上へ	～の上から
-n, -on, -en, -ön	-ra, -re	-ról, -ről
～のそばで	～のそばへ	～のそばから
-nál, -nél	-hoz, -hez, -höz	-tól, -től

6. 場所をあらわす後置詞

	～の下	～の上	～の前	～の後	～の横	～のあいだ
静止している場合	alatt	fölött	előtt	mögött	mellett	között
向かっていく場合	alá	fölé	elé	mögé	mellé	közé
離れていく場合	alól	fölül	elől	mögül	mellől	közül

7. 接尾辞の人称形

		単数			複数		
		1	2	3	1	2	3
-ba, -be	～の中へ	belém	beléd	bele, belé(je)	belénk	belétek	beléjük
-ban, -ben	～の中で	bennem	benned	benne	bennünk	bennetek	bennük
-ból, -ből	～の中から	belőlem	belőled	belőle	belőlünk	belőletek	belőlük
-ra, -re	～の上へ	rám	rád	rá	ránk	rátok	rájuk
-on, -en, -ön, -n	～の上で	rajtam	rajtad	rajta	rajtunk	rajtatok	rajtuk
-ról, -ről	～の上から	rólam	rólad	róla	rólunk	rólatok	róluk
-hoz, -hez, -höz	～のそばへ	hozzám	hozzád	hozzá	hozzánk	hozzátok	hozzájuk
-nál, -nél	～のそばで	nálam	nálad	nála	nálunk	nálatok	náluk
-tól, -től	～のそばから	tőlem	tőled	tőle	tőlünk	tőletek	tőlük
-nak, -nek	～に	nekem	neked	neki	nekünk	nektek	nekik
-val, -vel	～で，～と一緒に	velem	veled	vele	velünk	veletek	velük
-ért	～のために	értem	érted	érte	értünk	értetek	értük

岡本真理（おかもと・まり）

一橋大学大学院社会学研究科博士課程修了。大阪外国語大学助手を経て，現在大阪大学大学院人文学研究科教授。専門はハンガリー語・ハンガリー文学。研究テーマは近代ハンガリーの民族言語と文学運動。主な著書に，『ゼロから話せるハンガリー語』（三修社，2006年），『ヨーロッパ・ことばと文化—新たな視座から考える』（共著，大阪大学出版会，2013年）など，主な翻訳に『ヴォブルン風オムレツ コストラーニ・デジェー短篇集』（未知谷，2018年）など。

大阪大学外国語学部　世界の言語シリーズ 8

ハンガリー語

発 行 日	2013年3月28日　初版第1刷 〔検印廃止〕
	2017年7月6日　初版第2刷
	2023年2月2日　初版第3刷
著　　者	岡本　真理
発 行 所	大阪大学出版会
	代表者　三成賢次
	〒565-0871
	大阪府吹田市山田丘2-7　大阪大学ウエストフロント
	電話　06-6877-1614
	FAX　06-6877-1617
	URL　https://www.osaka-up.or.jp
印刷・製本	株式会社 遊文舎

ⓒ Mari Okamoto 2013　　　　　　　　Printed in Japan
ISBN 978-4-87259-332-7 C3087

JCOPY 〈出版者著作権管理機構 委託出版物〉
本書の無断複製は著作権法上での例外を除き禁じられています。複製される場合は，その都度事前に，出版者著作権管理機構（電話03-5244-5088，FAX 03-5244-5089，e-mail: info@jcopy.or.jp）の許諾を得てください。

大阪大学外国語学部

世界の言語シリーズ 8

ハンガリー語

[別冊]

大阪大学出版会

大阪大学外国語学部　世界の言語シリーズ　8
ハンガリー語〈別冊〉

ダイアローグ日本語訳と練習問題解答例

2課　本屋さんはどこですか？
（会話）
みんな，こんにちは！
私は鈴木ナナ。学生です。大阪出身です。

ナナ：すみません。これが本屋ですか？
男性：いえ，これは事務所です。本屋はそこの右手です。
ナナ：どうもありがとう。
男性：どういたしまして。

ナナ：こんにちは。これはハンガリー語＝英語辞典ですか？
店員：いいえ。これは辞典ではなく，教科書です。
ナナ：ハンガリー語＝英語辞典はありますか？
店員：ここにはありませんが，上です。どうぞ。そこが階段です。
（練習問題）
1. az autó, a fa, az épület, a fiú, a ház, a tanár
2. ez a lány, ez a híd, ez a rendőr, ez a taxi, ez a szálloda, ez az asztal
3. az az orvos, az a diák, az a szék, az a könyv, az a toll, az a busz
4. Milyen tankönyv ez? — Ez egy magyar tankönyv.
   Milyen híd az? — Az egy régi híd.
   Milyen ez a könyv? — Ez a könyv nagyon jó.
   Az az autó olcsó? — Nem. Az az autó drága.
   Az az orvos nem fiatal, hanem öreg.
   Az a tanár nem budapesti, hanem debreceni.

3課　ハンガリー語学科の1年生です
（会話）
　ここは公園です。公園は美しくて心地よいです。モルナール・ヴィクトーリアはハンガリー人の先生です。若くて美人です。
先生：　　こんにちは，ナナ！元気？
ナナ：　　ありがとう，元気よ。先生は？
先生：　　まあね，おかげさまで。すごくいい天気ね。
ナナ：　　ええ。寒くないし，日も照ってる。
先生：　　何それ？辞書？
ナナ：　　はい。この辞書新しいの。ちょっと高いけど，とてもいいわ。
　ここは大学です。この大学は古くて大きいです。図書館の横に学食があります。あそこに日本人の女の子のナナがいます。
バラージュ：やあ。ぼくはキシュ・バラージュ。
ナナ：　　こんにちは。私は鈴木ナナ。
バラージュ：学生なの？
ナナ：　　ええ。ハンガリー語学科1年生よ。
バラージュ：ぼくも学生だよ。物理学科なんだ。はじめまして。
ナナ：　　こちらこそ，はじめまして。

ナナ：　　もう1時？ごめんなさい。B棟はどこ？
バラージュ：駐車場の裏の茶色い建物だよ。

1

ナナ： ありがとう。じゃあね。
バラージュ：じゃあね。
（練習問題）
1. vagy, vagyok / vagytok, vagyunk / van, vagyok / van, Nincs / vagy, vagyok
2. mögött, mellett, pályaudvar, között, A mozi（folyó / park）mellett van.
3. Hol van a tanár? — Ott van.
　　Te nem oszakai vagy? — Nem. Tokiói vagyok.
　　Hogy van Molnár tanárnő? — Jól van.
　　A buszmegálló az egyetem előtt van.
　　A magyar lány a német fiú mellett van.
　　Az étterem a könyvesbolt és a mozi között van.

4課　ブダペストの橋はうつくしい
（会話）
　ナナとバラージュは町の中にいます。ブダペストは古くて美しい町です。小さくなく，かなり大きいです。人と車も多いです。
バラージュ：町は気に入った？
ナナ：　　とても気に入ったわ。今いるのはどこ？
バラージュ：ヴルシュマルティ広場だよ。ほら，そこがジェルボー。古くて有名なカフェだよ。
ナナ：　　なんてきれいで優雅なの！あそこの建物は何？
バラージュ：みやげ物屋とブティックだと思うよ。行こうか。

ナナ：　　この絵ハガキとてもきれいね。これはブダ？
バラージュ：そう。こっちは古い教会。あっちは有名なブダペストの橋。ね，きれいだろう？
ナナ：　　うん，すごく。これはなんていう名前？
バラージュ：これはくさり橋。あっちはマルギット橋だ。
ナナ：　　マルギット橋のうしろには何があるの？
バラージュ：マルギット島だよ。けっこう大きくて気持ちいい島だよ。いいプールもあるんだ。
（練習問題）
1. autók 車，füzetek ノート，asztalok 机，székek いす
　　függönyök カーテン，kutyák 犬，macskák 猫，tükrök 鏡
　　tollak ペン，gyümölcsök くだもの，éttermek レストラン，halak 魚
　　madarak 鳥，kanalak スプーン，könyvek 本，hidak 橋
　　lusták 怠けた，népszerűek 人気のある，régiek 古い，újak 新しい
　　alacsonyak 低い，elegánsak 優雅な，szabadok 自由な，nagyok 大きい
2. Az oszakai diákok szorgalmasak.
　　A külföldi vendégek híres újságírók.
　　Azok a tanárok nem budapestiek, hanem debreceniek.
　　Milyenek azok az angol orvosok?
　　Ezek a fekete macskák nagyon aranyosak.
　　Fiatalok vagyunk.
　　Lusta fiúk vagytok.
　　Önök tanárok?
3. 単数 Az a lány nagyon okos.　複数 Azok a lányok nagyon okosak.
　　単数 A templom régi és kicsi.　複数 A templomok régiek és kicsik.
　　単数 Ez az elegáns ház új és nagy.　複数 Ezek az elegáns házak újak és nagyok.
　　単数 Az az étterem népszerű?　複数 Azok az éttermek népszerűek?
　　単数 Itt csak drága szálloda van.　複数 Itt csak drága szállodák vannak.

5課　ここではハンガリー語を勉強するのよ
（会話）
　今，午前9時です。留学生たちがハンガリー語を勉強しています。学生たちの中には，フィンランド人，ルーマニア人，カナダ人それにベトナム人がいます。もちろんここに日本人学生のナナもいます。学生たちは授業ではハンガリー語しか話しません。まだハンガリー語は少ししかできませんが，毎日いっしょうけんめい勉強しています。
ペッカ：　　僕はフィンランド人なんだ。ナナ，フィンランド語話せる？

ナナ：	残念だけどフィンランドは話せないわ。あなたは何語を話すの？
ペッカ：	英語，ドイツ語，スウェーデン語にロシア語だよ。ハンガリー語はまだちょっとしかできないんだ。
ロバート：	僕は英語しか話せない。もちろん授業では英語は話さないし，話そうとも思わないよ。
アンドレア：	すばらしいわ！アメリカ人とカナダ人はどこでも英語しか話さないんだから。あれはよくないわね。私は国ではフランス語学科なの。フランス語はかなりできるわ。
フォン：	私は中国語も勉強してるの。ナナ，あなたも中国語できる？
ナナ：	残念だけど，中国語はできないわ。だけど，あなたたちなんてたくさんのことばができるの！すばらしいわ！私は英語しか話せないし，それもあまりうまくないし。
アンドレア：	だいじょうぶよ，ナナ。ここではハンガリー語を勉強するんだから。がんばろう！

言語／民族の名前を覚えよう！ -ul, -ül をつけて「～語で」といってみよう

japánul, magyarul, románul, lengyelül, angolul, németül, franciául, spanyolul, olaszul, finnül, csehül, szlovákul, oroszul, arabul, koreaiul, kínaiul

(練習問題)
1. futok, beszélnek, írok / süttök, takarítotok, táncolsz / ültök, sietsz, állok / vársz, örülnek, segítesz
2. Sétálok. Sétálunk. Beszélgetek. Beszélgetünk. Mosogatok. Mosogatunk. / Énekelek. Énekelünk. Táncolok. Táncolunk. Bevásárolok. Bevásárolunk. / Tanítok. Tanítunk. Takarítok. Takarítunk. Pihenek. Pihenünk.
3. Önök beszélnek japánul? — Sajnos alig beszélünk.
   Itt magyar tanárok tanítanak.
   A fiúk takarítanak, a lányok pedig segítenek.
   Mit csinálsz ma délután? — Bevásárolok és főzök.
   Sajnos Nana még csak egy kicsit beszél magyarul.
   Pekka milyen nyelven beszél? — Ő sok nyelven beszél.

6課　みんな楽しい週末をね！

(会話)
　　放課後，モルナール先生と留学生たちはおしゃべりしています。今日は金曜日です。

先生：	みんな週末は何するの？勉強，それとも休むの？
ペッカ：	僕は週末もハンガリー語を勉強するよ。ハンガリー語はすごく面白くてわくわくするよ！
アンドレア：	私は勉強しないわ。土曜日はボーイフレンドに会うの。テニスするのよ。日曜日はハイキングよ。
ロバート：	僕はおじいちゃんとおばあちゃんがブダペストに住んでる。週末はいつも一緒にお昼を食べるんだ。それからちょっと散歩して，時々必要があれば何か手伝いもする。
フォン：	私は休まないわ。だって週末も働いてるもの。ブダに小さいベトナム料理店があるの。そこで働いてる。料理はとてもおいしいよ。みんな一度来てね。
先生：	あらすてき！フォンはきっと料理上手ね。ぜひ一度行きましょう！ナナ，あなたは週末どうするの？
ナナ：	うーん，まだわからない。宿題が多いし，多分家で勉強するわ。メールしてスカイプで話して。それから，もちろん洗濯，料理，掃除も。
先生：	ナナは頑張り屋さんね。あら，もう5時？じゃあね。みんないい週末を！

(練習問題)
1. nézel, olvasol, mentek / alszol, jövünk, mosok / reggelizem, főzöl, olvasnak / eszem, iszol, találkozunk / reggeliztek, vacsoráznak, alszom / megyünk, jössz, mennek
2. Nem, magyarul tanul.
   Nem, teniszezik és kirándul.
   Ma péntek van.
   Nem, dolgozik.
   Tanul, de mos, főz és takarít is.
   自由回答
3. Ön hol vacsorázik? — Itt vacsorázom.
   Mit csinálsz hétvégén? — Sokat alszom.
   Holnap dolgozol vagy pihensz? — Dolgozom.
   Délután teniszezünk. Ti is jöttök?
   A lányok vasárnap kirándulnak.
   Az óra után a külföldi diákok bevásárolnak, főznek és takarítanak.

7課　中央市場でお買い物
（会話）

　中央市場は自由橋のとなりにあります。47番の市電が通っています。大きな２階建ての建物です。たくさんの人がここで買い物をしています。観光客もいっぱいいます。下には肉屋，八百屋，お菓子や飲み物があります。ハンガリーの食品もあります。たとえば，パプリカの粉，サラミ，トカイワインです。上には刺繍の店や他のみやげ物屋があります。

　ナナは放課後買い物をします。今晩，うちにアンドレアとペッカが来るのです。何かおいしいものを作ります。寿司でしょうか？でも寿司はかなり難しいです。魚があまり新鮮でないので。ナナは長いあいだ考えて，結局お好み焼きに決めました。ここに八百屋があります。ナナはここでキャベツを買います。

店員：いらっしゃい！
ナナ：こんにちは。キャベツ一つください。
店員：どうぞ。ほかには？
ナナ：このパプリカすごくきれいね。甘いの？辛いの？
店員：きれいだろう？甘くてすごくおいしいよ。
ナナ：じゃあ半キロください。
店員：ほかには何か？
ナナ：けっこうよ。ありがとう。
店員：こちらこそ，まいどおおきに。

（練習問題）
1. kávét, teát, tejet, sört, bort / szendvicset, tortát, almát, hamburgert, gyümölcsöt / kabátot, szoknyát, nadrágot, blúzt, pulóvert / inget, cipőt, kalapot, levelet, könyvet / asztalt, villát, kanalat, kést, poharat
2. magasat, alacsonyat, szépet, csúnyát, nagyot / drágát, olcsót, újat, régit, hideget / japánt, spanyolt, görögöt, magyart, németet / fehéret, barnát, zöldet, kéket / ötöt, tízet, hatvanat, százat, ezret
3. kávét, hamburgert, tortát / sört, Hármat / cipőt, fehéret, pirosat / blúzt, inget / pulóvert, drágát / almát, tízet, húszat / Negyvenkettest, negyvenhármasat
4. Egy teát és egy gyümölcstortát kérek.
Szendvicset kérsz vagy hamburgert?
Fehér inget veszel? — Nem fehéret, hanem kéket veszek.
Mit csinálsz szombaton? — Főzök valami finomat.
Tessék parancsolni! / Mit parancsol? — Fél kiló kenyeret kérek.
A turisták paprikát és szalámit vesznek itt.

8課　来てくれてうれしいわ
（会話）

　晩の７時です。ナナは家にいます。台所でキャベツを切っています。今晩ルーマニア人の女の子アンドレアとフィンランド人の男の子ペッカが来ます。ナナはお好み焼きとサラダを作っています。夜８時にベルが鳴ります。ペッカはきれいな花を，アンドレアは赤ワインを１本持ってきます。ナナはとてもうれしいです。

アンドレア：ふうん，なかなかすてきな部屋ね！とても気に入ったわ。
ナナ：　　　部屋は小さいけど静かで居心地もいいの。左手は台所。残念だけど台所はかなり小さいし，冷蔵庫はもう古いわ。
アンドレア：ちっちゃいけど清潔よ。手伝うわ，ナナ。お皿はどこ？
ナナ：　　　食器棚の中よ。グラスもそこ。サラダは冷蔵庫の中よ。
アンドレア：了解。ペッカ，なに部屋で読書してるの？台所にいらっしゃい！あんたも手伝うの，いい？
ペッカ：　　もちろん。夕飯はなに？なにか日本料理？
ナナ：　　　うん。お好み焼きを焼くの。
ペッカ：　　長い名前だね！でもおいしそう！
ナナ：　　　これ何ていうワイン，アンディ？ルーマニアからなの？
アンドレア：そうよ。自家製よ。どうぞ！
ペッカ：　　じゃあ，乾杯！ナナ，招待どうもありがとう。
ナナ：　　　来てくれてうれしいわ。乾杯！

（練習問題）
1. **-ban, -ben がつくタイプ**
   hol?: boltban, szupermarketben, irodában, szobában, könyvtárban, moziban, lakásban, múzeumban
   hova?: városba, étterembe, könyvesboltba, iskolába, kávéházba, szobába, Németországba, Berlinbe
   honnan?: Angliából, Londonból, Franciaországból, Párizsból, Koreából, Szöulból, Kínából, Pekingből

-n, -on, -en, -ön がつくタイプ
hol?: pályaudvaron, hídon, egyetemen, postán
hova?: térre, vécére, menzára, Magyarországra
honnan?: szigetről, földszintről, emeletről, Budapestről

2. -(á)ra, megyek / -(á)ra, mentek, -be, megyünk / jöttök, -ból, jövünk / -(á)ban, laksz, -ban, lakom / -ra, mész, -re, megyek mész, -ra, megyek
3. A könyvtárban dolgozol? — Nem. Még iskolába járok.
   A diákok egy nagyon régi egyetemen tanulnak.
   Te a konyhában főzöl, én pedig pihenek a szobában.
   A lányok a nappaliban beszélgetnek.
   Otthon reggeliznek és a menzán ebédelnek.
   Ma este mi étterembe megyünk, a fiúk pedig moziba mennek.

9課　6時に図書館の前で会おう

（会話）
バラージュ：ねえ，ナナ。今晩ひま？トルディ映画館で新しいハンガリー・アメリカ合作映画をやってるんだ。興味ない？
ナナ：　　　どんな映画？タイトルは？
バラージュ：貧血の吸血鬼。すごく面白いらしいよ。かなり有名な俳優が演じている。
ナナ：　　　ぜひ行くわ。その映画館はどこ？遠いの？
バラージュ：ここから遠くないよ。アラニュ・ヤーノシュ通りだ。市電で西駅まで行って，そこから地下鉄か歩きで行く。
ナナ：　　　わかった。どこでいつ会う？
バラージュ：映画は7時45分開始だね。映画の前に何か食べよう。6時に図書館の前で会うってことでいい？
　窓口には列ができています。バラージュはチケットを買います。ナナはそのあいだ壁のポスターを見ています。
バラージュ：こんにちは。次の上演にチケット2枚ください。
店員：　　　もうほとんど残っていません。12列目でもいいですか？
バラージュ：じゅうぶんです。いくらですか？
　映画の前にビュッフェに行きます。チーズサンドを食べて，オレンジジュースを飲みます。バラージュは今日の映画について軽くナナに話をします。映画は英語ですが，ハンガリー語の字幕付きです。ナナは同時に英語のセリフとハンガリー語の字幕に集中します。すべて理解できるわけではないけれど，笑える映画なので，ナナはすっかり気に入ります。

（練習問題）
1. -hoz / -nél, -nál または -vel, -mal / -tól / -nél / -tól / -től / -hoz
2. lánynak, fiúnak, Péternek, Balázsnak / tanárnőnek, Évának, ügyvédnek, Viktornak
3. vonattal, motorral, biciklivel, autóbusszal / Katival, Istvánnal, villával, kanállal
4. Kinek telefonálsz? — Katinak.
   Kivel mész moziba? — Balázzsal.
   A tizenötös busszal megyünk a városba.
   Finom epret veszünk a gyerekeknek.
   Kanállal eszel? — Nem. Késsel-villával eszem.
   Vonattal és metróval járok az egyetemre.

10課　ベトナム料理店で夕食にしない？

（会話）
　ナナと留学生たちはもう3カ月一緒に勉強しています。授業ではハンガリー語をたくさん話しますが，もちろん読み書きもします。モルナール先生はいつも話題を出して，学生たちはそれについて何か話をしたり意見を言ったりします。文化，とくに習慣や料理の話をするのが好きです。
先生：　　　あなたたち下宿よね？料理はできる？
ロバート：　僕は寮に住んでるけど，料理はやらないといけない。僕はさいわい料理は好きなんだ。放課後よく買い物にいくよ。
ペッカ：　　毎日料理はやりたくないけど，何か食べないといけないし。どっちかというと，ハムやチーズや野菜を買うよ。
アンドレア：だからそんなに痩せてるのよ。いつも本読んで勉強ばかりして。だけど，ちゃんと食べることも大切よ。
フォン：　　ペッカ，温かいものを食べたくなったら，うちのレストランにいらっしゃい。ベトナム料理は魚や新鮮

5

ナナ：	な野菜がいっぱいよ。それにすごく安いから。
ナナ：	私も魚料理が恋しいわ。来週はペッカの誕生日よね？あそこで夕食にしない？
先生：	すてきね！すごくいいアイデアだわ、ナナ。フオンの家族とも知り合いになりたいし。

(練習問題)
1. pihenni, venni, menni, találkozni, dolgozni
2. kell, szabad, lehet, Muszáj, szabad
3. Magyarul kell beszélni, olvasni és írni.
   A szokásokról és az ételekről.
   Robert elég jól tud főzni, de Pekka nem nagyon szeret főzni.
   A vietnami étterembe mennek.
   Sok benne a hal és a friss zöldség.
4. Vasárnap sokat akarok aludni.
   Akarsz valamit enni? — Nem. Nem vagyok éhes. De szeretnék inni valamit.
   Tudsz segíteni egy kicsit? — Ne haragudj! Most tévét akarok nézni.
   Itt mindennap lehet friss kenyeret venni.
   A vizsga előtt muszáj sokat tanulni, de utána sokat lehet pihenni.
   Szeretnék a magyar kultúráról tanulni.

11課　美術館にはどう行けばいいですか？
(会話)
　今日は日曜日です。ナナはたくさん寝て、9時にやっと起きます。台所に行って、冷蔵庫からヨーグルトを1パックとり出し、部屋に戻ります。朝ごはんを食べながら、ある展覧会について面白い記事を読みます。朝ごはんのあと服を着て、家を出ます。
ナナ：すみません。美術館にはどう行けばいいですか？
男性：青の地下鉄でデアーク広場まで行って、そこでFöldalattiに乗り換えるんですよ。あの古い小さな地下鉄ですよ。
ナナ：あの黄色くてちっちゃいのでしょう？Földalattiていう名前なんですか？
男性：そうですよ。Földalattiはヨーロッパ大陸で最初の地下鉄なんですよ。それに乗って英雄広場まで行けば、もうそこが美術館です。
ナナ：わかりました。ありがとうございます。
男性：どういたしまして。
　ナナは英雄広場でFöldalattiを降ります。階段を上ると、巨大な広場が見えます。左手に美術館があります。右手にはもう一つ美術館、Műcsarnokがあります。
　日が照って、風が心地よく吹いています。広場では観光客が散歩して写真を撮っています。信号が青です。ナナは道を渡って、広場をずっと歩いていきます。広場には銅像が並んでいます。ツアーガイドが大声で観光客に話しています。ナナもそこへ行って、耳を傾けます。ハンガリーの王について面白い話を聞きます。聖イシュトヴァーンは最初のハンガリー王で、マーチャーシュは有名なルネサンス時代の王です。

(練習問題)
1. ki-, be-, le- / fel-, át- / fel-, le-, be- / fel-, át-
2. felszáll, száll fel
   megy vissza, megy vissza
   hazamegyünk, megyünk haza
   utaznak el, utaznak el
3. Fel-, le-, át-, -ról, -ra, -sal, át-, -(á)ról, -re, -en, -val, haza
4. Zoli felmegy a lépcsőn és bemegy a lakásba.
   A fiú átmegy a zebrán és felszáll a hetes buszra.
   Azok a turisták nem holnap, hanem holnapután mennek haza.
   Mikor jössz haza? — Nem tudom. Talán este nyolc után.
   Átszállunk a Deák téren? — Át.
   Kimegyek a konyhába és kiveszek egy doboz tejet a hűtőszekrényből.

12課　好きなのはポガーチャだけでなく…
(会話)
　留学生グループは週末にエステルゴムに遠足にいきます。前もってどこでいつ会うか、何を持っていくかなどを相談します。

アンドレア：私はポガーチャを焼いて持って行くわ。
ロバート：　家にハンガリーのガイドブックがある。エステルゴムについても何か書いてあると思うよ。列車でそれを読もう。
先生：　　まずバジリカ（大聖堂）に行きます。もちろん塔に上って，そこからドナウ河と対岸のスロヴァキアもよく見えますよ。
ナナ：　　その後，昼食も食べなきゃね。ハラースレー（魚のパプリカシチュー）を食べてみる？
フオン：　ハラースレー好きよ。いい天気になるといいわね。

　朝早く6番線に集合し，さっそく列車に乗り込みます。荷物を網棚に載せ，座ります。列車は時間どおりに出発します。アンドレアはポガーチャをとり出して，テーブルに載せます。ロバートはガイドブックを広げ，読みはじめます。みんな陽気でいい機嫌です。おしゃべりしたり風景を眺めたりしています。

ペッカ：　　すごくおいしい！ポガーチャ大好きなんだ。
フオン：　　ペッカはポガーチャだけでなくて，あなたのこともすごく好きなのよ，アンディ。
アンドレア：やだ，彼，女の子はみんな好きなのよ。
ナナ：　　　アンディ，作り方教えてくれる？私も作ってみるわ。
先生：　　　私にも教えて。まじで言うけど，ハンガリーの主婦だってこんな上手にポガーチャを作れないわ。
（練習問題）
1. én: látom, írom, főzöm, szeretem, mondom
   te: nézed, tanulod, hiszed, eszed, kéred
   ő: mondja, gondolja, szereti, issza, veszi
   mi: béreljük, mondjuk, főzzük, esszük, gondoljuk
   ti: tanuljátok, sütitek, látjátok, teszitek, olvassátok
   ők: keresik, mossák, isszák, kérik, írják
2. **én**: -ek, -om, -ök, -em, -ok
   te: -sz, -ed, -ol, -el
   ő: ø, -ja, -i
   mi: -sük, iszunk, -juk
   ti: -tek, -játok, -itek
   ők: -ják, isszák, -nek
3. Azt mondja, hogy nagyon szereti Mónikát.
   Azt gondolja, hogy még nem tud jól magyarul.
   Azt mondják, hogy mindennap főznek, mosnak és takarítanak.
   Azt hiszi, hogy elég jól tud főzni.
4. Tízkor várlak a pályaudvaron.
   Kiveszem a könyvet a táskából, és leteszem az asztalra.
   Ki főzi ezt a gulyást? — Mi főzzük.
   Azt hiszem, hogy Andi szeret engem. Én is szeretem őt.
   A külföldi vendégek azt mondják, hogy a magyar borok nagyon finomak.
   Mit látsz a toronyból? — A Dunát és a várost látom.

13課　僕はずっとぺこぺこだったよ
（会話）
　ナナたちは週末エステルゴムに行ってきました。列車で行きました。道中，たくさん冗談を言って笑いました。街中ではいろいろ見学しました。たくさん歩いておみやげも買いました。ハラースレーも食べました。
先生：　　今日の授業は，みんな週末の遠足について書きます。いいですか？何をして，何を見ましたか？何を食べて，何が気に入りましたか？
フオン：　私はみんな気に入ったわ。ハラースレーもとてもおいしかった。
先生：　　ほんと？じゃあ，少なくともハンガリーの鯉はベトナムの海の魚みたいに新鮮なのね。
ロバート：僕はさっそく書いたよ。読もうか：「塔に上ると，美しい景色に圧倒された。空には鳥がさえずり，はるか遠くのドナウには船が走っていた。僕は思った，いつかきっとあの船に乗って黒海までずっと旅をするのだ。」
ペッカ：　ロバートは詩人だなあ！僕はずっとおなかぺこぺこだったよ。朝ごはんを食べる時間がなかったから。
アンドレア：だからポガーチャをばか食いしたのね。そのあとは，レストランでハラースレーもおかわりしたし。
ペッカ：　それからアイスクリームを忘れたらだめだよ。きみたちにアイスおごっただろう。

ナナ：　　　あれは本当においしかったわ。あなたがお菓子屋さんを見つけたのよね。いろいろおいしいのを選んだわ。あらためてお礼を言うわ，ペッカ。

（練習問題）
1. én: siettem, dolgoztam, béreltem, laktam, beszéltem
   te: írtál, feküdtél, segítettél, beszélgettél, örültél
   ő: találkozott, írt, jött, lakott, vett
   mi: ettünk, aludtunk, tudtunk, készítettünk, ittunk
   ti: érkeztetek, ittatok, feküdtetek, futottatok, tanultatok
   ők: láttak, kértek, tettek, maradtak, tudtak
2. én: hallgattam, sütöttem, takarítottam, ittam, tudtam
   te: fizetted, szeretted, láttad, sütötted, ittad
   ő: hozta, olvasta, ette, tanította, vette
   mi: tudtuk, szerettük, akartuk, takarítottuk, kérdeztük
   ti: láttátok, tettétek, szerettétek, írtátok, tanultátok
   ők: főzték, készítették, bérelték, fizették, sütötték
3. Reggel futottam egy órát a parkban, aztán reggeliztem.
   Mit csináltál este? Könyvet olvastál, vagy tévét néztél?
   A postán voltunk. Egy csomagot akartunk küldeni.
   A kollégiumban nem voltak diákok. Hazautaztak.
   Meghívtalak egy kávéra, és sokat beszélgettünk.
4. Ma reggel újságot olvastam és rádiót hallgattam.
   Mit ettetek és mit ittatok? — Csak vizet ittunk.
   Tegnap beteg volt és egész nap az ágyban feküdt.
   A vonaton a szép tájat néztük és beszélgettünk.
   Pekka ivott egy kis kávét és evett egy pogácsát.
   Találtunk egy finom cukrászdát a városban, és ott ettünk fagyit.

14課　まだバラトン湖に行ったことがない
（会話）
バラージュ：遠足どうだった？
ナナ：　　　とても楽しかったわ。地方に行ったのははじめてよ。エステルゴムのバジリカを見たの。ハラースレーを食べた。それから町をずいぶん歩いたわ。
バラージュ：てことは，忙しい一日だったね。きっと疲れただろうね。
ナナ：　　　うん，でももう十分休んだから。ねえ見て。あなたに持ってきたんだけど。
バラージュ：本当？うわー，すてきな冷蔵庫マグネットだね。ありがとう！自分には何も買わなかったの？
ナナ：　　　まさか。自分用には写真集を見つけたの。きれいな田舎の風景がいっぱい入ってる。すぐ見せるね。ほらね，きれいでしょう？たとえばこの教会，どこにあるか知ってる？
バラージュ：もちろん。これはティハニの教会だ。バラトン湖の北岸にあるよ。
ナナ：　　　バラトン湖にはまだ行ったことがないの。このきれいな宮殿もそこにあるの？
バラージュ：それはケストヘイのフェシュテティチ宮殿。ぜひとも見た方がいいよ。子どもの頃，毎年バラトン湖に行ったよ。小さな別荘があるんだ。夏休み，ぜひ招待するよ。どう？
ナナ：　　　とっても優しいのね。招待どうもありがとう。

（練習問題）
1. meg-, le / meg-, meg- / el-, El, Vissza- / meg- / meg-, fel- / ki-
2. Magam, magáról, magatokat, magunkat, Magaddal, magad, magam, magamnak
3. Hogy érezted magad tegnap este? — Köszönöm. Nagyon jól éreztem magam.
   Megvetted a regényt? — Meg. A hétvégén már el is olvastam.
   A diákok megnézték a várost és megkóstolták a borokat.
   Magadnak vetted ezt a csokit? — Persze, magamnak vettem.
   A nyári szünetben Balázs meghívta Nanát a Balatonra.

15課　どう踊ったらいいのかわからない
（会話）
バラージュ：ナナ，僕と踊りに行く気はない？
ナナ：　　　踊りに？私はディスコには一度しか行ったことないし，上手じゃないし。ごめんなさい，またいつかね。

バラージュ：	そういう踊りのことじゃないんだ。ターンツハーズって何か知ってる？
ナナ：	ターンツハーズ？聞いたことない。
バラージュ：	ブダペストにはいろんなところでターンツハーズが開かれるんだ。いろんな地方の伝統的な踊りを紹介してくれて，勉強もできるんだよ。エルデーイ（現ルーマニアのトランシルヴァニア地方）からもダンサーや音楽家が来るよ。
ナナ：	エルデーイから？ねえ，あそこではまだ古いハンガリーの伝統が守られてるんでしょう？どんなダンスや音楽があるのか興味あるわ。
バラージュ：	よし！じゃあ行ってみようよ。

　ナナとバラージュは文化会館に着きます。音楽が大きな音で鳴っています。口髭の男たちが民族楽器を弾いています。

ナナ：	たくさんの人ね！民族舞踊がこんなに人気があるなんて，思いもしなかった。
バラージュ：	あ，今セーケイ地方（トランシルヴァニア東部）のダンスが始まるよ。僕は2，3度やってみたことがあるんだ。おいで，ナナ！見せてあげるよ。こうやって！イッチニ，イッチニ…
ナナ：	ゆっくり，ゆっくり！どう踊ったらいいのかわからないわ。
バラージュ：	あわてなくていいよ。僕の手を握って，ステップをよく見て。すごく上手だよ，ナナ！
ナナ：	これでいいの？思ったほど難しくないわね。とても楽しいわ！

(練習問題)
1. magasan 高く，könnyen 簡単に，boldogan 幸せに / szomorúan 悲しげに，keserűen 苦々しく，lassan ゆっくり / okosan かしこく，lustán 怠けて，udvariasan 丁寧に / udvariatlanul 無礼に，rosszul 悪く，vidáman 陽気に / hosszan 長々と，kellemetlenül 不愉快に，bátran 勇気を出して
2. -an, -an, -an, -szer, -szor, -l, -ul, -an, -e, kevesen
3. Feri lassan úszik, de gyorsan fut.
   Ez a gyerek csúnyán ír, de szépen olvas.
   Hányan vagytok a csoportban? — Öten vagyunk.
   Hányszor voltál Japánban? — Csak egyszer voltam.
   Balázs már sokszor volt táncházban, de Nana most volt először.
   Nana gyorsan megtanulta az erdélyi néptáncot, és ügyesen táncolt.

16課　頭とのどがとても痛いです
(会話)
　留学生たちは6番教室にやってきます。もうすぐモルナール先生の授業が始まります。ナナももう来ていますが，今日は少し疲れていて，のどが痛みます。寒気がします。熱もあるかもしれません。アンドレアが，調子がよくないことに気がつきます。

アンドレア：	ナナ，どうしたの？すごく顔色悪いよ。
ナナ：	ちょっと気分が悪いの。でも心配しないで。
アンドレア：	熱もあるみたいよ。お医者さんに行かないの？
ロバート：	この近くにおじが住んでいる。医者なんだ。ナナ，ぼくがそこへ連れて行ってあげるよ。行こう！

　ナナとロバートは出かけます。市電で2駅だけ行きます。ナナはいよいよ頭も痛くなってきました。診療所はとある小さな通りにあります。サボー先生は年配の感じのよい男性です。茶色い髪と口髭をしています。優しく微笑みかけ，たずねます。

サボー先生：	どうしましたか？
ナナ：	朝から具合が悪いんです。頭とのどが痛いんです。
サボー先生：	熱はありますか？
ナナ：	あると思います。
サボー先生：	食欲はありますか？
ナナ：	ありません。朝から何も食べられません。

　医者は診察して，のどの炎症と診断しました。解熱剤とビタミンCを処方しました。ロバートはナナを家まで送りました。ナナは薬を飲み，家で2日間横になり，おかげでもう治りました。

(練習問題)
1. én: cipőm, házam, szobám, kulcsom, tollam

te: barátod, táskád, kávéd, kanalad, vendéged
ő: levele, ideje, barátja, pohara, családja
mi: teánk, lakásunk, címünk, kertünk, lovunk
ti: borotok, bicikliket, ágyatok, szállodátok, ismerősötök
ök: autójuk, éttermük, szomszédjuk, idejük, asztaluk
2. -(á)d, pohara, ideje, -otok,, gyomrom, -am, -(á)tok, -a, -a, -a, -em, -am
3. Nagyon fáj a hasam.
A szomszédunk sokáig külföldön volt.
Kevés pénzünk volt, így nem mentünk el vacsorázni.
Nektek milyen házatok van? — Nekünk kicsi és régi házunk van.
Nanának láza van és nincs étvágya.
Szabó doktor rendelője egy kis utcában van.

17課　時々けんかするけど、すごく仲良しなの
（会話）
　2, 3日後、ナナはまた授業に通い始めます。病気だった時、ロバートは何度も電話をかけてきて、アンディはカモミール茶を持ってきてくれました。彼女いわく、カモミールはのどにとてもいいそうです。ナナは一日中ひとりで部屋で寝て、家族がとても恋しくなりました。夜中に起きて、ノートパソコンを開き、母親と妹にメールを書きました。2人はすぐ日本から電話をかけてきて、たっぷりおしゃべりしました。ナナはそれで気分がよくなりました。
先生：　　　今日はみんな自分の家族を紹介します。兄弟は何人で、どこに住んでいて、何をしているか、など。いいかな？
ペッカ：　　僕は兄が2人います。2人とも大学の先生です。1人は歴史学者で、もう1人は法学者です。そして僕は言語学者になりたいと思っています。
先生：　　　すごいわね。応援しているわ、ペッカ。
アンドレア：私はひとりっ子なの。両親は離婚して、私はお母さんとブカレストで暮らしてるわ。お父さんには新しい奥さんと娘がひとりいるの。その子は私の妹みたいなものよ。すごく仲がいいの。
フオン：　　私は夫と小さい息子が1人います。夫はベトナム料理店を経営しています。とても上手なコックさんよ。
先生：　　　知ってるわ。あなたの家族のこと、私たちとても好きになったのよ。ナナ、あなたは何人家族？
ナナ：　　　4人家族です。父は高校の地理の先生で、母は家で英語を教えています。妹はまだ高校生。時々けんかするけど、すごく仲良しなの。

（練習問題）
1. -ja, a sógorom, -e, a sógornőm / szüleim, unokahúgom / unokaöcsém, -(á)ja, unokatestvérek
2. fiunk, -unk / -omat / -ének / levelét / -ját / -unkat, -ünket / -ját / -(á)jának, -a, / -ukat / -(á)ja
3. A nővérem már dolgozik, de az öcsém még gimnáziumba jár.
A szüleim háza nagy, de a kertjük kicsi.
A húgommal és az unokatestvéremmel megyek Magyarországra.
Huong férjének az étterme Budán van.
Ez az esernyő a tied? — Nem. Ez az övé.
Ha nem találod a tiedet, odaadom az enyémet.

18課　君は歴史にとても興味があるんだね
（会話）
ナナ：　　ロバート、前に話してたけど、おじいさんとおばあさんがブダペストに住んでいるんでしょう？でもあなたはカナダで生まれたのよね。家族もカナダにいるんでしょう？おじいさんとおばあさんがこっちにいるってどういうことなの？
ロバート：ああ。両親と兄弟は今もトロントに住んでる。ナナ、56年組のこと聞いたことある？
ナナ：　　56…？どういう意味？
ロバート：1956年革命だよ。当時、ハンガリーは社会主義国だったんだ。自由に政治的意見を言うことができなかった。ハンガリー人は自由と民主主義を求めたんだ。それで10月23日に革命が勃発した。
ナナ：　　おじいさんとおばあさんはその時こちらに住んでいたの？
ロバート：うん。ブダペストに住んでいた。まだすごく若かったんだ。おじいちゃんはちょうど工科大学を卒業したところで、おばあちゃんはまだ大学生だった。2人は革命に参加した。武器をとってソ連の兵士と闘ったんだ。でも革命は失敗した。
ナナ：　　おじいさんとおばあさんはどうなったの？
ロバート：たくさんの若者が刑務所に入れられた。20万人以上が故国を捨てて西側へ逃げた。おじいちゃんとおば

ナナ：	あちゃんは，それ以降カナダで暮らしてた。お母さんはトロントで生まれたんだ。じゃあ，お母さんはカナダ人，それともハンガリー人？何語を話すの？おじいさんたちはいつからまたハンガリーに住んでいるの？
ロバート：	1992年からだ。君はハンガリーの歴史にとても興味があるんだね。今度おじいちゃんとおばあちゃんを紹介するよ。君にいろいろ話をしてくれるよ。

(練習問題)
1. én: barátaim, könyveim, leveleim, óráim
   te: táskáid, nadrágjaid, tollaid, szemüvegeid
   ő: cipői, szobái, orvosai, újságjai
   mi: vendégeink, füzeteink, szomszédjaink, ceruzáink
   ti: lemezeitek, óráitok, gyerekeitek, testvéreitek
   ők: autóik, tanáraik, kertjeik, bankjaik
2. szüleid, -eitek, -i, -jai, -ai, tavai, -aid, -eik, -jai, -(á)i, -eimmel, -eidben, -aimmal, -eiteknek
3. -hetek, -hatunk, -hatják, Hazamehetünk, -hatlak
4. Az óra után a büfébe megyek a barátaimmal.
   Hány évesek a testvéreid? — A bátyám huszonkét éves, az öcsém pedig tizenhat éves.
   Elnézést! Kérdezhetek valamit?
   A buliban sokat ehetsz és ihatsz.
   Robert unokatestvérei Kanadában élnek, és alig beszélnek magyarul.
   Robert nagyszülei húsz éve élnek Magyarországon.

19課　お昼ができましたよ
(会話)
　ある日曜日，ロバートのおじいさんとおばあさんはナナを昼食に招待しました。ナナは初めてお呼ばれに行きます。こういうときに何をもっていくべきなのか，わかりませんでした。朝ショッピングセンターで花を見て，きれいなチューリップを何本か選びました。ロバートのおじいさんとおばあさんはオーブダの静かな地区に住んでいます。家の前にはちょっとした庭があり，花でいっぱいです。ナナはそこにしばらく立ち止り，うっとりとながめました。ロバートがナナが着いたことに気がつき，ドアを開けました。

ロバート：	やあ，ナナ！2人とももう待ちきれないでいるよ。おいでよ！おじいちゃん，ナナが来たよ！
ナナ：	こんにちは。お庭，本当にきれいですね。私も花を持ってきたんだけど，要らなかったかも…
おじいさん：	うちの庭にはちょうどチューリップはないんだよ。とても優しいね，ナナ。ロバートはもう君のことをたくさん話してきかせてくれたよ。家をお見せしましょう。ここが私の書斎。向かいは寝室。こちらへ来なさい。これがリビングだ。もうお昼ができているよ。
おばあさん：	どうぞ召し上がれ！ナナ，パンはいかが？
ナナ：	はい，いただきます。ん～，おいしい！
おばあさん：	これはレチョーというのよ。新鮮なトマトとパプリカがたくさん入っているわ。レチョーは夫の大好物なの。
ナナ：	伝統的なハンガリー料理のひとつですよね？まだ食べたことなかった。
おじいさん：	どの家にも独自の作り方があるんだ。私たちはカナダでもふるさとの味とことばと文化を大事に守ってきたんだよ。

(練習問題)
1. te: -z, -d, -d, -j, -j, -d, -d
   ön: -jen, -sa, -ja, aggódjon, -ze, -jön
   ti: -zetek, dohányozzatok, -sétek, -satok, -játok
   önök: dolgozzanak, -ják, -janak, -jék, -jenek
2. Óbudán laknak egy csendes negyedben.
   Kanadában, mert 1956-ban odamenekültek.
   Tulipánt vett a bevásárlóközpontban, és azt vitte a vendégségbe.
   Szép kis kertjük van, tele virágokkal.
   Lecsót főzött. Nagyon ízlett Nanának.
   Paprikából, paradicsomból és hagymából.
3. Kapcsold be a tévét, és nézd meg az időjárás-jelentést!
   Ülj ide, és pihenj egy kicsit!

Mesélj a családodról!
Ne dolgozz túl sokat!
Hozd ide a tányérokat és a poharakat!
Hívd fel Andit és mondd meg neki, hogy ma nincs óra.

20課　覚悟してしっかり勉強してね！
（会話）
先生：　　そろそろ試験期間が近づいています。2週間後に筆記試験をします。覚悟して，しっかり勉強すること，いいわね？
アンドレア：ああ，もう！試験なんか大きらい！どうやったってハンガリー語の文法なんかできない。もう最悪！助けて！
ベッカ：　　僕は文法が大好きだよ。ハンガリー語はフィンランド語にかなり似ているから。僕にはむずかしくないね。
アンドレア：じゃあ毎晩うちに来て教えてよ！文法を説明して一緒に練習するのよ，いい？
ベッカ：　　よろこんで手伝うよ。でもその後でお願いだから，何かおいしいもの作って！
先生：　　話はまとまったようね。

　筆記試験のあとには口頭試験もあります。先生は学生を一人ずつ呼びます。学生たちはとなりの教室で待っています。そのあいだに，解答についてしゃべっています。正解を当てっこしています。ナナも緊張し始めます。ついに彼女の番です。

先生：　　ナナ，くじを1つ引いて，こっちにちょうだい。緊張しないで！そんなにむずかしくないから。
ナナ：　　緊張するなって言ってもむだよ。ああ，どうしたらいいんだろう？でもこうなったらどうでもいいわ。はいどうぞ。
先生：　　さてと。テーマは地理ね。日本の地理について話をして！
（練習問題）
1. én: Segítsek, válasszam
   te: aludj el, Nyisd ki, Menj el, Süsd meg
   ön: Mutassa meg, Feküdjön le, Válasszon, Ébresszen fel
   mi: Együnk, Süssünk, -suk, Legyünk
   ti: legyetek, Gyertek, higgyétek el, Halasszátok el
   önök: Hallgassák meg, Legyenek, Értsenek meg, Siessenek
2. Írásbeli és szóbeli vizsgák vannak.
   Nem. Ő utálja a nyelvtant.
   Mert szerinte a magyar hasonlít a finnhez.
   Nem. Egyenként hívja be és kérdezi őket a tanárnő.
   Japán földrajzáról.
   自由回答
3. Légy szíves, gyere ide és segíts!
   Edd meg a pogácsát, és idd meg a tejet!
   Hozd ide a térképet, és mutasd meg!
   Menj vissza a nappaliba, és kapcsold ki a tévét!
   Menj el hozzá, és kérdezd meg tőle!
   Ne felejts el minket, és gondolj ránk!

21課　試験期間終わる
（会話）
　試験期間が終了しました。幸運にも，ナナとクラスメートたちはみんな試験に合格しました。よくがんばって，結果としてみんな5（＝優）をもらいました。モルナール先生も結果に満足しています。
　アンドレアは，今晩ポガーチャ・パーティーを開きたいと言います。クラス中がポガーチャの大ファンなので，すぐに夜アンドレアの家に集まることに賛成します。ナナは午後にはもう来ています。ポガーチャ作りを手伝いたいからです。

アンドレア：材料が全部あるか，たしかめよう。
ナナ：　　読み上げようか？小麦粉，バター，サワークリーム，イースト…あとは卵黄だけね。混ぜればいい？
アンドレア：ええ，それから塩もちょっと入れてね。よくこね合わせてね。そうしないと生地がばらばらになっちゃ

うから。それから温かい場所でしばらく寝かせるのよ。
ナナ： それから1センチの厚さに延ばすのよね。
アンドレア：そのとおり。ナナ，たまごをもう1つ出してこっちに渡して。
ナナ： いいわよ。たまごをポガーチャに塗るの？
アンドレア：そう。チーズもかけるの。それからオーブンに入れて，約30分焼くのよ。
ナナ： そしたらポガーチャがきつね色に焼けるんだ。うーん，おいしそう！
（練習問題）
1. én: -jek, -jam, -zek, dolgozzak, -jak, -jam
   mi: -junk, -zük, -junk, találkozzunk, -jünk
2. abba, tönkre-, össze-, hozzá-, össze, Rá-, félre-, agyon, szét-, neki-
3. Nagyon jól sikerült, és mindenki ötöst kapott.
   Egy bulit rendeznek Andreánál.
   Mert Andrea pogácsát süt, és ő segíteni akar neki.
   Liszt, vaj, tejföl, élesztő és egy kis só.
   以下，自由回答
4. Megmondjam neki az igazat?
   Menjünk el bevásárolni, és vegyünk lisztet és tojást!
   Ne hagyjuk abba a tanulást!
   Ne vegyél semmit, és tedd félre a pénzt!
   Ne értsd félre! Ő nagyon jó ember.
   Túl sokat ivott, így tönkretette az életét.

22課　夏の予定ができたわ

（会話）
　若者たちはパーティーをしています。アンドレアのアパートは郊外にあって，ナナのアパートよりずっと大きいです。アンドレアとナナは大量のポガーチャを焼いたので，みんな遠慮なくいくらでも食べられます。アンドレアはロバートに乾杯のあいさつをしてと頼みました。ロバートが立ち上がります。
ロバート： まずはじめに，みんな試験に合格しておめでとう。詩人ペテーフィのいうように，僕らはもう自由だ，二度と奴隷にはなるまい。乾杯！
ペッカ： ナナ，ワイン飲む？白と赤とどちらが好き？
ナナ： 白をちょうだい。ありがとう！ところで，夏の計画はどうする？今，具体的に相談しましょうよ。
アンドレア：ヴィキ（先生）は，泳ぎたいんだったらバラトン湖に行くといって勧めてた。
ナナ： 夏はバラトン湖周辺はいろんなお祭りもたくさんやっているわ。あそこなら私たちいろんなことができるわね。
ロバート： うん。たぶんレンタカーするのが一番いいよ。
ペッカ： でも誰が免許持ってるの？僕は悪いけど運転できないし。
アンドレア：怖がらないで。あなた以外は全員免許持ってるんだから。車で行くのは，途中で何カ所か寄れるからよ。
ナナ： 私は，バラトン湖の北側をずっと行くのをお薦めするわ。ティハニ半島があって，あそこから南岸に渡ってもいいし。バダチョニではバラージュたちのところに行って，それからケストヘイにも行きましょうよ。
アンドレア：最高！夏の予定でき上がりね！
（練習問題）
1. Az anyám azt mondta nekem, hogy vigyem el ezt a csomagot Józsi bácsihoz.
   （お母さんは私に，この荷物をヨージおじさんのところに持っていくようにと言った。）
   Kati azt mondta a lányának, hogy mossa meg a fogát, és menjen aludni.
   （カティは娘に，歯を磨いて寝るようにと言った。）
   Az orvos azt mondta neked, hogy ne egyél túl sokat, és mozogjál egy kicsit.
   （医者は君に，あまり食べすぎず，ちょっと運動するようにと言った。）
   A tanár azt mondta nekünk, hogy ha valamit nem értünk, mindig kérdezzünk.
   （先生は僕たちに，何かわからないことがあったらいつも質問するようにと言った。）
2. Azért megyünk Magyarországra, hogy jól megtanuljunk magyarul.
   （私たちはハンガリー語を習得するためにハンガリーへ行きます。）
   János azért vett egy fagyit a lányának, hogy ne sírjon.
   （ヤーノシュは娘が泣きやむよう（泣かないように）アイスを買ってあげた。）
   Floráék azért mennek haza, hogy megünnepeljék a karácsonyt a családjukkal.

（フローラたちは家族とクリスマスを祝うために帰国する。）
Azért magyarázom meg ezt neked, hogy ne értsd félre a dologt.
（君が誤解をしないように，このことを説明しているのです。）
A diákok azért vittek minden ennivalót magukkal, hogy ne kerüljön sokba az utazás.
（学生たちは旅行にお金がかからないように，食料をみな持参した。）

3. legkisebb, idősebb, drágább, lassabban, szebb, legtöbbet, Jobban, rosszabbul
4. Azért jöttem ide, hogy kifizessem a repülőjegyet.
Azért megyek a piacra, hogy olcsóbban vegyek zöldségeket.
Robert azt javasolta a barátainak, hogy béreljenek autót.
Pekka azt kérte Anditól, hogy sok pogácsát süssön.
Nana azért megy korábban Andihoz, hogy segítsen neki.
A külföldi diákok azért mennek le a Balatonra, hogy sokat fürödjenek.

23課　運転する人は飲んではだめ
（会話）
　フオンは先週家族と一緒にベトナムに帰国し、そこで夏を過ごしています。他のみんなはハンガリーに残って、今バラトン湖に向けて出発します。
ペッカ：　　もうおなかぺこぺこだよ！持ってきた大量のサンドイッチはどこ？
アンドレア：車のトランクに入れたかばんの中よ。もうちょっとがまんしなさい。もうすぐどこかに停まって食べるんだから。
ナナ：　　　ミネラルウォーターはこの袋に入ってるわ。とりあえずこれ飲んで、ペッカ。
ペッカ：　　でもこれじゃおなかいっぱいにならないよ…
ロバート：　みんな！もうすぐティハニに着くよ。ただ、バダチョニ方面は大渋滞するかもしれないな。
ナナ：　　　バラージュはバダチョニに着くのは晩だと思っているから、それまでたっぷり時間があるわ。このへんで喫茶店を探しましょう。
ロバート：　あのかやぶき屋根の居酒屋風レストランに行こう。
ペッカ：　　よさそうだね！でも運転する人は飲めないよ。法律は守らなくちゃ。
ロバート：　結局僕がずっと運転するの？そんなつもりじゃなかったんだけど。
アンドレア：しかたないじゃない。私たちは免許はあるけど経験がないってわかったし、あなたは運転が上手なんだから。
ナナ：　　　安心して！夜バラージュたちのところに着いたら、ごほうびとしてスルケバラート（バダチョニ地方名産の白ワイン、「灰色の修道僧」の意味）を一杯飲ませてあげるわ、ロバート。

（練習問題）
1. ezzel a lánnyal, annak a fiúnak, ettől az orvostól, azon az asztalon, Erre a vonatra, abban a házban, Ebbe az étterembe, abból a városból
2. A tanár felhívta azt a diákot, aki már sokszor hiányzott az óráról.
（先生はもう何度も欠席している学生に電話した。）
Ritának nagyon tetszik az a táska, amelyiket az üzlet kirakatában látta.
（リタは店のショーウィンドーで見たかばんがとても気に入った。）
Megkérdeztük attól a rendőrtől, aki a sarokban állt.
（私たちは角に立っている警官にたずねた。）
Anna pénzt küldött annak a testvérének, akinek régóta nincs munkája.
（アンナはずっと前から仕事のない兄弟に送金した。）
Azokkal a lányokkal találkoztunk, akikkel a Balatonon ismerkedtünk meg.
（私たちはバラトン湖で知り合った女の子たちに会った。）
A könyv arról a legendáról szól, amelyik szerint ebben a városban rómaiak laktak.
（その本はこの町にローマ人が住んでいたという伝説について書かれている。）
3. Múlt héten megnéztem azt a filmet, amelyikről meséltél.
Azt a cipőt szeretném felpróbálni, amelyiket a kirakatban láttam.
Azok a turisták, akiknek bőven van idejük, vidékre is elmennek.
Azok mehetnek a buliba, akik átmentek a vizsgán.
Azzal az autóval mennek a Balatonra, amelyiket Budapesten bérelték.
Andi betette a csomagtartóba azt a szenvicset, amit otthon készített.

24課　モルナール先生への手紙

（会話）

親愛なるヴィキ！

お元気ですか？いかがお過ごしでしょうか？

私はおかげさまで元気で，夏休みを楽しく過ごしました。みんなでバラトン湖に行ってきました。私たちには見たものすべてが面白かったです。ずっととても暑かったのに，日本みたいに空気がジメジメしていませんでした。日中はたくさん泳いだりハイキングしました。夜はジャズコンサートとかワイン祭りとか，いつも何かイベントがあって，バラージュも一緒に来てくれました。なんと，あるときペッカがすごく酔っ払って，アンディに彼女がいないと世界は真っ暗だ，彼女以外に誰にも関心がないって言って，プロポーズしたの！アンディはペッカの頬をひっぱたいたわ。こんなに酔っ払うなんて，みっともないって。だけど，本当のところはそんなに怒ってないみたいだったけど。この話はここだけね。ペッカは二日酔いになって，あの日の夜何をしたのかもう覚えてないのよ。

バラージュはとても優しくて，私たちをケストヘイまで送ってくれたわ。次は君と2人だけで夏休みを過ごしたいって言ったの！すごくびっくりして，突然なんて言えばいいかわからなかった。

先生もご実家で楽しく過ごせましたか。いつブダペストに戻りますか？それまでごきげんよう。ご両親とご兄弟によろしく。

　敬具

　　ナナ

（練習問題）
1. **én:** mellém（私の横にお座り。）／ Szerintem（これはあまりよくないと思う。）
   te: előtted（クラスで君の前の席は誰？）／ Rajtad kívül（君以外にまだ誰が来るの？）
   ő: Miatta（彼（女）のせいで電車に間に合わなかった。）／ Nélküle（彼（女）がいないとこれをやりとげるのは難しい。）
   mi: Köztöttünk（私たちの間には何の秘密もない。）／ Közülünk（私たちの中ではカティが一番若い。）
   ti: utánatok（先を行って。後ろからついて行くから。）／ helyettetek（君たちの代わりに誰が手伝いに来るの？）
   ők: velük szemben（私たちは彼らの向かいに座った。）／ Számukra（彼らにはこれは退屈な仕事だ。）

2. Molnár Vikinek, a magyar tanárnőjének ír a nyári szünetről.
   Gyakran meleg van, de kellemes a levegő, nem olyan párás.
   A Balatonon voltak és sokat fürödtek, kirándultak ott.
   Különböző fesztiválok és koncertek vannak.
   　以下，自由回答

3. Ez alatt a nagy fa alatt találkozzunk újra!
   A rendőrök az előtt a ház előtt álltak.
   Mi a probléma közöttetek?
   Annak ellenére, hogy végig jó idő volt, nem volt túl meleg.
   Rajtunk kívül sok külföldi turista volt a fesztiválon.
   Pekka nagyon berúgott, ezért mi fizettünk helyette.

25課　秋学期がはじまる

（会話）

秋です。みんなふたたび大学で勉強しています。ナナたちはもう上級クラスで勉強しています。クラスは前の学期と同じで，先生も同じ，つまりモルナール・ヴィキ先生です。学生たちは，引き続きいっしょに勉強できるのでよろこんでいます。

アンディとペッカは授業に早めに来ることが多いです。というのも，アンディは文法が苦手で，ペッカがいつも手伝っているからです。もちろん，2人がそのためだけになるべく長く一緒にいるわけではないのは，もうわかっていますよね。フオンも戻ってきました。しかし，彼女は非常に忙しいです。というのは，夫のレストランが順調で，来年もう一つペシュトにレストランをオープンする予定だからです。

ナナはもう語学の授業だけでなく，歴史の講義にも通っています。ハンガリーの歴史に興味があります。卒業論文はエルデーイ（トランシルヴァニア）の歴史について書こうかと考えています。ロバートも歴史に興味があるので，よく一緒に講義を聴いています。

ナナ：　　　ハンガリー語で講義を聴くのは楽じゃないわね。専門用語や表現も多いし。歴史の基礎知識も必要だし。

ロバート：　君は本当に熱心だね。そもそもハンガリー系の出身でもないのに。どうしてハンガリー語を勉強しようと思ったの？

ナナ：　　　ずっと英語がお気に入りの科目で，大学では新しい外国語を勉強しようと決めたの。でも，本当のことをいうと，ハンガリー語学科に入ったのはまったくの偶然だったわ。

（練習問題）
1. Autót fogunk bérelni.（私たちはレンタカーをするつもりだ。）
   Reggeli előtt el fogom olvasni az újságot.（朝食前に新聞を読んでしまうつもりだ。）
   Kit fogsz meghívni a születésnapodra?（誕生日に誰を招待するの？）
   Ötkor fogunk visszajönni az irodába.（5時に事務所に戻る予定です。）
   Szép idő lesz. Jó lesz kicsit sétálni a parkban.（いい天気になりそうだ。ちょっと公園を散歩するといいね。）
   El foglak kísérni az állomásra.（駅まで送るよ。）
2. Hol szoktál vacsorázni?（いつもどこで夕食をとるの？）
   Este fel szoktátok hívni a nagymamátokat?（夜いつもおばあさんに電話するの？）
   Kivel szoktál menni bevásárolni?（いつもだれと買い物に行くの？）
   Önök a munka után szoktak úszni?（あなた方はいつも仕事の後に泳ぐのですか？）
   Péter péntek este szokott hazautazni Szegedre.（ペーテルはいつも金曜の夜にセゲドに帰省する。）
   Itt nem szokott lenni friss kenyér.（ここはたいていいつも焼きたてのパンがない。）
3. Ugyanazok a diákok vannak, és a tanáruk is ugyanaz, tehát Viki.
   Azért, mert együtt akarnak tanulni, de az az igazság, hogy többet akarnak együtt lenni.
   A magyar történelem, különösen Erdély történelme.
   Az a nehéz neki, hogy sok szakszót és kifejezést kell tudni.
   自由回答
4. Ha jó idő lesz holnap, el fogunk menni kirándulni.
   Mi leszel, ha nagy leszel?
   Desszertként gyümölcsöt szoktunk enni.
   Japánban júniusban sokat szokott esni az eső.
   Andi nemcsak pogácsát, hanem palacsintát is szokott sütni.
   Nanáék magyarul szokták hallgatni a történelmi előadásokat.

26課　最後がどうなるのか楽しみだわ
（会話）
　ヨーロッパでは秋は足早に過ぎゆきます。日はどんどん短くなり，どんどん早く暗くなります。天気が悪いこともしょっちゅうです。雨もよく降ります。人々は分厚いコートに身を包んで，通りを急ぎ足で歩きます。夜は長いですが，悪いことばかりではありません。というのは，町はコンサートやオペラ，劇場の出しものがいっぱいだからです。ある土曜日の晩にバラージュは劇場のチケットを2枚買い，ナナを招待しました。2人はオペレッタ劇場の前で会います。中に入り，コートを脱いで，クロークに預けます。
バラージュ：髪型変えたの？すてきだね！すごくきれいだよ，ナナ。
ナナ：　　まあ，ありがとう。あなたもそのネクタイとても似合ってる。
バラージュ：こんな魅力的な女の子のお伴をすると分かっていたら，蝶ネクタイとタキシードを着てきたのになあ。
ナナ：　　もうやめてよ！それより，今日のプログラムは何か教えてよ。
バラージュ：わかった。えっと，「チャールダーシュの女王」といって，世界的に有名なオペレッタだよ。陽気で楽しい音楽やダンスがいっぱいなんだ。君も楽しめるよ。
ナナ：　　手短にあらすじを教えてもらえる？何のお話？
バラージュ：ある歌姫と公爵が恋に堕ちるという話だ。でも公爵の両親が2人の結婚を邪魔しようとするんだ。
ナナ：　　2人のあいだに大きな差がなかったら，もっと簡単なのにね。
バラージュ：まさにそうだね。でも，恋のためには人間何でもするものさ。僕が公爵の立場だったら同じことをするだろうな。
ナナ：　　ロマンチックなのね。最後がどうなるのか楽しみだわ。

（練習問題）
1. tudnék, írnám, segítenék, aludnék, mennék / innál, jönnél, kérnéd, értenéd, dolgoznál / feküdne, felhívna, enne, megmondaná, játszana / megfáznánk, tennénk, mennénk, elhinnénk, innánk / tudnátok, beszélnétek, ennétek, lennétek, sütnétek / főznének, meginnák, írnának, tanítanának, lennének
2. **én:** -nék, -nálak（何か食べたい。ぜひコーヒーをおごるよ。）
   te: -anád, -anád（リビングを掃除してくれない？このチケットどこで買ったのか教えて。）
   ő: lenne, kivenne, elmenne（時間があれば，休暇をとってどこかへ行きたいだろう。）
   mi: öltöznénk, megfáznánk（暖かい服装をしないと風邪をひいてしまう。）
   ti: -enétek, -nátok（ちょっと手伝ってくれる？電気をつけてくれる？）
   ők: lenne, fürödnének（暑くなれば海岸で泳ぐでしょう。）
3. Ha sok pénzünk lett volna, elmentünk volna étterembe.

（お金がたくさんあれば，レストランに行ったのだけど。）
Ha tudtuk volna, hogy hamis ez a pénz, nem fogadtuk volna el.
（このお金がニセモノとわかっていれば，受け取らなかったのに。）
Ha a tanár mondta volna, hogy van házi feladat, megcsináltuk volna.
（先生が宿題があると言ってくれたら，やったのに。）
Ha múlt héten itt lettél volna, meg tudtalak volna hívni a bulira.
（先週君がここにいれば，パーティーに誘うことができたんだけど。）
4. Jó lenne, ha te is jönnél.
Ha sok pénzem lenne, sokat utaznék.
Tanulhattál volna többet a vizsga előtt.
Kaphatnék még egy pohár vizet?
Ha nem lett volna Molnár tanárnő, nem tudtak volna ilyen jól megtanulni magyarul.
Nagyon örülnék, ha Nanának tetszene a mai műsor.

27課　トランシルヴァニアのクリスマス
（会話）
親愛なるバラージュ
　この手紙を見てびっくりするでしょうね。エルデーイから送っているんですから。クリスマス休暇にここエルデーイに来ています。人々が伝統的な生活様式を続けている村落を，何としても見に来たいと思っていたの。ここでは馬車で干し草を運び，お年寄りは古い木の教会へお祈りに行きます。羊やあひるがのんびり道を歩いています。まるで夢の中にいるような気分がするの！農家や村の女性たち，子どもたちとか，できるかぎりたくさん写真を撮っています。
　ある村で門の写真を撮っていたら，女の人が出てきたの。こっちが自己紹介もしていないのに，すぐ家の中に案内されたわ。リビングでは見たこともないほど大きいクリスマスツリーが立ってた。ちょうど昼食の時間だったので，私も座って一緒に食べなさいって言われたわ。もちろんすごくうれしかった。どれもみんなすごくおいしかった。ロールキャベツとかベイグリとか！子どもたちにおりがみを教えたら，すごく喜んでくれた。結局すっかり仲良しになって，夜も泊まっていって，て言われちゃって。それからなんと一週間，こちらでお世話になっているのよ。
　明日ブダペストに帰ります。もうすぐ会いましょうね。それまでお元気で，あなたとご家族のみんなに楽しいクリスマスでありますように！

ナナより
追伸：セーケイ門の写真を同封します。とてもきれいでしょう？気に入るといいけど！
（練習問題）
1. anélkül / ahelyett（イムレは妻の手伝いをすることもなく / するかわりに，一日中テレビを見ていた。）
Ahelyett（消防を呼ぶかわりに，私たちは自力で建物から脱出した。）
mintha（彼らの家はまるで宮殿のように大きくて立派だ。）
2. mielőtt（食事の前には手を洗わないといけません。）
ahova（多くの観光客が行くところには行きたくない。）
amennyit（今日じゅうに食べきれないくらいのパラチンタを焼いた。）
amekkorát（うちの犬は家の中で飼えないくらいに大きくなった。）
ahogy（好きなようにしなさい。）
amikor（家を出る時に降り出した。）
ahol（今晩は，前にラツィたちと行ったところで夕食を食べます。）
amilyen（彼らの家のリビングは庭と同じように美しい。）
Ahány（私たちは子どもが生まれた数だけ庭に木を植えた。）
3. Mindennap étterembe megyünk ahelyett, hogy otthon főznénk.
A vizsga előtt a diákok annyit tanultak, amennyit csak tudtak.
Az ő gyerekei olyan kicsik voltak, hogy nem értették meg a dolgot.
Úgy megijedtem, hogy semmit sem tudtam mondani.
Miután megettem a töltött káposztát, játszottam a gyerekekkel a nappaliban.
Mióta összebarátkoztam velük, minden évben elmegyek hozzájuk.

28課　日本昔話のハンガリー語訳
（会話）
　ナナは大学のビュッフェに座っています。ノートを取り出して，何やら書きはじめます。止まっては，また書きはじめます。何かむずかしい課題をやっています。ため息をついて，結局ケータイを取り出し，バラージュに電話しま

す。

バラージュ：やあ，ナナ！どうしてる？
ナナ：　　ビュッフェにいるの。明日までにお話を一つハンガリー語で書かないといけないんだけど，うまくいかないのよ。すごくたいへん。
バラージュ：よろこんで手伝うよ。すぐ行くから。

　ナナは日本の民話の本を一冊読み，うらしま太郎の話を選びました。バラージュに手伝ってもらって，ようやく翻訳ができました。

> 　むかしむかしあるところに，海辺の小さな村に若者がすんでいました。うらしま太郎といいました。あるとき，海辺で子どもたちがかめをいじめていました。太郎はそこへかけつけ，かめを助けてあげました。自由になったかめは，太郎を海の底の御殿に連れて行くと言いました。太郎はかめの背中に乗り，2人は出かけました。立派な海底の御殿に着いた太郎は，うつくしいお姫さまに迎えられました。食べ物や飲み物でもてなし，うつくしいおどりを踊ってくれました。
> 　何日か経って，太郎がお別れをしようとすると，玉手箱を渡されました。これは絶対にあけてはいけませんと太郎にいいました。太郎は村に戻りましたが，誰一人知っている人がいませんでした。開けた箱からは白い煙がたちのぼりました。太郎は，あっというまにおじいさんになってしまいました。

ナナ：　　つまり，御殿で遊んでいるあいだに，何百年も過ぎてしまったというわけ。
バラージュ：きっと御殿が楽しかったんだね。でも僕は行きたくないな。だって，そうしたらもう二度と君に会えなくなってしまうから。

(練習問題)
1. én: -nem, -anom（電話代を払わないといけない。残念だが旅行を延期しないといけない。）
   te: -anod, menned（彼に本当のことを言うべきだ。今日はどこに行かないといけないの？）
   ö: -nia, feküdnie（一生懸命勉強しないといけない。インフルエンザのため一週間寝ていないといけない。）
   mi: vennünk, aludnunk（新しい家具を買わないといけない。よく寝て休まないといけない。）
   ti: -anotok, vinnetek（掃除をしないといけないの？旅行には何を持っていかないといけないの？）
   ök: menniük, dolgozniuk（家に帰らないといけない。いっぱい働かないといけない。）
2. a Budapesten dolgozó fiatalok（ブダペストで働く若者たち）
   a gyerekeknek adott ajándék（子どもたちにあげたプレゼント）
   a tanteremben ülő diákok（教室に座っている学生たち）
   a kifizetett számla（支払いの済ませた請求書）
   a reggel megérkezett vonat（朝到着した電車）
   a megsérült utasok（けがをした乗客たち）
   a szobában alvó kisbaba（部屋で眠っている赤ちゃん）
3. Az ajtó ki van nyitva.（ドアは開いている。）
   Meg vagy fázva?（風邪をひいているの？）
   Az üzlet be van zárva.（店は閉まっている。）
   Nincs kiírva az ára.（値段が書いてない。）
   Az ajándék szépen be van csomagolva.（プレゼントはきれいに包んである。）
4. Holnapra meg kell csinálnom a házi feladatot.
   Tegnap este rádiót hallgatva tanultam.
   A kávéházban beszélgető lányok nagyon vidámak.
   Visszaadom a tőled kapott pénzt.
   Ez a regény már le van fordítva magyarra.
   Balázs elolvasta a magyarra fordított japán népmesét.

29課　それぞれ将来を語る（1）
（会話）
　また学期末が近づいてきました。モルナール先生は学生たちにどんどん課題を出します。詩を一編読み上げ，それを学生たちに書きとらせます。文法も練習させます。とくに，文法が一番弱いアンディにやらせます。
アンドレア：もう，先生ったらまた私ばっかりにやらせて。これはフェアじゃないわ。
先生：　　誤解しないで，アンディ。これは愛情からやっているのよ，わかる？過去形も命令形も動詞接頭辞もちゃんとおぼえなきゃ…

アンドレア：うわあ。そういうことば，聞くに堪えないわ。ペッカ，助けてよ！
先生：　　じゃあわかったわ。今日は文法はここまで。今から他のことを話しましょう。みんなはハンガリー語を
　　　　　マスターしたら何をしたい？どうかな？
ペッカ：　僕はもうハンガリー語をマスターしたよ。でもあと１つか２つ，フィン・ウゴルの言語を習得するつも
　　　　　り。将来は言語学者になりたいからね。
アンドレア：私はわからないわ。店を開くのがいいかな，それかガイドの仕事か…それかブカレストにハンガリー料
　　　　　理レストランを開くとか。
ペッカ：　でも彼女はポガーチャ売りにならなかったら，僕のあとを追ってフィンランドに来るかもしれません。
アンドレア：そんなに私のポガーチャがないと寂しいんだったら，考えておくわ。
先生：　　フオン，あなたはハンガリーに留まるんでしょう？
フオン：　そうです。もうレストランを２つも経営してますから。息子は来年ハンガリーの学校に入学しますし。
　　　　　私たちはここでの生活に満足してるんです。

（練習問題）
1. szakáccsal, -eti（王様は有名なコックに夕食を作らせます。）
   -tatja（エーヴァは海岸で犬を走らせます。）
   elaltatja（医者は薬で患者を眠らせます。）
   -tatja（おじいさんは毎日私に新聞を読ませます。）
   építésszel, -tetjük（新しい家をある若い建築家に建ててもらいます。）
   lefekteti, -(á)t（アンナは部屋で赤ちゃんを寝かせます。）
   -vel, -tatni（誰にウェディングドレスを作ってもらうの？）
   itatni（未成年（20歳以下）に飲ませてはいけません。）
2. A tanár a diákokkal olvastatja a szöveget és íratja a leckét.
   （先生は学生たちに文章を読ませて課題を書かせます。）
   A szerelővel megjavíttatjuk a régi autónkat.
   （私たちは修理屋に古い車を修理してもらいます。）
   A kutyát sokat futtatjuk, majd kicsit pihentetjük.
   （私たちは犬を思いっきり走らせて，そのあと少し休ませます。）
   Az apa gyakoroltatja az olvasást a gyerekekkel.
   （父親は子どもたちに読み方の練習をさせます。）
3. Naponta kétszer sétáltatom és háromszor etetem a kutyámat.
   Elnézést kérek, hogy sokáig várattam.
   Kivel terveztetjük meg az új irodánkat?
   A tanár felolvastatott egy magyar verset a diákokkal.
   A koncert után járkáltunk a városban és üldögéltünk a kávéházban.
   Miután megmosakodtam a fürdőszobában, megtörülköztem az új törülközővel.

30課　それぞれ将来を語る（２）

（会話）
先生：　　ロバート，あなたはここに残るの，それともカナダに戻るの？
ロバート：僕はここに残ります。それに国際関係学科に入学するんです。中央ヨーロッパについてカナダの新聞に
　　　　　記事を書きたいと思っています。
先生：　　ナナ，あなたの計画は何？
ナナ：　　ほんとにうまくいえないんだけど。この１年はすごく短かったけど，いろんなことを勉強した。あらゆ
　　　　　ること，あらゆる人から学んだわ。ハンガリー語をしっかり習得するまでは，勉強をやめないつもりよ。
先生：　　すばらしいわ。日本にはハンガリー語を話す人は少ないけど，勉強は続けられるんでしょう？
ナナ：　　もちろんです。でもことばだけでなくて，歴史も勉強するつもり。ハンガリーとヨーロッパの歴史をね。
　　　　　それからいつか，もっと長期にここに戻って来たいと思ってる。
ロバート：すごいよ！ナナ，僕はハンガリーに戻ってきてくれるのを待っているよ。きっと優秀な歴史学者になれ
　　　　　るよ。
ナナ：　　そんな，大げさよ！でも日本でもがんばって勉強するわ。
アンドレア：まさかロバートもナナが好きなんじゃないかしら？バラージュと決闘になるわ…。うわ～！
ペッカ：　みんな！世界のどこにいても，僕らは永遠にいい友達でいよう！
先生：　　まだお別れじゃないわよ。みんな試験に合格するまで帰さないから。わかったわね？

（練習問題）
1. azonban / viszont（北海道にはもう何度か行ったが，沖縄には行ったことがない。）

19

ugyanis（彼は大家族で子どもが多いので，たくさん働かないといけない。）
se, se（残念なことに，英語の試験も歴史の試験もうまくいかなかった。）
sőt / ráadásul（ヤーノシュは仕事がなく，その上先週妻が病気になった。）
Nemcsak, hanem（ポップスだけでなく，クラシック音楽もよく聴きます。）
Bár（彼らのあいだの問題は解決したのに，まだけんかしている。）
amíg（宿題を終えるまで，部屋から出しません。）

2. Tovább tanul az egyetemen, nemcsak magyarul, hanem más finnugor nyelveket is, és nagy nyelvész lesz a jövőben.
Ő még nem tudja pontosan. Sok minden érdekli.
Mert a férjének nagyon jól megy az üzlet: nagyon sikeresek a vietnami éttermei, és Huong is sokat dolgozik.
Nem. Magyarországon marad és a nemzetközi kapcsolatokról fog tanulni az egyetemen. Kanada és Európa között szeretne újságíróként járni és dolgozni.
Újra az egyetemen fog tanulni. Meg akarja tanulni a magyar nyelvet és a magyar történelemmel akar foglalkozni.
Nem örökre búcsúznak el. Jó barátok maradnak jövőben is.
自由回答

3. Magyarországon késsel-villával esznek, Japánban viszont pálcikával eszünk.
Huongnak sok munkája van, mégis egyetemen akar tanulni.
Se Andrea se Pekka nem akar hazamenni, ugyanis együtt akarnak lenni.
Robertnek nagyon tetszik Nana, azaz majdnem szerelmes lett belé.
Nana addig igyekszik, amíg meg nem tanul magyarul.
Szorgalmasan tanuljunk magyarul addig, amíg be nem fejezzük ezt a tankönyvet!!